Andrea Gillert

Robert Zeitlos erkundet die Wirklichkeit

Roman

D1665774

Andrea Gillert

Robert Zeitlos

erkundet die Wirklichkeit

Roman

EINSEIN Verlag

Lektorat: Werner Behrens

Umschlaggestaltung: Einsein Verlag

Herstellung: Lindemann Verlag Offenbach

1. Auflage: Januar 2013

Printed in Germany

ISBN 978-3-9815703-0-4

Mein Dank gilt allen Menschen,
die mich auf meinem Lebensweg
mit Liebe und Zustimmung,
Lob und Kritik begleitet haben
oder mich auf vermeintliche Irr- und Umwege führten,
die sich, im Nachhinein betrachtet,
doch als hilfreich erwiesen haben.

So ist dieses Buch all jenen gewidmet,
die Robert Zeitlos ins Leben verholfen haben.

Der Leser wird in diesem Roman zum Teil persönlich angesprochen. Um den Lesefluss zu gewährleisten, wurde bewusst die männliche Variante des Wortes gewählt. Alle Leserinnen mögen dies verzeihen und sich dennoch berücksichtigt fühlen.

Inhalt

Prolog

Du bist
auf dem Weg

zu jenem Ursprung,
in dem alles beginnt;

jenem Ziel,
in das alles mündet;

jener Gegenwart,
die alles trägt.

(Frei nach Paul Claudel)

1

Roberts Vater Karl-Heinz begeht einen folgenschweren Fehler, der seinem Sohn das Leben retten wird

Es gibt Ereignisse, die wie eine Windsbraut durch das Leben eines Menschen fegen und alles auf den Kopf stellen, einzig und allein, indem sie Liebe dorthin bringen, wo vorher keine war. Das kann vor allem dann ein Segen sein, wenn man einen Vater hat, der sich selbst jedes Glücksgefühl untersagt, nur weil er bereits in jungen Jahren zu der bedauerlichen Schlussfolgerung gelangt ist, dass das Glück dazu neigt, genauso schnell, wie es gekommen ist, auch schon wieder verschwunden zu sein.

Wenn dieser Vater zudem davon überzeugt ist, dass es seinem Sohn nicht schaden könnte, ebenfalls gänzlich glücksfrei aufzuwachsen, dann ahnt man sogleich, dass die Einschlagskraft dieses noch zu schildernden Ereignisses bemerkenswert gewesen sein muss. Wie hätte sich das arme Würmchen ansonsten in einen gestandenen Mann verwandeln können, für den das Glas gefühlsmäßig sogar dann halbvoll war, wenn er es gerade leer getrunken hatte und noch gar nicht recht wusste, woher der Nachschub kommen würde.

Jetzt möchten Sie womöglich gerne wissen, wie dieser Vater wohl heißen mag, der seinen Sohn glücksfrei hat aufwachsen lassen wollen, obwohl dies doch kein sonderlich guter Gedanke war. Nun, ungeachtet der weit verbreiteten Ansicht, bei Namen handele es sich um nicht viel mehr als Schall und Rauch, sei verraten, dass dieser Mann Karl-Heinz Zeitlos heißt und das bedauernswerte Würmchen Robert gerufen wird.

Es steht außer Frage, dass dies ein recht seltsamer Zuname ist: Wer will schon gerne ohne Zeit sein, wo es doch immer heißt, Zeit sei schließlich Geld. Im Umkehrschluss würde dies nun allerdings bedeuten, dass es außerordentlich wichtig ist, sehr viel Zeit zu haben, um sicher sein zu können, über Berge von Geld zu verfügen. Aber wir wissen natürlich alle, dass dies irgendwie nicht zuzutreffen scheint. Offenbar lässt nicht jeder Umkehrschluss einen Menschen automatisch zur Wahrheit vordringen.

Robert Zeitlos war übrigens schon als älteres Kind der Ansicht, dass die Leute sich um Geld lieber nicht so viele Gedanken machen sollten und dass es womöglich das Beste gewesen wäre, wenn man es nie erfunden hätte, denn dann gäbe es einen Grund weniger in der Welt, dass die Menschen sich andauernd streiten müssen. Sie bräuchten sich auch nicht immer so viele Sorgen zu machen, ob denn auch wirklich genug für alle da sei.

Robert war sich freilich ziemlich sicher, dass es die meisten Erwachsenen insgeheim gefreut hätte, ein Quäntchen mehr Geld als die anderen zu haben, denn dann wäre ihr Haus sichtbar größer als das des Nachbarn gewesen und ihr Auto hätten hinten zwei Doppelauspuffrohre geziert, was sich bis heute bekanntlich sehr gut macht und damals echten Seltenheitswert besaß. Für ein Kind war das – dem können Sie sicherlich zustimmen – ein ziemlich bemerkenswerter Einblick in die Natur des ausgewachsenen Homo sapiens.

Jedenfalls mochte Robert Zeitlos seinen Nachnamen genau genommen sehr gut leiden, denn er fand die Idee bestechend schön, dass statt des schnöden Mammons womöglich wieder der liebe Gott das Zepter auf der Erde übernehmen könnte, und dem gehörte schließlich die an seinen Zunamen erinnernde Ewigkeit. Nicht zuletzt deswegen fühlte er sich immer so wohl bei dem Gedanken an ihn.

Freilich wusste er zu diesem Zeitpunkt noch nicht, dass Gott dazu erst den *gnadenlosen Heropass* hatte überlisten müssen. Aber für diese Geschichte ist es jetzt noch zu früh, sonst kommen Sie, liebe Leser, womöglich ganz durcheinander.

Worin bestand denn nun aber dieses Ereignis, das dem Glück unverhofft gestattete, doch noch Einzug in Roberts junges Leben zu halten? Nun, diese günstige Fügung verdankte er einzig und allein seiner Großtante mütterlicherseits, von der er ausgewählten Menschen gegenüber schon einmal zum Besten gab, dass es ohne ihr im wahrsten Sinne des Wortes herzhaftes Erscheinen in seinem Leben niemals zur Reaktivierung seines bereits früh zerstörten Urvertrauens gekommen wäre.

Das Ereignis bestand demnach aus nichts mehr und nichts weniger, als dass Robert die Großtante plötzlich zur Verstärkung an seiner Seite hatte, und das war sehr beruhigend für den Jungen. Wenn man ein schwaches Glied in einer Kette ist, dann freut es einen ungemein, wenn die Glieder links und rechts einen mit aller Kraft festhalten und so die Kette nicht vor der Zeit reißen muss.

Frieda Rennstein, so heißt die Gute, hatte schon sehr viel erlebt. Hierzu zählte, dass sie im Alter von fünfundfünfzig Jahren frühpensioniert wurde, weil ein ausnehmend beflissener Amtsarzt lange vor ihrem offiziellen Ruhestand einen Anflug von Demenz bei ihr diagnostiziert hatte, der dazu führte, dass die passionierte Grundschullehrerin Kreide und Tafel früher Lebewohl sagen musste, als ihr lieb war.

>Um niemanden zu gefährden<, wie sie später scherzhaft verlauten ließ, denn sie konnte einen richtigen Schalk im Nacken haben, vor allem, wenn es darum ging, das Leben nicht ernster zu nehmen, als es unbedingt nötig war.

Nur der engste Familienkreis wusste, dass Frieda Rennstein in jungen Jahren eine Entscheidung getroffen hatte, die nicht allein ihr Leben gänzlich veränderte, sondern sie im Laufe der Zeit immer deutlicher von anderen Leuten unterscheiden sollte. Das konnte in Einzelfällen schon einmal an eine Demenzerkrankung erinnern; doch

15

sei ihr derzeitiger Zustand nichts Weiteres als die Fortsetzung von etwas der Familie hinlänglich Bekanntem, kommentierte Roberts Vater – der von Berufs wegen sich den lieben langen Tag in einem stickigen Büro langweilte und von medizinischen Dingen, gelinde gesagt, herzlich wenig verstand – die in seinen Augen skandalöse Fehleinschätzung des behandelnden Arztes. Er war gewillt, die Dinge in gewohnter Manier unverzagt in die eigene Hand zu nehmen. Es war ein wahrer Glücksfall für den damals zehnjährigen Robert, dass sein zu selbstgefälligem Dünkel neigender Vater damit einen folgenschweren Fehler begehen sollte.

Im Kopf des blitzgescheiten Jungen loderte angesichts der innerfamiliären Verlautbarung, dass Vater Karl-Heinz – als unverkennbare Frucht seiner sattsam bekannten Charakterfestigkeit – gedenke, die angeheiratete Tante in seinem Hause aufzunehmen, der kurze Verdacht üblichen Eigennutzes auf; doch war er gut genug erzogen, diesen Eindruck zunächst für sich zu behalten. Ungeachtet seiner zärtlichen Gewogenheit für Frieda Rennstein nahm der Großneffe sich vor, genau zu beobachten, welche Impulse den Vater in seinem Handeln leiten würden, wenn der bis dahin von ihm, Robert, beflissentlich verdrängte Tod der geliebten, aber ihm aufgrund seiner wenigen Lebensjahre recht betagt erscheinenden Großtante eingetreten wäre. Ihr Haus sollte jedenfalls vorerst nur vermietet werden, denn man wusste ja nie.

Nun ahnen Sie womöglich schon, worum es Roberts Vater in Wahrheit ging. Großtante Frieda war jedoch sofort einverstanden mit dieser Lösung. Sie bewegte nämlich bereits seit geraumer Zeit den Gedanken in ihrem Herzen, den jährlich wiederkehrenden Kampf mit dem durch ihren Gatten Heinrich Rennstein, einem durch seinen Schöpfer befremdlich früh zurückgerufenen Naturschwärmer, eigens für sie angelegten Zier- und Nutzgarten aufzugeben. Sie war trotz aller Liebe zu Flora nicht länger willens, ihr erbauliches Dasein die Hälfte des Jahres durch Schmerzen im Rücken und in den Knien zu durchkreuzen.

Hieran lässt sich unschwer erkennen, dass Frieda Rennstein zu einem gesunden Pragmatismus neigte, der ihr immer wieder dazu verhalf, etwas Schwieriges in etwas Leichtes zu verwandeln. Wenn einem dies so gut gelingt wie Roberts Großtante, dann hat man sehr oft gute Laune, und davon haben letztlich alle etwas.

Sie verdankte ihrem Heinrich freilich nicht allein diesen Garten, und so trug sie ihn Jahrzehnte nach seinem unvermittelten Hingang – dessen Klärung eine Obduktion erfordert hätte, die Frieda aber voller Überzeugung abgelehnt hatte, da dieser Akt seinen Leib keinesfalls wiederbelebt, sondern zusätzlich zerstört hätte – noch immer mit derselben Liebe im Herzen, die sie ihm schon zu Lebzeiten aufgrund des unnachahmlichen Umgangs mit ihr, seiner selten der Norm entsprechenden Gattin, entgegengebracht hatte.

Der durch ihn erworbene Zuname bedeutete ihr außerordentlich viel, denn sie war wirklich ein besonderer Mensch. Ihre blühende Phantasie hatte bereits vor der Heirat gemutmaßt, dass der Name Rennstein zweifellos eine Reminiszenz an jenen Stein darstellte, den ein Wandersmann der Tradition entsprechend am Ursprung des Rennsteigs der Werra entnahm, um ihn sodann durch den jahrhundertealten und in den Versen der klassischen Dichter besungenen Kammweg zu tragen, der die Höhen des Thüringer Waldes durchzieht.

Jetzt, da Sie dies wissen, klingt er bestimmt auch in Ihren Ohren doppelt so schön.

Ja, Frieda war wirklich außergewöhnlich. Das lag nicht allein daran, dass sie ausnehmend klug war, sondern weil ihr Herz so groß zu

17

sein schien, dass Robert sich als Kind manchmal fragte, wie lange ihr zarter Leib diesem Gewicht wohl standhalten würde. Später hat er dann allerdings Medizin studiert und durfte schon bald erkennen, dass die ganze Zeit lang keine Gefahr bestanden hatte und somit seine Sorgen für die Katz gewesen waren, wie man so schön sagt. Etwas zu tun, was für die Katz ist, sollte man freilich tunlichst vermeiden, denn es kostet nur unnötige Energie, und daran mangelt es uns Menschen bekanntlich an allen Ecken und Enden. Wenn Sie es verstehen, zwischen den Zeilen zu lesen, wissen Sie nach der Lektüre dieses Buches vielleicht, woran das liegen könnte.

Frieda erkannte, dass das Angebot ihres in die Familie eingeheirateten Neffen, welcher Beweggrund auch immer ihn in seinem Handeln geleitet haben mochte, ihr womöglich den laut amtsärztlicher Auskunft vorgezeichneten Weg in die medikamentöse Versenkung ersparen würde, und so richtete sie das ihr zugeteilte winzige Dachzimmer unter der Maßgabe ein, länger zu bleiben.

>Wo willst du all das unnütze Zeug hinstellen?<, fragte Roberts Mutter. Gertrud Zeitlos, die schon in jungen Jahren zur Hysterie neigte und dieser in den Augen ihres Gatten zunehmend häufiger in unangemessen vorgetragenen Bemerkungen Ausdruck verlieh, blickte sich argwöhnisch in ihrem ehemaligen Bügelzimmer um. Es bereitete ihr ein gewisses Unbehagen, dass sie statt der von ihrem Karl-Heinz getragenen weißen Oberhemden jetzt einer nicht unbeträchtlichen Anzahl sorgfältig gestapelter Kartons gewahr wurde, deren Inhalt sie nur erahnen konnte.

Frieda Rennstein war sanftmütig genug, um sich durch die harsche Ansprache nicht aus der Ruhe bringen zu lassen. Sie wusste, dass es ihrer Großnichte nicht leicht fallen würde, diese Veränderung in ihrem Leben ohne jegliches Lamentieren zu akzeptieren, denn sie gehörte bedauerlicherweise zu den Menschen, die gerne am Status quo festhalten. Gertruds Status quo ging mit totalem Stillstand einher und dieser Stillstand raubte ihr an manchen Tagen die Luft zum Atmen, aber anstatt wenigstens einen winzig kleinen Schritt zu machen, japste sie lieber noch ein bisschen mehr, denn dadurch hatte sie einen wirklich guten Grund, um sich zu beklagen, wie schwer das Leben doch sei.

>Keine Sorge, liebe Gertrud, ich kümmere mich um all diese Dinge. Sollte ich hierzu nicht mehr in der Lage sein, lasse ich es dich zeitnah wissen<, sagte Frieda jetzt.

Zum Zeichen ihres guten Willens im Hinblick auf ein einvernehmliches Miteinander und als wollte sie aller Welt demonstrieren, wozu sie trotz der vernichtenden Diagnose des Amtsarztes derzeit noch im Stande war, beförderte sie mit zügigen Handgriffen ein sauber gefaltetes Staubtuch aus einer der Umzugskisten. Deren Inhalt hatte, von diversen Putzmitteln und Küchenutensilien abgesehen, aufgrund seiner ideellen Natur allen Entsorgungsbemühungen zu trotzen vermocht, die Friedas zukünftigem Schmalspurdasein unter dem Dach der Nichte geschuldet waren.

Klein-Robert, der eigentlich gar nicht mehr so klein war, aber sich bedingt durch die ganze Aufregung plötzlich wieder so fühlte, wuselte die ganze Zeit auf unbehosten Knien zwischen den auf dem Boden gestapelten Kostbarkeiten hin und her. Er erkannte, trotz seiner altersbedingt geringen Lebenserfahrung auf den ersten Atemzug, dass alles, was Frieda mitgebracht hatte, den besonderen Duft altertümlicher Wertigkeit verströmte. Sie sehen schon, wenn Robert sich durch irgendetwas auszeichnete, dann nicht zuletzt durch seinen vortrefflichen Geruchssinn.

Seine gesamte Jugend hindurch würde der Junge sich nichts aus den kleinen, in dieser Stunde beginnenden Scharmützeln zwischen Gertrud Zeitlos und seiner geliebten Großtante machen. Bereits am

Tage ihres Einzuges in das enge, stets leicht modrig riechende Reihenhaus ahnte er, dass Frieda es auch in Zukunft sicher verstehen würde, die von Gertrud gezielt abgeschossenen Pfeile sogleich ihrer Spitzen zu berauben.

Frieda Rennstein besaß unbenommen zahlreiche Qualitäten, doch am meisten schätzte Robert an ihr, dass sie die übrigen Erwachsenen in seinem Umfeld durch ihre wahrhaft großartige Begabung ausstach, wunderbar erzählen zu können. Dabei handelte es sich nicht etwa um langweilige Einzelheiten aus ihrer Jugend, an den unterschiedlichsten Tagen in immer gleicher Form erinnert, so wie es älteren Menschen leicht geschieht, während sie an ihrem weißen Bart oder, je nach Geschlechtsmerkmalen, einer weißgelockten Haarsträhne zwirbeln. Nein, es waren Geschichten aus dem Leben und über das Leben, die sie gar nicht persönlich betrafen. Es waren Erzählungen über das Menschsein und was es bedeutet, nicht der zu sein, der man in Wahrheit ist.

Frieda verstand es wirklich meisterlich, ihren Figuren so viel Leben einzuhauchen, dass sie niemals verzerrt oder blutleer wirkten. Sie ließen Robert in Welten eintauchen, die ihm bis dahin vollends versagt geblieben waren, da unnötige Worte von seinem Vater als pure Zeitverschwendung angesehen wurden (denn Worte könnten ja glücklich machen – Sie wissen schon).

Robert war damals noch recht jung und eigentlich zu unerfahren, um mit den philosophisch anmutenden Ausführungen in Friedas Geschichten ernsthaft etwas anfangen zu können. Doch drängte es ihn immer wieder – sehr zum Ärger seiner äußerst geräuschempfindlichen Mutter, deren Ohren Roberts Nase in nichts nachstanden – stets mehrere Stufen auf einmal nehmend unter das Dach zu eilen und das Gespräch mit der Großtante zu suchen. Es schien, als wäre er trotz oder gar aufgrund seiner kindlichen Unbefangenheit ein idealer Nährboden für ihre ungewöhnlichen Ideen, die in seinem Unterbewusstsein zunächst zarte Knospen und mit den Jahren immer prächtigere Gewächse hervorbrachten.

Auch ein Mensch, dem es wie Robert Zeitlos dank seines Zunamens gelungen ist, ein Stück der Ewigkeit einzufangen, kommt offenkundig nicht umhin, vom Kind zum Manne zu reifen. Die von Frieda gesäten und von ihm längst geernteten Früchte seiner Jugend ließen ihn nun, Jahrzehnte später, über die buchstäblich rasende Tollheit einer festen Institution nachdenken, die in den Köpfen der Menschen für Ordnung gesorgt hatte und ihren Dienst offensichtlich nicht länger in gewohnter Manier zu verrichten gedachte. Sein wendiger Geist schien wie gewöhnlich um keine Kapriole verlegen zu sein. Doch plötzlich bemerkte er, dass die im Zuge eines halben Jahrhunderts unauffällig vertraut gewordene Schwatzhaftigkeit seines Verstandes abrupt versiegte, um nach einer unvermittelten Kehrtwende das Phänomen der augenfällig auf dem Kopf stehenden Zeit aus einer neuen Perspektive zu erkunden.

Denn diese war es, die in den Zustand der rasenden Tollheit verfallen war, obwohl man doch hätte meinen müssen, dass die Sekunden, Minuten, Stunden, Tage, Wochen und Jahre eigentlich ruhig fließen sollten, anstatt solche Allüren zu entwickeln, oder was denken Sie? Wer sich nun fragt, wie es dazu kommen konnte, dem sei verraten, dass es tatsächlich in der Sache selbst begründet lag – aber keine Sorge, darüber werden Sie schon bald mehr erfahren.

Gleichzeitig wähnte Robert einen heimlichen Groll in sich, der nur darauf zu warten schien, dass dieser unselige Spuk mit der davonpreschenden Zeit sich wieder in Luft auflöste. Wenn er es recht be-

21

dachte, dann war es nämlich wirklich ungeheuerlich, wie taktlos und ungeniert diese mit seinem Bewusstsein fest verwachsene Instanz sich in Gestalt ihrer dahinfliegenden Stunden zu verflüchtigen schien, ohne Rücksicht darauf zu nehmen, ob ein Mensch für die damit einhergehende Veränderung gewappnet war.

Robert war es jedenfalls nicht und deswegen hätte er lieber am Bestehenden festgehalten, denn das erwies sich als vertraut und damit uneingeschränkt beruhigend. Doch war er einsichtig genug, zu erkennen, dass ein gerüttelt Maß an Vorbereitung keineswegs schaden konnte, um nicht hinterrücks von einer Welle ungewohnter Gegenwärtigkeit überrollt zu werden.

So zumindest mutmaßte Friedas Großneffe zu diesem Zeitpunkt, aber Sie wissen natürlich selbst, wie so etwas ist. Manchmal erweisen sich die Dinge als richtig und manchmal als ein bisschen falsch und im Nachhinein erscheint es häufig am besten, man hätte sich von Anfang an auf die Mitte konzentriert.

2

Kleine Knötchen auf den Stimmlippen nötigen einem lieblosen Pedanten ein unerwartetes Zugeständnis ab und
Robert Zeitlos hinterfragt sein zukünftiges Liebesleben

Seitdem Karl-Heinz Zeitlos ein stabiles Ich-Bewusstsein entwickelt hatte, widerstand er dem in seinen Augen unverfrorenen Ansinnen seiner Mitmenschen, ihn der Einfachheit halber *Kalle* rufen zu
dürfen. Stets verlangte er mit dem urkundlich verbrieften Wortlaut
des von seinem Großvater geerbten Namens angesprochen zu werden. Dies legt die Vermutung nahe, dass er schon vor seiner Eheschließung intuitiv geahnt haben muss, dass der Name Karl-Heinz
starker Herrscher des Heims bedeutet.

Der Großpapa hatte viele Jahre lang das respektable Amt des
Bürgermeisters einer Kleinstadt in der Nähe von Marburg bekleidet,
und es schien, als erhoffte sein Enkel schon in Kindertagen, seine
eigene Person durch diesen im doppelten Sinne vorteilhaften Rufnamen erhöhen zu können.

Lediglich Gertrud Zeitlos zuliebe war er zu einem kleinen Zugeständnis bereit gewesen. Sie durfte, um ihre aufgrund kleiner Knötchen auf den Stimmlippen chronisch heisere Stimme zu schonen,
zwischen Karl oder Heinz wählen und hatte sich für Karl entschieden.

Einmal gab Karl-Heinz Zeitlos, – entgegen seiner sonstigen Dis-
tanziertheit, die einem tiefen Bedürfnis nach Kontrolle entsprang und
im Bedarfsfall eine schnelle Klärung der ehelichen Fronten ermöglichte, – angesichts der Prädisposition des weiblichen Geschlechts
für in seinen Augen vollkommen überflüssige Verniedlichungsformen
seinem ersten Impuls nicht nach, ihr diese neue Marotte schnellstmöglich auszutreiben. Gertrud hatte in der Annahme, es handele

sich um einen der seltenen Momente erlaubter Anhänglichkeit, ein warmherziges >i< angeknüpft. >Karli< war nun wirklich nicht das, was Karl-Heinzens Bedürftigkeit nach Aufwertung seiner von ihm selbst als Mittelmaß empfundenen Person in Form eines angemessenen Verhaltens seiner Umgebung befriedigte. Doch erkannte er an der durch seine wohlwollende Reaktion zur Schau getragenen Toleranz, die ihn selbst angenehm überraschte, dass er die richtige Frau geheiratet haben musste.

Nun sollte man eigentlich meinen, dass damit die Weichen für eine glückliche Ehe ein für alle Mal gestellt worden wären. Doch weit gefehlt. Von seiner für ihn seit jenem Ereignis feststehenden, unverbrüchlichen Zuneigung zu ihr wusste Gertrud Zeitlos bedauerlicherweise gar nichts und die wehmütigen Befragungen der Menschen in ihrem Umfeld brachten auch keine Klärung im Hinblick auf ihren Verdacht, dass ihr *Karli* ein hölzerner Gesell und in Liebesdingen vollkommen unbegabt sei. Noch nie hatte jemand beobachtet (und hätte die Ärmste damit sicherlich zu trösten vermocht), dass Karl-Heinz Zeitlos seiner Gattin gegenüber ein Zeichen seiner Liebe zum Ausdruck gebracht hätte, und es schien außer Frage zu stehen, dass dies bis zum Sankt Nimmerleinstag so weitergehen würde.

Die an festgefrorenes Eis in einer schlecht gepflegten Gefriertruhe erinnernde Kälte, die zwischen seinen Eltern herrschte, sollte die Unbeschwertheit des kleinen Robert bis zu dem Tage betrüben, als Frieda Rennstein, die er vor diesem Ereignis nur an wichtigen Feiertagen zu Gesicht bekommen hatte, gutgelaunt das kleine Mansardenzimmer unter dem Dach des schmalen Reihenhauses bezog.

Sie war für ihn wie ein Schiff, das seine Segel eigens dafür gesetzt hatte, ihn zu neuen Ufern zu geleiten, und ermöglichte Robert unter Ausschluss der übrigen Familienmitglieder in den Stunden ihres Zusammenseins die Rückkehr zu seinem nach Recht und Billigkeit ursprünglich sonnigen Gemüt.

So sehr Robert diese Frau liebte, so zögerlich war er anderen Vertreterinnen des weiblichen Geschlechts gegenüber eingestellt, als fürchtete er, das traurige Dilemma seiner Eltern wäre genetisch in ihm verankert worden. Schon in seiner frühen Jugend konnte er dem pubertierenden Balzverhalten seiner durch eitrige Pickel gezeichneten Mitschüler nichts abgewinnen, die ihn immer wieder dazu animieren wollten, einer besonderen Art von Mädels nachzustellen, von denen bekannt war, dass sie mit jedem *gingen*, der es nur geschickt genug anzustellen wusste. Nun, was darunter zu verstehen ist, muss natürlich ein Geheimnis bleiben, denn junge Burschen mögen es bekanntlich gar nicht gern, wenn man Fremden gegenüber etwas über sie preisgibt.

Selbstredend war Robert zu diesem Zeitpunkt bereits versiert genug, um in einer stillen Stunde ernsthaft zu hinterfragen, ob sein zukünftiges Liebesleben in Form einer gleichgeschlechtlichen Beziehung vorstellbar sei, doch schien auch dies nicht der eigentliche Beweggrund für seine Scheu gegenüber dem weiblichen Lern- und Lehrkörper des Konrad-Adenauer-Gymnasiums zu sein.

Während ihn seine Mitschülerinnen überhaupt nicht interessierten, konnte er gegenüber seiner Biologielehrerin Ursula Jungblut, einer Enddreißigerin, die ihrem Zunamen durchaus Rechnung zu tragen wusste, zumindest ein gewisses Maß an duldsamer Zuneigung empfinden. Von dieser Regung überrascht, hinterfragte Robert zunächst, ob womöglich Mitgefühl der Motor dieser Empfindung sein könnte.

Auch wenn Ursula Jungblut es sehr gut verstand, sich angesichts der hinter vorgehaltener Hand getuschelten Bemerkungen jüngerer Schüler über ihren Namen in eine Aura der Unberührbarkeit zu hüllen, hatte er sie einmal dabei beobachtet, wie sie die Maske des Gleichmuts fallen ließ und von einer Minute zur anderen um Jahre alterte. Wenige Sekunden später ging ein Ruck durch ihren Körper, ihr Mund bemühte sich erneut um ein Lächeln und sie betrat den Klassenraum, als wäre nichts gewesen.

Nun, so ist das offensichtlich mit uns Menschen. Wir sind wirkliche Meister darin, uns ständig so geschickt zu verstellen, dass wir uns irgendwann selbst nicht mehr erkennen können, und dann ist guter Rat teuer, denn wie soll man anständig durchs Leben kommen, wenn man vergessen hat, wer man in Wahrheit ist!

Robert bewunderte die intellektuellen Fähigkeiten der Biologielehrerin. Sie erinnerten ihn an seine Großtante, obwohl Ursula Jungblut nicht annähernd die Herzlichkeit in sich trug, mit der Frieda ihre Vernunft durchtränkte. Immerhin dachte er darüber nach, die Lehrerin anzusprechen, um eine außerschulische Verabredung einzufädeln. Das war recht mutig von ihm, nicht wahr?

Doch der im Vorfeld akribisch einstudierte Vorwand erschien ihm im Angesicht der seinen Kopf zum damaligen Zeitpunkt um einige Zentimeter überragenden Gestalt der Jungblut plötzlich als derart läppisch, dass sich sein Mund undurchdringlich verkrampfte. Danach tat er sich schwer damit, Kontakt zum weiblichen Geschlecht aufzubauen geschweige denn zu halten.

So konnte es ohne Bedauern seinerseits geschehen, dass er seine gesamte Schullaufbahn hindurch – abgesehen von zwei kurzen Viehmarkt-Liebschaften mit einem blonden und einem brünetten Mädchen aus dem Nachbarort, die beide das waren, was man ohne viel Drumherumgerede als redlich hübsch bezeichnen konnte – keinerlei Anstalten unternahm, diesen Zustand angesichts der durchaus wahrnehmbaren Bedürfnisse seines zunehmend männlicheren Körpers zu ändern. Dieser forderte seinen Tribut, ohne dass der Ärmste genau wusste, was da eigentlich in seinem Innern so alles vor sich ging. Just in jener Schulstunde, als dieses Thema ausgiebig vor einer nervös auf ihren Stühlen hin und her ruckenden Meute rotwangig grinsender Schulkinder erklärt worden war, musste Robert nämlich von einem fiebrigen Bronchialkatarrh geschüttelt das Haus hüten.

Wie dem auch sei. Seinem Dafürhalten nach fehlte es ihm an nichts, solange er den geistigen Austausch mit Frieda Rennstein zur Kompensation der in seinen Augen unzureichenden Kommunikationsfähigkeit seiner Altersgenossinnen nutzen konnte.

3

Frieda Rennstein entledigt sich gleichmütig aller Masken und
entlarvt den illusorischen Charakter der Wirklichkeit

Frieda sprach oft davon, dass die Vergangenheit und die Zukunft
nichts anderes als Illusionen seien, so wie eigentlich alles, was uns
als real erscheine, bei näherer Betrachtung hinsichtlich seines Wirk-
lichkeitscharakters kritisch hinterfragt werden wolle. Diese Mutmaßung offenbarte sie jedoch allein Robert, denn sie vertraute sonst
niemandem. Für sie zählte allein das Hier und Jetzt und die sogenannte Zeit existierte ihrer Ansicht nach ausschließlich in bestimmten
Hirnarealen der Menschen. Sie diente dazu, Erlebnisse wie Perlen
auf eine Kette zu fädeln. Die meisten Leute in ihrem Umfeld hielten
sie deshalb für verschroben und irgendwie nicht wirklich von dieser
Welt, obgleich Robert sich sicher wähnte, dass genau das Gegenteil
der Fall sein musste.

In seinen damals noch kindlichen Augen und ohne dass er dies in
angemessene Worte fassen konnte, besaß sie für ihn im Vergleich
zu ihren Mitmenschen schlichtweg den umfassenderen Durchblick,
eine gewissermaßen synoptische Übersicht. Über kurz oder lang
würden auch die anderen dieser Tatsache gewahr werden, erhoffte
sein tief verwurzelter Gerechtigkeitssinn. Der erwies sich als äußerst
anstellig, weil Robert seine Großtante Frieda wirklich lieb hatte. Das
Gefühl, dass ihr Unrecht widerfuhr – auch wenn es sich in seinen
Augen nur um eine Fehleinschätzung durch fast schon unanständig
dumme Menschen handelte –, konnte er kaum ertragen.

Sie kennen das sicherlich, denn jeder von uns hat schließlich
schon einmal geliebt, auch wenn es sich bei dem Objekt unserer Zuneigung womöglich um einen Kanarienvogel gehandelt hat, den wir
morgens auf dem Frühstückstisch mit ein paar Tropfen Kondens-

milch und Brotkrumen verwöhnt haben, um ihn darüber hinweg-
zutrösten, dass er kurz darauf wieder in seinen Käfig gesperrt werden wird. Schließlich muss ein Mensch selbst für diese paar Tropfen
Kondensmilch und Brotkrumen außer Haus das nötige Kleingeld er-
arbeiten.

Aber da hätten Sie diesen kleinen Vogel einmal sehen müssen,
der schaute nämlich von Mal zu Mal ein bisschen dümmer aus der
Wäsche. Daran lässt sich leicht ersehen, dass der Kanarienvogel
noch viel lernen musste, um die wirklich unglaubliche Macht des
Geldes über die Menschheit besser verstehen zu können. Wenn es
nach ihm gegangen wäre, hätte er freilich gerne auf die Kondensmilch und die drögen Brotkrumen verzichtet und wäre stattdessen
lieber durch das Fenster hinausgeflogen.

Doch da war ein undurchdringliches Netz aus Gaze gespannt,
denn Menschen mögen gewöhnlich keine Fliegen und fragen sich
von Zeit zu Zeit, warum der liebe Gott diese ständig summenden
Untiere überhaupt erschaffen hat. Das liegt aber nur daran, dass
Fliegen dazu neigen, sich erst auf einem feuchtwarmen Kuhfladen
ausgiebig zu sonnen, um sich sodann genüsslich auf unseren frisch-
gebackenen Zwetschgenkuchen zu setzen, und zwar genau in dieser
Reihenfolge. Deswegen musste die Flucht vorerst ein schöner Traum
für den einsam vor sich hin zwitschernden Kanari bleiben.

Einmal riefen Friedas Ansichten über die wahre Natur von Vergangenheit, Gegenwart und Zukunft eine gewisse Ratlosigkeit in ihrem Großneffen hervor, weil der sich noch nie zuvor Gedanken darüber gemacht hatte, dass es mit der Zeit so eine Sache für sich war.
Es gab nämlich einige kluge Köpfe, wie zum Beispiel den einen oder
anderen Philosophen oder auch Physiker, die sich das Gehirn in ihren Köpfen zermartert hatten, um den vielen weniger klugen Köpfen

ein bisschen auf die Sprünge zu helfen, worum es bei der Zeit denn nun eigentlich ging. Frieda konnte darüber nur lächeln, wie sie das Leben der Erdbewohner beeinflusste. Es war ein freundliches Lächeln ohne jeglichen Hochmut.

Sie hatte nämlich seit geraumer Zeit das Gefühl, dass es um mehr ging, als die meisten dieser klugen Köpfe vermuteten, obwohl sie wirklich sehr klug waren und eigentlich hätten wissen müssen, dass die Dinge manchmal einfacher sind, als sie ausschauen. Wie Frieda auf einen so anmaßenden Gedanken kommen konnte, fragen Sie?

Ganz einfach, sie spürte, dass ein Wandel in der Luft lag und dieser Wandel nicht nur den Mikrokosmos Mensch und dessen Zeitempfinden, sondern auch den Makrokosmos betraf. Wenn Sie nicht genau wissen, was der Makrokosmos ist, dann schauen Sie heute Abend einfach einmal nach Einbruch der Dunkelheit in den Himmel. Sollten Sie Glück haben und das Wetter spielt wolkenlos mit, dann werden Sie feststellen, dass der Himmel ganz schön bevölkert aussieht. Überall brennt Licht und wo Licht brennt, ist bekanntlich immer etwas los.

Aber weil Frieda erst auf einer Spur war, und Sie wissen ja, wie das mit den Spuren so ist – sie können sich verlieren, also im Sand verlaufen oder sie können immer heißer werden und dann ruft ein Mensch plötzlich *Heureka* –, zog sie es vor, vorerst nur in Bildern zu sprechen. Sie fand, dass dies darüber hinwegtäuschte, dass man lediglich ahnte, worum es ging, und im Übrigen halfen diese Bilder über viele Unzulänglichkeiten der menschlichen Sprache hinweg, ohne dem Redner große Mühe abzuverlangen.

Außerdem war Roberts Großtante zu dem Schluss gelangt, dass selbst ein Mensch, der durch zu ausgiebiges Fernsehen und das Einverleiben zu vieler Chips und kleiner Bierchen ein wenig bequem oder, um nicht unnötig um den heißen Brei herumzureden, erschreckend denkfaul geworden war, dadurch auf Anhieb verstehen konnte, was Worte oftmals nicht zu sagen vermögen.

Damit sei natürlich nicht unterstellt, dass Robert ein ständig leicht alkoholisierter, fettige Chips in sich hineinstopfender Couchpotato war, ganz im Gegenteil – wobei allerdings noch herausgefunden werden müsste, worin das Gegenstück zu einem ständig leicht alkoholisierten und fettige Chips in sich hineinstopfenden Couchpotato tatsächlich besteht, aber das würde an dieser Stelle wirklich zu weit führen.

Frieda war übrigens nicht der Meinung, dass diese Zeitgenossen für ihre aufopfernde Tätigkeit, sich täglich von morgens bis abends stoisch und wahllos Trash-TV-Sendungen anzuschauen und damit die Arbeitsplätze der Verantwortlichen für diese völkerübergreifende Verdummung zu sichern, eigentlich einen Stundenlohn von etwa acht Euro plus/minus eins verdient hätten.

>Weißt du, Robert, die Zeit gleicht dem Sand in einem Stundenglas<, sagte sie stattdessen.

Die Großtante war außergewöhnlich gut gelaunt und mitteilsam an diesem Tag gewesen. Es handelte sich um den Jahrestag ihrer zurückeroberten Freiheit, den sie bis zu ihrem Tode mit einem Glas Sekt zu zelebrieren gedachte, den sie sich in einem nach ihrem Dafürhalten aus zutiefst ungehörigen Trümmern geretteten und über die Jahre leicht trübe gewordenen Champagnerkelch servierte.

Die Nachkriegsjahre waren in ihrem Falle daran gescheitert, den rein aus dem Instinkt geborenen und die höhere Natur des Menschen überlagernden Überlebenswillen zu stählen und das Herz dergestalt zu härten, dass von der ihm eingeborenen Sanftmut nur mehr ein nebulöses Objekt der Sehnsucht übrig blieb.

Frieda vollbrachte das schier Unmögliche. Sie ließ, ungeachtet des in ihren Augen beklemmenden Verhaltens ihrer Umgebung, nicht zu, dass sich ihre friedsame und überaus mitfühlende Wesenhaftigkeit beugte, bemerkte allerdings bald, dass sie damit in eine Außenseiterposition geriet und argwöhnisch begutachtet wurde.

Sie war zunächst irritiert darüber, weil sie das Verhalten der anderen nicht verstand, und wie allseits bekannt sein dürfte, gibt es so gut wie nichts Schlimmeres, als etwas nicht zu verstehen, das offenkundig für alle anderen Menschen vollkommen normal zu sein scheint.

>Wenn du wüsstest, wie verzweifelt ich war, als mir zum ersten Mal bewusst wurde, dass der Kampf ums schiere Überleben die Herzen der anderen versiegelt hatte.<

Frieda fuhr Robert bei diesen Worten ein ums andere Mal zärtlich übers Haar, als wollte sie die Erinnerung an das Gesagte gleich wieder aus seinem Kopf streichen.

>Jeder schien sich plötzlich der Nächste zu sein, obwohl man in den Monaten zuvor wie Pech und Schwefel zusammengehalten hatte.<

Nun war Frieda freilich eine Frau der Tat, die sich einfach nicht unterkriegen lassen wollte, allein schon aus dem Grund, um morgens in gewohnter Weise mit festem Blick und ohne jegliches Zögern ihrem Spiegelbild begegnen zu können. Solche Menschen findet man heutzutage leider sehr selten, wenngleich unter vorgehaltener Hand getuschelt wird, dass es noch ein paar Exemplare von ihnen geben soll. Von denen weiß allerdings niemand genau, wo sie sich derzeit aufhalten und ob sie womöglich gefährlich für das Gemeinwohl werden könnten.

Nach einer Zeit der Unabwägbarkeiten und Zweifel fasste Frieda Rennstein schließlich an einem neblig-feuchten Septembertag den

Entschluss, sich aus dem System des menschlichen Geistes zu verabschieden und die ihr zu diesem Zeitpunkt selbst noch anhaftende ichbezogene Engstirnigkeit in einem letzten Crescendo zum Teufel zu jagen.

Es gab wenig zu tun, aber vieles zu unterlassen, um sich aus den Fängen klebriger Vernetzungen zu lösen, die sie seit ihrer Kindheit mal sanft, mal harsch geprägt und gedemütigt hatten. Doch hatte sie die Schwelle der kindlichen Unbefangenheit längst überschritten, als sie mit einer unerwarteten Vehemenz spürte, dass sie sich nicht länger selbst verleugnen konnte, ohne vor der Zeit im Strudel des ihr von den anderen entgegengebrachten Unverständnisses unterzugehen.

Wenn Sie ein gutes Herz haben, und davon ist mit ziemlicher Sicherheit auszugehen, da Sie dieses Buch bisher noch nicht mit der Begründung zur Seite gelegt haben, dass es aufgrund mangelnder Intrigen und vollkommener Waffenfreiheit weder den Nerv der Zeit noch Ihren Geschmack zu treffen vermag, dann fragen Sie sich womöglich, wie es denn dazu kommen konnte, dass alle Menschen plötzlich so böse zu Frieda waren. Eine gute Frage, die zeigt, dass Sie nicht nur einen regen Verstand Ihr eigen nennen können, sondern eben auch ein Herz, das nicht zu fühlen verlernt hat, und deswegen sollen Sie jetzt auch gleich erfahren, wie sich alles zugetragen hat.

Die Leute waren nämlich zornig auf sich selbst. Ziemlich zornig sogar, obwohl sie, was das Zeug hielt, die ganze Zeit versuchten, ihre ohnmächtige Wut zu unterdrücken. Sie möchten wissen, was sie so zornig machte? Ganz einfach, sie warfen sich vor, die lebensverachtende Gesinnung eines schnauzbärtigen Diktators nicht rechtzeitig enttarnt zu haben, und das brodelte nun ständig in ihnen, als wären sie ein Heizkessel, dessen Ventil verstopft ist. Aber das war gar nicht gut, denn dieser unselige Zustand führte nach und nach zur Ausdorrung ihrer Seelenlandschaften.

So glaubten sie, Recht daran zu tun, der lebhaften und doch sanftmütigen Frieda, deren Geist schon im Alter von drei Jahren die abenteuerlichsten Fragen gestellt hatte und untröstlich schien, wenn diese aufgrund ihrer Ungewöhnlichkeit unbeantwortet blieben, die Flügel der Barmherzigkeit zu stutzen. Roberts Großtante schien nämlich nichts Besseres im Sinn zu haben, als das wenige Brot, das jedem von ihnen zur Verfügung stand, irgendwelchen dahergelaufenen, hungrigen Kindern zu überreichen, bis sie sich zum Schluss vor lauter Entkräftung kaum mehr auf den Beinen halten konnte.

>Mach dich nicht lächerlich, jeder ist sich in diesen Zeiten selbst der Nächste<, sagte ihr Vater immer wieder und schüttelte verständnislos den Kopf.

Diese Tag für Tag die Ohren der jungen Frau belastende Äußerung sollte noch Jahrzehnte später in ihrer empfindsamen Psyche nachhallen, denn sie enthielt die Schlacken einer ihrem Dafürhalten nach ungewöhnlich ausgeprägten Ignoranz. Frieda gehörte nun einmal zu jenen Seelen, die wie ein Schwamm aufsaugen, was immer ihnen begegnet, ungeachtet dessen, ob dies gut oder schlecht für sie ist. Man sagt dann im Volksmund auch, dass sie sich alles zu sehr zu Herzen nehmen, und das kann bisweilen wehtun.

Wenn Sie diesen Schmerz noch nie erlebt haben, dann müssen Sie jetzt bedauerlicherweise davon ausgehen, dass Sie entweder ein ganz schön hartgesottener Bursche oder aber ein ziemlich abgebrühtes Weibsbild sein müssen und jeder, der Sie sieht, gleich ein mulmiges Gefühl bekommt, denn es steht natürlich außer Frage, dass Ihnen das ins Gesicht geschrieben steht.

Es war ein langsamer, jedoch mit den Jahren exponentiell wachsender Prozess, jenes brachliegende Terrain zurückzuerobern, das Frieda die Abkehr von den vielen Unwegsamkeiten ihrer sozialen und mentalen Einbindung in festgefahrene Gefüge und Strukturen ermöglichte und das sie als ihr Geburtsrecht erachtete. Sie war willens und entschlossen genug, dem Kleinod ihrer wahren Natur und der Ursprünglichkeit ihres Wesens bis zu ihrem Tod den notwendigen Respekt und Tribut zu zollen.

Das hört sich sehr heldenhaft an, nicht wahr? Das war es auch, denn danach wurde alles ganz anders und Sie wissen bestimmt, wie das ist. Die meisten von uns fürchten tatsächlich nichts mehr als Veränderungen, und die hatten sich im Leben von Frieda Rennstein von da an gewaschen, wie man zu sagen pflegt.

Sie zog sich von allen vermeidbaren Verpflichtungen zurück, arbeitete nach den Studienjahren in den Vormittagsstunden als Lehrerin in einer heillos überfüllten Klasse und verbrachte den Rest des Tages allein, ohne sich länger damit zu beschäftigen, was die anderen über sie dachten. Sie brauchte die Stille, wie andere Menschen die Ablenkung, damit sie ihrer Natur entsprechend leben konnte, ohne Maske, ohne falsche Rücksichtnahme, ohne die einengende Beeinflussung durch die Meinung anderer Menschen im Hinblick auf sie, Frieda Rennstein und den Rest der Welt.

Über die Jahre wurde sie zu einer wahren Großmeisterin darin, alles anders zu sehen und zu interpretieren als ihr Umfeld. Obwohl sie sehr viel Empathie für ihre Mitmenschen empfand, entschied sie sich, Systemzwängen in Form belangloser Floskeln und Gespräche, die aus nichts anderem als Phrasen bestanden und nach denen sie sich regelmäßig wie ausgewrungen fühlte, konsequent aus dem Weg zu gehen. Sie gab einfach vor, keine eigene Meinung zu haben oder aber vergesslich geworden zu sein, ein Umstand, der gemeinhin als demente Entgleisung eines ehemals überdurchschnittlich regen Geistes interpretiert wurde.

Stellen Sie sich einmal vor, Sie würden bei völlig klarer Geistesverfassung – womit Sie allerdings eine rühmliche Ausnahme darstellen würden, denn es ist doch sehr fraglich, ob es so etwas angesichts des kollektiven Wahnsinns, der unsere Welt regiert, überhaupt noch gibt – in so eine Schublade gesteckt? Ein schlimmer Gedanke, nicht wahr?

Aber Frieda hatte ein besonderes Verhältnis zu Schubladen. Nicht etwa zu denen an ihrem Buffetschrank, denn die quietschten und bereiteten ihr nur Freude, wenn Sie wieder einmal das Silberbesteck frisch poliert hatte. Nein, das besondere Verhältnis betraf die Schubladen in ihrem Kopf. Die hatte sie allesamt über Bord geworfen, weil sie in ihren Augen üblen Ballast darstellten, der einengte und den Blick auf die Welt vernebelte. Sie fürchtete nichts mehr, als die erneute Gefangensetzung ihres gerade erst flügge gewordenen Freigeistes.

>Gott bewahre mich vor diesem Unheil<, dachte Frieda des Öfteren. Sie war zutiefst davon überzeugt, dass etwas wirklich Neues niemals als vertraut oder gewohnt angesehen werden durfte, nur um es auf althergebrachte Weise interpretieren zu können. Nie hätte sie es für möglich gehalten, dass die Entscheidung, das Korsett des menschlichen Geistes zu verlassen, eine derartige Tragweite in Bezug auf ihr weiteres Leben haben würde. Alles änderte sich durch ihren Ausstieg aus dem Bewusstsein der Massen, da es nichts mehr gab, an dem sich ihr rationaler Verstand festklammern konnte.

Nun, wer kennt nicht die Angewohnheit des menschlichen Verstandes, ständig nach Haltegriffen Ausschau zu halten, als wäre er ein Fahrgast in einer überfüllten U-Bahn, die gerade durch die Kurve fährt!

Ihr ehemals konditioniertes Dasein erkannte Frieda erst im Nachhinein als den Faktor, der Leid in ihr Leben gebracht hatte, und so pflegte sie ihn ihre *Urwunde* zu nennen. Sobald sie sich dabei ertappte, dass sie einer alten Gewohnheit entsprechend die Dinge beurteilte, stoppte sie augenblicklich den Gedankenfluss in ihrem Kopf und kehrte an jenen Ort zurück, den sie Robert gegenüber als ihr Refugium bezeichnete. Der Großneffe ahnte, dass es kein Ort in der äußeren Welt sein konnte.

Nun, Robert Zeitlos war wirklich ein verständiger Junge und wie bereits angedeutet wurde, mauserte er sich unter den Fittichen seiner Großtante zu einem recht passablen Mann. Eins seiner entscheidenden Merkmale bestand darin, dass er sich über seine eigene und die Natur anderer Menschen nicht allzu vielen Illusionen hingab. Das tat er aus zwei Gründen nicht: Erstens, weil Hochmut immer vor dem Fall kommt, und zweitens, weil Robert nichts mehr fürchtete, als irgendwann sehr enttäuscht zu werden. Es gibt wohl kaum etwas Ernüchternderes, als wenn sich etwas vermeintlich Großartiges plötzlich als gar nicht so prächtig, um nicht zu sagen als abstoßend, niederträchtig oder hässlich entpuppt.

Obgleich Robert schon früh erfahren durfte, dass Frieda Rennstein sich unabhängig von der Nachdrücklichkeit ihrer Äußerungen selten genauer ausließ – als beabsichtigte sie wohlwollend Spielraum für Interpretationen zu lassen –, wagte er einmal nachzufragen, was denn, bitte schön, das Verlassen des Bootes im Hinblick auf den *gemeinen Menschenverstand* bedeute. Den Philosophen, der diesen Ausdruck als erster im Munde geführt hat, kannte Robert nämlich aus der Schule, und was man dort lernt, bleibt gewöhnlich nur haften, wenn es eine Saite in unserem Innern zum Klingen gebracht hat.

Dies war hier offensichtlich der Fall, obwohl es bei näherer Betrachtung ein bisschen flegelhaft erscheint, dass ein Philosoph unseren Verstand als gemein bezeichnet hat, nicht wahr?

Robert hatte sich zu diesem Zeitpunkt schon des Öfteren davon überzeugen können, dass der gewöhnliche Verstand von anderen Erwachsenen nicht als das Gefängnis erachtet wurde, das er für Frieda darstellte. In der Gewissheit, dass alles seine Zeit hatte und ihr Großneffe früh genug alleine hinter die Bedeutung kommen würde, zog sie es vor, zu schweigen. Eher hätte sie sich die Zunge abgebissen, als irgendwann einmal zum falschen Zeitpunkt ein falsches Wort verlauten zu lassen und damit andere Menschen vom Nachdenken abzuhalten. Denn es verhält sich zweifelsohne so, dass man dieses Vermögen ab und an ein bisschen pflegen muss, damit es nicht einrostet und dann zu traurigen Ergebnissen führt.

Womöglich kennen auch Sie Menschen, bei denen man nicht ganz sicher sein kann, ob es sich überhaupt um Vertreter dieser Spezies handelt, weil sie sich beim Fernsehgucken schon einmal ausgiebig an bestimmten Körperstellen unterhalb der Gürtellinie kratzen. Das sieht dann fast so aus, als wenn sie Flöhe hätten, obwohl es eher Affen sind, die unter Flöhen leiden, und nicht wir – außer wir haben einen ungepflegten Hund, aber wer hat den schon gern? Hunde neigen ja bekanntlich dazu, nachts heimlich ins Bett zu kriechen. Wir merken dies meist erst am nächsten Morgen, weil die Decke weg ist und unsere Füße zu Eisklumpen erstarrt sind, während der Hund lauthals hechelt, um nicht vor lauter Hitze zu kollabieren.

So gerne Robert mehr darüber erfahren hätte, ob sie das Boot nur verlassen hatte, weil der Verstand so gemein zu ihr gewesen war, so wenig Mühe kostete es ihn, Friedas Verschwiegenheit zu akzeptieren, die er als Bollwerk gegen die haltlose Schwatzhaftigkeit der Menschen empfand, die sich tagein, tagaus das Maul über einander zerrissen. Deren inkonsequentes Bemühen, ihre immer neue Blüten treibende Maßlosigkeit in Bezug auf Tratsch und Klatsch in Schach zu halten, irritierte ihn zutiefst. Insgeheim missbilligte Robert alle Erwachsenen, die selber keine Grenzen in ihrem Verhalten kannten und deshalb ihm, dem Advokaten einer imaginären Besserwelt, auch keine setzen konnten.

Da Frieda ihre Beweggründe niemals preisgab, blieb ihm in der Folge nichts anderes übrig, als sie in ihrem Verhalten zu beobachten, um herauszufinden, aus welchen Quellen sich ihr schier unermessliches Wissen in so gut wie jeder Lebenslage speiste. Ihre an Weisheit grenzende Art, sich allem Leben anzunähern, es wertzuschätzen und stets dafür Sorge zu tragen, dass durch keine ihrer Äußerungen oder Tätigkeiten Unordnung entstand, beeindruckte ihn bis ins Mark. Irgendetwas in seinem Innern sagte ihm, dass in Friedas außergewöhnlichem Umgang mit sich selbst und ihrer Umgebung der Schlüssel für ihre offensichtlich intuitiv gespeiste Gelehrsamkeit liegen musste.

Er war sich sicher, dass sie ihren ureigenen Königsweg gefunden hatte, auch wenn er nicht genau wusste, was er sich darunter vorzustellen hatte. Irgendetwas in ihm drängte danach, es ihr gleichzutun und so schnell wie möglich seinen eigenen Schlüssel zu finden, mit dem er die erste Tür in seinem Innern öffnen konnte, der hoffentlich noch viele weitere folgen würden. Ja, so dachte unser Robert.

4

Frieda gewährt Robert Einblick in die wahre
Beschaffenheit des menschlichen Verstandes und erklärt, dass es
Brücken braucht, um einer Vergewaltigung zu entgehen

Robert stand kurz vor seiner Abiturprüfung und in seinem Kopf schwirrten Shakespeares Dramen im Verbund mit Exponentialfunktionen und der Dialektik des flegelhaften Philosophen, den wir bereits erwähnt haben. Das hört sich ziemlich kompliziert und durcheinandergewürfelt an, nicht wahr? Und das war es auch, denn es führte nicht nur einmal dazu, dass sein Kopf unter dieser schweren Last beinahe vom Hals zu fallen drohte und er sein Kinn tüchtig mit der rechten Hand abstützen musste, während er mit der Linken seine Notizen machte.

Es kam selten vor, dass er sein Pensum früh genug bewältigte, um für einen Kaffee zur Großtante unters Dach zu steigen. An einem Nachmittag Mitte April zog sich Frieda Rennstein gerade eine leichte Jacke über, um für einen Spaziergang das Haus zu verlassen, als sie Robert auf der Treppe hörte. Sie wusste immer ganz genau, wer den Weg zu ihr nach oben fand, da jedes Mitglied der Familie Zeitlos unverwechselbare Geräusche hervorbrachte.

Bei seinem Eintreten fiel ihr zum ersten Mal bewusst auf, dass sein Körper sich gestreckt hatte. Ein rechter Hungerhaken, dachte sie erstaunt und sah zu, wie er im Sessel gegenüber Platz nahm. Während sie überlegte, ob er vor lauter Lernen überhaupt noch zum Essen kam, fragte Robert nach einem Keks. Es beruhigte sie, dass er seinen Hang nach Süßem nicht verloren zu haben schien, und so schob sie seine Vergesslichkeit im Hinblick auf ihre Zuckerabstinenz, die der Überzeugung entsprang, dass es sich bei kristallinem Haushaltszucker um die beliebteste Parasitennahrung handle, auf die abiturbedingte Überlastung seiner Hirntätigkeit.

>Wenn du wüsstest, wie froh ich sein werde, endlich wieder einfach nur ein Buch lesen zu können<, sagte er.

Robert nahm in Ermangelung des Gebäcks dankbar die Schale mit Nüssen entgegen, die Frieda ihm entgegenhielt. Bedächtig pulte er sich die größten Exemplare heraus, denn die schmeckten immer am besten. Dann bewegte sich sein Blick zur Wand, weil er aus dem Augenwinkel bemerkt hatte, dass irgendetwas verändert erschien. Er kannte so gut wie alle Exemplare in Friedas überquellendem Bücherregal, das an der einzigen Wand ohne Fenster und Schrägen exakt bis unter die Decke reichte.

Unten bei seinen Eltern gab es lediglich eine nicht unbeträchtliche Anzahl Reader's Digests und ein paar französische Romane völlig unbekannter Autoren, die sein Vater zur Vollendung seiner autodidaktischen Sprachstudien in provenzalischen Supermärkten gekauft hatte. Plötzlich wusste Robert, was ihn die ganze Zeit irritiert hatte. Es gab einen neuen Bildband, der nicht mehr zwischen die anderen gepasst hatte und jetzt schräg vor ihnen stand, so dass man den Titel erkennen konnte.

Nun werden Sie sicherlich den lebhaften Wunsch verspüren, zu erfahren, wie dieser denn gelautet haben mag, aber das würde Sie nur unnötig ablenken. Viel wichtiger ist nämlich, dass jetzt etwas sehr Merkwürdiges geschah, denn ohne es zu wollen, sprang Robert unvermittelt auf und begann wie wild darin zu blättern, nur weil dieser für Sie aus genanntem Grund bedauerlicherweise immer noch unbekannte Titel einen Volltreffer gelandet hatte. Es verhält sich fraglos so, dass wir gerne unvermittelt aufspringen, wenn etwas nach unserem Geschmack ist, weil wir dann nämlich gar nicht anders können.

Sie glauben, das sei ein bisschen weit hergeholt, und im Übrigen sind Sie immer noch leicht pikiert, dass Sie den Titel nicht kennen? Dann beobachten Sie sich doch bitte bei der nächsten Landung eines Volltreffers, wie Sie, ohne es zu wollen, augenblicklich Ihre Greiforgane ausfahren, um das Objekt zwecks näherer Inspektion vor Ihre Augen zu führen, und wie Sie dann, obwohl Sie Ihr Budget für den Monat bereits überschritten haben, nicht anders können, als zur Kasse zu laufen. Dort zücken Sie Ihr Portemonnaie und überreichen der Kassiererin zähneknirschend und wider jede Vernunft Ihre letzten Kröten, die diese mit einem verständnisvollen Blick – denn Sie ist ja schließlich auch nur ein Mensch – entgegennimmt, um Ihnen alsdann mit einem wohlwollenden Lächeln die Tüte in die jetzt wieder ausgefahrene Hand zu geben. Nun, das ist so, weil wir Menschen nur denken, wir würden alles selbst entscheiden, und in Wahrheit *denkt es uns*.

Frieda sah Robert an diesem Tag zum ersten Mal die Anspannung des Lernens an und konnte nachempfinden, wie er sich fühlen musste, denn sie selbst war jahrzehntelang des Nachts von dieser Prüfung heimgesucht worden, die sie mit wechselnden Varianten von Erinnerungslücken stets neu absolvieren musste. Die Großtante verdankte dieser Art von Albträumen viel, da deren zu Schwitzattacken führende Abscheulichkeit sie dazu bewegt hatte, sich in der Vervollkommnung des luziden Träumens zu üben. Dieses hatte ihr bis dahin nur vereinzelte und unvorhersehbare Einblicke in zeitlose Welten gewährt, die ihrem Wachbewusstsein gänzlich unbekannt waren.

Nun werden Sie sich womöglich fragen, was denn, bitte schön, luzides Träumen bedeutet. Eine gute Frage, die selbstredend eine ebensolche Antwort verdient. Stellen Sie sich einmal vor, Sie wären Frieda Rennstein – keine Sorge, das können Sie ruhig wagen, denn

Sie werden in Ihrem Innern sofort ein ungewohnt molliges Gefühl verspüren, so als würde der Raum um ihr Herz herum plötzlich ganz warm werden und sanft vibrieren – und des Nachts davon träumen, dass Sie sich ungeachtet Ihres wirklich guten Willens aus den verschiedensten Gründen nie richtig auf die anstehende Abiturprüfung vorbereiten können. Von Tag zu Tag geraten sie mehr in Panik, weil der Termin unbarmherzig näher rückt. Würden Sie da nicht auch gerne über die Fähigkeit verfügen, im Traum plötzlich aufzuwachen, was ungefähr mit einem Gehirnzuwachs von etwa fünfzig Prozent zu vergleichen ist, und genau zu wissen, wie Sie alles zu Ihren Gunsten steuern können?

Dies würde – je nach Ihrer charakterlichen Veranlagung – beispielsweise bedeuten, dass Sie zum Direktor gehen und damit drohen, eine Stinkbombe in sein Auto zu werfen, wenn er nicht sofort das Abitur abschaffen würde. Nun, seien wir einmal ehrlich, dies wäre womöglich ein nicht ganz so geschickter Schachzug, da ein gewöhnlicher Schuldirektor so etwas gar nicht alleine entscheiden kann. Womöglich würde er Sie wegen der Stinkbombe sogar der Schule verweisen, weil Sie sich aufgrund ihrer charakterlichen Veranlagung zuvor bereits zwei Verweise eingehandelt hätten und der Direx nur darauf gewartet hat, Ihnen einmal so richtig zu zeigen, wo es lang geht. So ein Direx lässt nämlich beileibe nicht alles mit sich machen, schon gar, wenn es einer vom Gymnasium ist.

Jedenfalls hätte Frieda niemals damit gerechnet, dass ein einziger geschickt gesteuerter Klartraum ausreichen sollte, sie für immer von dieser nächtlichen Heimsuchung in Gestalt einer fortwährend scheiternden Oberprimanerin zu befreien.

Die Sonne besaß zu dieser Jahreszeit bereits so viel Kraft, dass es Roberts Empfinden nach in der Mansarde unangenehm warm war. Es gefiel ihm, die einzige weiße Strähne im Haar der Großtante zu beobachten, wenn sie wie jetzt vom Sonnenlicht angestrahlt wurde. Sie begleitete Frieda seit ihrem dritten Lebensjahr. Plötzlich waren da auf einer Stelle von der Größe einer halben Reichsmark diese schneeweißen Haare gewachsen und hielten sich seitdem hartnäckig.

Als vierjähriges Kind unternahm sie einmal über Stunden den alles andere als altersgerechten Versuch, sie zu zählen. Am Ende taten ihr die Augen weh, weil der Winkel so ungünstig war und die Entfernung ein klares Fokussieren verhindert hatte, aber sie konnte stolz verkünden, dass es exakt zweitausendzwölf seien. Ihre im Laufe der nachfolgenden Dekaden erworbene Weisheit vorwegnehmend, gab Frieda ihren Eltern im selben Atemzug zu verstehen, dass sich diese Zahl aller Voraussicht nach verändern würde, da Haare nun einmal ausfallen und nicht immer in derselben Anzahl nachwachsen. Robert wunderte sich in späteren Jahren oft, dass außer diesen weißen Herausforderern deutscher Figaros kein einziges graues Haar ihren Kopf zierte.

>Wenn du nicht die Angst als ständigen Begleiter haben willst, dann hör auf, dich ständig von den Vorstellungen deines Verstandes tyrannisieren zu lassen. Mit ein bisschen Glück bleibt dir deine Haarfarbe so länger erhalten<, erklärte die Großtante.

Frieda Rennstein hatte nämlich schon sehr früh erkannt, dass die Angst eine Hauptverursacherin von chronischem Stress sein kann und somit in der Lage ist, durch den vermehrten Ausstoß eines äußerst lebhaften Etwas namens Adrenalin die menschliche DNA zu schädigen. Deshalb verwendete sie sehr viel Mühe darauf, sich bloß keine angstvollen Sorgen zu machen, und wurde schon nach kurzer Zeit zu einer wahren Meisterin im Ausschalten jeglicher Gedankentätigkeit. Viele Gedanken triefen nur so vor Angst und wenn man sie unterlässt, dann bleibt gewöhnlich gar nicht mehr viel übrig, worüber man nachdenken könnte.

>Denken ist die Pflicht und das Nichtdenken die Kür<, sagte sie häufig und schmunzelte jedes Mal vergnügt, denn sie liebte es, den Nagel auf den Kopf zu treffen. Aufgrund zahlreicher Beweise in eigener Sache erfüllte der menschliche Verstand Ihrer Ansicht nach nur zwei Aufgaben wirklich gut: bedrückende Erinnerungen aus der Vergangenheit heraufzubeschwören oder besorgniserregende Ausblicke auf die Zukunft zu gewähren, so als wollte er sich selbst beweisen, dass er allein die erprobten Mittel kennen würde, mit diesen Geschehnissen bestmöglich fertig zu werden.

Frieda zog es deshalb vor, die Dinge ausschließlich zu erfühlen, anstatt sie mit ihrem Intellekt behelfsweise zu beurteilen. Sie wusste nämlich, dass alles, was wirklich wichtig war, sich außerhalb der Reichweite ihres Verstandes bewegte, und damit unterschied sie sich von den meisten anderen Menschen, die das Denken mit dem Herzen gänzlich verlernt hatten.

Wer nun meint, dass dies schlechterdings unmöglich sei, der hat womöglich noch nie versucht mit seinem Herzen zu denken. Vielleicht kostet es zu viel Anstrengung, sich daran zu erinnern, wie dies funktionieren könnte. Aber wenn wir schon einmal dabei sind, dann muss an dieser Stelle erwähnt werden, dass vielen Menschen das vertraute Denken mit dem Kopf ebenfalls immer schwerer zu fallen scheint, und deswegen ziehen sie es vor, die Dinge der Einfachheit halber zu beurteilen. Das geht besonders gut, wenn sie sich dabei der Vorsilbe *ver* befleißigen, damit die Sache sonnenklar für alle Welt wird.

Bedauerlicherweise übersehen sie dabei, dass jedes Urteil ihr Herz vernebelt, denn dieses sieht die Dinge häufig ganz anders und würde sich wirklich gerne ab und zu einmal Gehör verschaffen.

Könnte es sprechen wie sein Mensch und wäre nicht nur auf so unschöne Botschaften wie kleinere oder in besonders hartnäckigen Fällen auch größere Schicksalsschläge angewiesen, dann würde es – natürlich ohne jeglichen Groll und Boshaftigkeit – schätzungsweise so unvorteilhafte Fragen stellen wie >Du Fröschl, kannst du nicht einfach einmal einen anderen Standpunkt als deinen eigenen gelten lassen?<

Daran lässt sich unschwer erkennen, dass es im Menschen eine Instanz geben muss, die gerne einmal richtig für *Klar Schiff* sorgen würde, wenn man sie nur ließe.

An diesem Tag saß Frieda ungewöhnlich eingesunken in ihrem Sessel und schaute ernst aus, fast schien es, als wäre sie bedrückt. Das war sehr ungewöhnlich, denn eigentlich war Roberts Großtante stets von einer ansteckenden Heiterkeit erfüllt.

>Kennst du das Gefühl, wenn deine linke Hirnhälfte versucht, die rechte zu vergewaltigen?<

Frieda räusperte sich und setzte sich auf.

>Ein wahrhaft abscheuliches Gefühl. Du bist von allem getrennt und es fühlt sich an, als würde etwas Elementares fehlen, ohne dass du genau sagen könntest, worin es besteht.<

Robert ahnte, was sie meinte, hatte jedoch noch nie darüber nachgedacht. Er fühlte, dass es aus seiner Sicht dazu weiter nichts zu sagen gab, ja seine Worte nur alles zerreden würden. Also schwieg er lieber. Frieda verstummte ebenfalls. Nach einer Weile beschloss Robert, dass es an der Zeit sei, doch eine Frage zu stellen.

>Was kann man dagegen tun?<

>Brücken bauen<, sagte Frieda.

Er bemerkte erleichtert, dass die Großtante wieder lächelte. Sein Blick fiel auf das Sideboard, auf dem ein offenkundig eilends aufgetürmter Haufen Literatur dem Schicksal trotzte, durch einen heftigen Luftzug aus der Balance geworfen zu werden und drehenden Fluges die Bekanntschaft des Fußbodens zu machen. Seitdem sie denken konnte, sammelte Frieda Rennstein Bücher wie andere Menschen Fingerhüte oder Porzellanelefanten. Da die Größe des Mansardenzimmers für Neuanschaffungen ein unüberwindbares Hindernis darstellte, hatte sie sich früh von Robert dazu überreden lassen, das von ihm bereitwillig für sie eingerichtete und in den Grundzügen erklärte Internet regelmäßig zu nutzen.

>Ein Instrument, das über kurz oder lang zeigen wird, wes Geistes Kind ein Mensch ist<, sagte sie, nachdem Robert sorgfältig alle Kabel aufgerollt hatte, um jegliche Stolperfallen zu vermeiden.

Dieser undurchsichtige Satz sollte Friedas einziger Kommentar in dieser Sache bleiben. Im Nachhinein erschien es Robert, als hätte sie bereits in den Anfängen seiner Verbreitung gewusst, dass das Internet den Gesetzen der Polarität mehr unterworfen sein würde, als jede andere Errungenschaft der modernen Technologie. Wie konnte sie auch damals schon ahnen, dass sich heute in so gut wie allen Bereichen des Lebens so etwas wie eine flächendeckende Polarisierung feststellen lässt.

Das ist in etwa so, als wenn Sie eine Schere in der Hand halten, die ganz weit auseinanderklafft und an der einen Spitze ist etwas sehr Schönes und an der anderen etwas gar nicht so Schönes, um nicht zu sagen, Gemeines, Hässliches oder sogar Böses (worüber noch zu sprechen sein wird). Dazwischen befindet sich nichts anderes als gähnende Leere und das kann einem manchmal schon ein

bisschen Sorge bereiten. Aber es nützt auch nichts, immer nur weg-
zuschauen, denn davon wird es ganz bestimmt nicht besser.

Robert liebte es, Frieda dabei zu beobachten, wie sie anfangs der
Tastatur Buchstaben für Buchstaben abtrotzte. Einmal erinnerte er
sich daran, dass die Großtante Medien gewöhnlich mied.
>Hast du keine Angst vor mentaler Programmierung?<
>Glaubst du, dass es so etwas wie Erziehung gibt?<
Das war typisch. Frieda Rennstein liebte es, eine Frage mit einer
Gegenfrage zu beantworten.
>Wie man's nimmt. Wir werden bekanntlich schon im Mutterleib
von außen beeinflusst.<
Er hätte eigentlich eine Reaktion auf diese doch recht intelligent
vorgetragene Äußerung erwartet. Doch Frieda blickte ihn nur ruhig
an, ohne etwas zu sagen. Nach einiger Zeit hielt Robert es für angebracht, noch etwas hinzufügen, um das Ganze ein wenig in Schwung
zu bringen, denn was nützt einem die schönste Unterhaltung, wenn
sie keinen Schwung hat.
>Wenn man es näher bedenkt, muss eigentlich alles, was in
Massen auftritt, heutzutage für die Erziehung der Kinder herhalten.
Du weißt schon: Medien, Werbung, Schulen, irgendwelche Veran-
staltungen... Die totale Vereinheitlichung des Bewusstseins.<
Während er diese Worte sprach, behielt Robert die Augen der
Großtante ununterbrochen im Visier. Normalerweise konnte er darin
erkennen, ob es ihm gelungen war, ihre Aufmerksamkeit zu ködern.
An diesem Tag sah jedoch alles danach aus, als erfordere es
noch ein weiteres Scheit, um das Feuer der Zustimmung oder Missbilligung in Frieda zu wecken. Sie stand auf, um sich eine Decke zu
holen.

>Ohne Werte, ohne Ethik und Moral, ohne Wertschätzung für anderes Leben, in welcher Form auch immer. Hauptsache der Spaßfaktor und die Kasse stimmen.<

Die Decke war schnell gefunden und Frieda legte sie um ihre Schultern, während sie wieder Platz nahm. Jetzt nickte sie endlich. Die Vorstellung einer zunehmenden Vereinnahmung der Kinder und damit aller nachfolgenden Generationen machte sie nicht zum ersten Mal frösteln. Sie hatte schon länger das Gefühl, dass die wirklich beängstigenden Veränderungen gesellschaftlicher Zustände am liebsten von hinten herangeschlichen kamen. Es schien, als wollten sie ihren Einfluss so lange wie möglich im Geheimen geltend machen. Gleichzeitig konnte sie wahrnehmen, wie sich etwas in ihr vehement dagegen wehrte, von einer Welle trübsinniger Melancholie überrollt zu werden. Doch sie schwieg weiterhin.

>Das Schizophrene daran ist, dass all diese Massenphänomene letztendlich zur Vereinzelung der Menschen führen<, sagte Robert.

>Ja, die Leute denken gleich, essen gleich, kleiden sich gleich, amüsieren sich gleich und man sollte denken, dass dies verbindet. Aber das Gegenteil ist der Fall. Jeder lebt mittlerweile auf einer Art Bewusstseinsinsel, die ihn von den anderen trennt. Das ist seltsam und auch traurig.<

Robert beobachtete, wie sie mit gleichmäßigen Griffen die Decke enger um sich schlang und sie dann vor der Brust verknotete. Die Feuchtigkeit des herannahenden Abends schien durch die geschlossenen Fenster hindurchzukriechen, als wollte sie durch das Auslösen körperlicher Reaktionen ihr Dasein ausdehnen.

>Mentale Programmierung findet übrigens nur statt, wenn man sich gedanklich und emotional mit den Inhalten identifiziert. In meinem Fall dürfte die Gefahr nicht allzu groß sein<, sagte sie lächelnd.

Da war sie wieder, die alte Frieda, die Robert so sehr liebte, und der Großneffe war sehr erleichtert, denn er hatte sie noch nie so melancholisch wie an diesem Tag erlebt, und was man noch nie erlebt hat, das kann einem schon einmal ein bisschen Angst einjagen. Weil Angst aber etwas ist, womit sich jeder Mensch bisweilen herumplagen muss, sei an dieser Stelle verraten, dass sie sofort mit dem Piesacken aufhören wird, wenn Sie sich endlich dazu durchringen, sie nicht immer in Ihre Eingeweide wegzudrücken, denn das mag die Angst überhaupt nicht gerne.

Robert ist kurz darauf übrigens wieder an seinen Schreibtisch zurückgekehrt, aber er musste ständig darüber nachdenken, welche Brücken Frieda gemeint haben könnte, und schließlich hat er alle Bücher zugeklappt und das Lernen auf den nächsten Tag verschoben. Ob Sie es nun glauben oder nicht: Er hat trotzdem ein 1-a-Abitur hingelegt und damit ist im Hinblick auf sein außergewöhnliches Köpfchen eigentlich alles gesagt.

5

Ursula Jungblut weckt in Robert Zeitlos die Liebe zur Naturwissenschaft und die Mär von Elisabeth Tausendschön bestimmt in Gestalt einer abgetrennten Fingerkuppe dessen weiteren Lebensweg

Es war einzig und allein Ursula Jungblut zu verdanken, dass dieser sich dazu entschloss, Medizin zu studieren. Die Biologielehrerin hatte Robert Zeitlos schon nach kurzer Zeit als fähigen Schüler und aufmerksamen Betrachter ihrer für eine Frau Ende dreißig durchaus ansehnlichen Erscheinung schätzen gelernt. Aufgrund ihrer euphorischen Ausführungen über das Wesen der Evolution erwies sich Roberts Verhältnis zu den Naturwissenschaften früh als positiv gestärkt, auch wenn er laut Karl-Heinz Zeitlos aus einer eher sprachlich orientierten Familie stammte.

Als Besitzer eines Mittelschulabschlusses hatte der Vater aufgrund eines ihn heftig zwackenden, obgleich unerkannten Akademikerkomplexes seine Bildung in Eigenregie um die zusätzliche Fremdsprache Französisch erweitert und es – trotz des Gezeters seiner auf einen Nordseeurlaub spekulierenden Gertrud – aufgrund seines pedantischen Fleißes und mehrwöchiger Sommerurlaube in Südfrankreich zu einem beträchtlichen Wortschatz gebracht.

Sein Akzent allerdings war der Schrecken der provenzalischen Bäcker und Lebensmittelhändler. Dies führte mehr als einmal dazu, dass der ausladende Holztisch auf der Terrasse des gleich nach der Ankunft von Vater Karl-Heinz zur Freude der Eigentümer für den darauf folgenden Sommer erneut reservierten Ferienhauses von den örtlichen Leckereien verschont blieb.

Wem drängt sich da nicht die Vermutung auf, dass einem heranwachsenden Jungen so ein Umstand den Urlaub gehörig verderben kann, zumal, wenn dessen Magen aufgrund der im Überfluss vorhandenen Freiluft Kapriolen schlägt? Darüber half auch die Tatsache nicht hinweg, dass Roberts sensible Nase Tag und Nacht von besänftigendem Lavendelduft gestreichelt wurde.

Mediziner zu werden erschien Friedas Großneffen nicht allein wegen seiner finanziellen Absicherung erstrebenswert, dem Hauptaugenmerk von Karl-Heinz Zeitlos, der sich selbst nach ausreichender Abwägung in der Kategorie *unterer Mittelstand* eingestuft hatte. Für Robert besaß Geld einen rein pragmatischen Stellenwert und er gelangte ungewöhnlich früh zu der zweifelsfreien Überzeugung, dass diese Einstellung sehr viele Sorgen ersparen hilft. Man empfindet dann nämlich weniger Furcht vor dem Verlust der mühsam erarbeiteten Summen.

Frieda Rennstein trug ihren Teil zu dieser Erkenntnis bei, denn durch sie erfuhr Robert, dass dieses jahrtausendealte Tauschmittel seine Besitzer in ein System zwängt, aus dem es so gut wie kein Entrinnen gibt.

>Einmal Lunte gerochen, bleiben die meisten zeitlebens am Ball<, sagte sie.

Robert schätzte am Geld, dass es ihm bestimmte Freiheiten und Annehmlichkeiten ermöglichte, doch war er keinesfalls bereit, seine Seele dafür zu verkaufen. Schon zu der Zeit, als er noch von den willkürlichen Taschengeldgaben seines Vaters abhängig war, die dieser unter den fadenscheinigsten Begründungen beliebig auszusetzen pflegte, ahnte er, dass wahrer Reichtum sich nicht in Münzform abzählen ließ. Er hätte damals nicht mit Bestimmtheit sagen können, worin der Unterschied zwischen Geldüberfluss und wahrer Fülle bestand, aber dass er existierte, stand für ihn fest.

Frieda versuchte ihrem Großneffen in zyklischen Abständen zu vermitteln, dass das Streben nach materiellen Gütern ein nicht zu unterschätzendes Gefahrenpotential in sich barg. Sie war nämlich der Ansicht, dass man darüber die bereits bestehenden Werte in der Umgebung zu wenig wertschätzte oder sogar vergaß, und damit meinte sie in etwa Folgendes: Solange der erwünschte Gegenstand als Luftgespenst in der Sehnsuchtsfalte eines verblendeten Herzens herumgeistert, kann die lediglich als Samen in jedem Menschen vorhandene Unzufriedenheit keimen und erste Triebe entwickeln. Diese wachsen sich zu kräftigen Schlingpflanzen aus, sobald die Euphorie über den Erwerb oder Erhalt der faden Ernüchterung des Vertrauten weicht und ein neues Verlangen entbindet.

Wer auch nach diesen blumigen Worten nicht erkannt haben sollte, worum es geht, dem sei verraten, dass ein Mensch nach der Erfüllung eines Wunsches gewöhnlich sogleich ein neues Begehren entwickeln wird, das ihn nur solange zufrieden stellen wird, bis es ebenfalls erfüllt ist. Dies setzt sich *ad infinitum* fort.

Für den Fall, dass Sie, liebe Leser, kein Lateinisch sprechen, sollten Sie wissen, dass dies die Ingangsetzung eines ewigen Kreislaufes ausdrückt, der eigentlich dem bereits erwähnten *gnadenlosen Heropass* obliegt, aber bis Sie dessen nähere Bekanntschaft machen, müssen Sie sich immer noch ein wenig gedulden.

Nun, Robert Entschluss für diesen Beruf hatte also weder monetäre noch karrieristische Beweggründe. Eher war es das Bedürfnis, das Verhältnis von Körper und Seele besser zu verstehen, um nicht irgendwann an den körperlichen Folgen einer womöglich als Keim vorhandenen psychischen Kurzsichtigkeit erkranken zu müssen.

Diese überaus weitsichtige Erkenntnis fußte auf einer Fingerkuppe. Wenn Sie jetzt einwenden, eine Fingerkuppe sei aber so klein, die könne doch nie und nimmer einen Mann in seiner Berufswahl beeinflussen, dann haben Sie sich ausnahmsweise einmal getäuscht. Das Ganze kam nämlich zustande, weil Frieda ihm eines schönen Tages eine außerordentlich plastisch geschilderte Geschichte erzählte. Diese hatte sie selbst als Kind derart beeindruckt, dass sie seit diesem Tag den Ansichten der Erwachsenen noch weniger Glauben schenkte als zuvor. Die schränkten nämlich ihre außergewöhnliche Phantasie auf rüde Weise ein und das behagte Frieda überhaupt nicht.

Die Geschichte handelte von Elisabeth Tausendschön, einem kleinen Mädchen, das auf dem Land lebte und für dessen Nachnamen sich Frieda nicht verbürgen mochte, doch sei er ihr so vermittelt worden. Selbst noch ein Kind, sah Roberts Großtante ihn zum Zeitpunkt der Erzählung nicht im Anflug in Frage gestellt. Die kleine Lissi hatte durch ein Missgeschick, für das sie nicht verantwortlich war, eine Fingerkuppe verloren. Alle Welt lief gebeugten Rückens und mit sorgenvollen Gesichtern lauthals lamentierend über den Hof, um das kostbare Stück zu finden und in Ermangelung eines ortsansässigen Arztes den versuchenswerten Ansatz einer Reparatur durch den zweifelsohne begabten Veterinär im Nachbarort zu wagen.

Die kleine Lissi hatte keinerlei Schmerzen verspürt, da sie unter Schock stand. Allerdings war sie nicht länger willens, ihr zartes Wesen durch dieses Gejammer malträtieren zu lassen. Niemand bemerkte, wie sie sich im wahrsten Sinne des Wortes vom Hof machte und in den nahegelegenen Wald verschwand, um die offenkundige Beschädigung ihres ansonsten unversehrt gebliebenen kindlichen Körpers in aller Ruhe zu betrachten. Die Wunde blutete heftig, aber den Arm unablässig steil über ihren Kopf haltend, schaffte sie es bis zur Hütte des Rösner-Bauern, mit dessen Familie ihre Eltern vor langer Zeit gebrochen hatten, weil dieser eine Kuh für sich reklamiert hatte, die nachweislich nicht ihm gehörte.

Lissi wusch den Mittelfinger im klaren, munter gluckernden Wasser des an dieser Stelle breit gefächerten Baches ab, der die Wiesen der beiden Familien trennte und nunmehr rote Einsprengsel hatte. Sie wusste genau, dass ihr keine Menschenseele in dieses Niemandsland folgen würde. Sie war ein gottesfürchtiges Mädchen und so floss im Angesicht der offenen Wunde die flehentliche Bitte um Gnade und Heilung ohne Zögern über ihre Lippen. Die Worte an ihren Schöpfer mussten sinngemäß gelautet haben, dass er doch bitte so barmherzig sein möge, ihren Körper wieder in seinen ursprünglichen Zustand zu versetzen.

Lissis unverbrüchlicher Glaube stillte als Erstes den Blutfluss. Dann beobachtete sie entzückt, wie sich das fehlende Gewebe nach und nach rekonstruierte und selbst das Nagelbett in seinen ursprünglichen Zustand zurückfand. Noch am selben Abend kehrte sie, im Glauben an die Barmherzigkeit ihres Herrn und Gottes zutiefst bestärkt, zurück auf den elterlichen Hof.

Dort entpuppte sich die Stimmung als wenig rosig. Nicht allein, dass ein Teil von Lissi fehlte, jetzt war auch noch das ganze Mädchen verschwunden und niemand hatte sie gesehen. Womöglich war sie schon längst verblutet. Anstelle einer rasch um sich greifenden Erleichterung über ihr unverhofftes Auftauchen handelte sich Elisabeth Tausendschön eine gehörige Portion Vorwürfe ein. Diese ließ sie tapfer über sich ergehen, um irgendwann stolz ihren reparierten Finger nach oben zu halten. Die Aufregung verzigfachte sich, um alsdann in ein Freudengeschrei zu münden, welches das kleine Dorf nie zuvor vernommen hatte und danach nie wieder zu hören bekommen sollte.

Lissis Erzählungen riefen beim Pfarrer sogleich die Vermutung wach, dass es sich um ein authentisches Wunder handeln könnte und der Bach womöglich aus einer heiligen Quelle gespeist würde, doch lag in den Augen des Dorfschulzen der Verdacht nahe, dass die Kuppe gar nicht abgefallen war und von daher auch nicht gefunden werden konnte.

Eine Woche lang sollte diese unselige Diskussion die Dorfgemeinschaft in zwei ungleich verteilte Lager zugunsten der Wunderfraktion spalten und nur der Diplomatie von Rosa Tausendschön, der Großmutter Lissis, war es zu verdanken, dass nach sieben langen Tagen endlich wieder Ruhe in die Gemüter der Dorfbewohner einkehrte. Sie vermittelte der aufgeregten Gemeinde, dass die Ursache letztendlich gleichgültig wäre und allein zähle, dass das Mädchen in seiner Unversehrtheit wieder hergestellt und somit in der Lage sei, einen anständigen Ehemann zu finden, dem sie im Vollbesitz sämtlicher Finger samt Kuppen eine gute Gattin, Hausfrau und Mutter sein könne.

Frieda wusste von diesem Tag an intuitiv und allen Unkenrufen ihres Umfeldes zum Trotz, dass im menschlichen Körper eine wundersame Kraft wirken musste. Nur sie allein konnte diese erstaunliche *Restitutio ad integrum* ermöglicht haben. Ihre schon in Kindertagen herausragende Intuition im Hinblick auf die Geheimnisse des Lebens vermittelte Roberts Großtante überdies eine weitere Erkenntnis. Die wundersame Heilung musste der völligen Abgeschiedenheit Elisabeth Tausendschöns in dieser tragischen Stunde zu verdanken sein, da niemand sie in ihrem Glauben an eine Spontanheilung durch unselige Gegenrede hatte behindern können.

Außerdem bezog Frieda die außerordentlich glückliche Fügung in ihre Betrachtungen mit ein, dass der avisierte Veterinär in Ermangelung der Kuppe diese weder anzunähen in der Lage gewesen war, noch mit diesem Akt der Nächstenliebe voraussichtlich irreparables Narbengewebe zu erzeugen vermocht hatte.

Die im Schicksal der kleinen Elisabeth sich offenbarende Einheit von Körper, Seele und Geist gereichte Frieda in späteren Jahren zu der unverbrüchlichen Überzeugung, dass die Seele das Bindeglied zwischen Körper und Geist sein musste, und sie dachte häufig darüber nach, was dies wohl alles bedeuten könnte.

>Geht es der Psyche gut, dann ist der Körper wohlauf und der Mensch bleibt ein Leben lang gesund. Wann geht es ihr gut? Wenn es gelingt, der Falle der Selbstverleugnung zu entgehen>, sagte sie jetzt.

Die mit diesen Worten geschlossene Erzählung sollte Robert nie vergessen. Frieda selbst hatte zu ihrem eigenen Erstaunen festgestellt, dass ihre in der Jugend von einer tiefen Furche gespaltene Zunge sich nach der Entscheidung für das Fallenlassen sämtlicher Masken und der Rückkehr in die Ursprünglichkeit ihres Wesens stückweise geglättet und schließlich vollständig geschlossen hatte. Es hatte dazu nur weniger Monate bedurft und sie deutete dies als ein gutes Zeichen, weil es im Äußeren aufzeigte, wovon sie innerlich zutiefst überzeugt war.

Die Begründung erfuhr Friedas Großneffe sogleich nach Erlangung der dafür erforderlichen Reife. Das war nicht selbstverständlich, denn Frieda Rennstein öffnete die bis zum Rand gefüllte Truhe mit den Erkenntnissen ihres langen Lebens nur äußerst selten und stets mit Bedacht.

>Weißt du, mein Junge, die Angst vor Ablehnung durch andere Menschen umgibt dein Leben wie eine Mauer und lässt es zu einem

Gefängnis werden. Sie zwingt dich ständig dazu, deinen Bedürfnissen zuwider zu handeln. Und was bedeutet das?<

Roberts Gesicht warf die Spuren angestrengten Nachdenkens auf.

Wenn Sie ein V.I.P. sein sollten und häufig im Rampenlicht stehen oder Müller oder Schulz heißen und einfach nur ein wenig eitel sind, dann wissen Sie sicherlich, dass es schon lange nicht mehr notwendig ist, gänzlich auf das Nachdenken zu verzichten, um diesen Spuren den Garaus zu machen. Sie brauchen heutzutage lediglich eine darauf spezialisierte Arztpraxis aufzusuchen und dort wird Ihnen, mir nichts, dir nichts, ein Nervengift in die Stirn gespritzt. Danach können Sie augenblicklich wieder nachdenken, so viel Sie wollen, ohne dass die Fernsehzuschauer wegen des schlechten Drehbuchs vor lauter Langeweile anfangen, Ihre Falten zu zählen. Doch wo waren wir noch gleich stehen geblieben?

>Verrat an sich selbst?<

>Du sagst es, mein Junge, du sagst es.<

6

Ein Provinzknabe taucht in der Großstadt Berlin unter,
Karl-Heinz Zeitlos wird durch Kuckuckseier geplagt und der geneigte
Leser erfährt, was ein Sahnebonbon und eine
Reißzwecke gemein haben

Sein mehr als akzeptabler Schulabschluss ermöglichte Robert den sofortigen Einstieg ins Medizin-Studium, das er in Berlin absolvierte, um von der Enge und Kälte des Elternhauses möglichst weit entfernt zu sein. Sie erinnern sich bestimmt noch an die Eisklumpen in der schlecht gepflegten Gefriertruhe als Sinnbild für die Ehe von Karl-Heinz und Gertrud Zeitlos, und auch wenn das Gerät in die Jahre gekommen war, so hatte sich an seinem Zustand bedauerlicherweise nichts geändert.

Mit Frieda stand Robert allerdings in regem Briefwechsel und nach sechs Monaten reiste er zum ersten Mal in seine Heimatstadt zurück, nur um sie für ein paar Stunden in einem Café zu treffen. Um sein Elternhaus machte er freilich einen großen Bogen und hoffte die ganze Zeit, dass niemand sie zusammen sehen würde. Karl-Heinz Zeitlos hätte dies sicherlich als einen typischen Affront seines Sohnes interpretiert.

Zwar war Robert für ihn erwiesenermaßen Spross seiner eigenen Lenden, da er aufgrund der blonden Locken des Kindes direkt nach der Einführung von DNA-Tests auf der Grundlage eines heimlich stibitzten Beweisstücks einen ebensolchen durchführen ließ, um sicher zu gehen, dass ihm seine brünette Frau im Hinblick auf sein eigenes dunkelbraunes Haar kein Kuckucksei in die Wiege gelegt hatte. Jedoch empfand er Robert in späteren Jahren ungeachtet des eindeutigen Bescheids wie einen Fremdkörper in der Familie. Er schrieb dies dem innigen Verhältnis zwischen seinem Sohn und Frieda

Rennstein zu, wusste er doch nur zu gut um die seltsamen Ansichten und Allüren der Tante.

Da er diese aber in einem Anflug von später oft bereutem Großmut selbst ins Haus geholt hatte, hätte er sich eher die Zunge abgebissen, als diese Entscheidung im Nachhinein durch sein ablehnendes Verhalten in Frage zu stellen. Sie können daran ersehen, dass es Menschen gibt, die immer nur im besten Licht dastehen wollen, und doch sind gerade sie es, die häufig die längsten Schatten werfen.

Robert litt bis in seine späte Pubertät hinein unter dem distanzierten Verhältnis zu seinem Vater, mit dem ihn so viel verband wie ein Sahnebonbon mit einer Reißzwecke, wie er Frieda gegenüber einmal verlauten ließ. Damit wollte er etwas linkisch zu verstehen geben, dass er wirklich oft sehr traurig war. Fast wäre aus ihm ein Zappelphilipp geworden – Sie wissen schon – so ein kleines armes Würmchen, das ständig irgendwelche Medikamente schlucken muss, damit es sich besser benimmt und keinen Ärger macht, nur weil es einen ziemlich klugen Gedanken hatte, der aber leider nach hinten losgegangen ist, wie es so schön heißt.

Die gar nicht so dumme Idee dahinter ist folgende: Wenn ich kleines, armes Würmchen außer Zurechtweisungen, Befehlen und Reglementierungen keine weitere Zuwendung bekomme, dann bin ich jetzt einfach einmal ein wenig aufsässig. Mit ein bisschen Glück setzt es dann, zack, eine Ohrfeige oder ein böses Wort, aber immerhin, ich werde wahrgenommen.

Nun, so sieht das tatsächlich in manchen Kinderseelen aus: Sie wollen einfach nur wahrgenommen werden und zwar nicht allein, weil sie gerade etwas Gefährliches anfassen, sich wehtun könnten oder Mist bauen, nein, sie wollen als das erkannt sein, was sie in Wahrheit sind.

Das sind große Worte, vor allem wenn man in Betracht zieht, dass die meisten Papis und Mamis dieser Welt keinen blassen Schimmer davon haben, wer oder was sie selbst in Wahrheit sind. Wie sollen sie unter diesen ungünstigen Voraussetzungen erkennen, was sich in so einem ständig verschnupften und wuseligen Mini-Körper tatsächlich verbirgt?

Da hilft womöglich nur, einmal einen Tag lang überhaupt nicht darauf zu achten, ob der Nachwuchs sich richtig wäscht oder die Zähne vernünftig putzt, um stattdessen Ausschau nach Überraschungen zu halten. Das kann spannender sein, als Geschenke auszupacken, und möglicherweise würden viele Eltern sodann zu dem sehr vernünftigen Schluss kommen, dass der kleine Wurm in Wahrheit selbst das großartigste Geschenk von allen ist.

Wie dem auch sei. Es machte Robert wütend, dass er sich zutiefst unerkannt und abgelehnt fühlte, weil seine Erziehungsberechtigten so in ihren eigenen Welten gefangen waren, dass sie gerade einmal dafür Sorge tragen konnten, dass die Kartoffelklöße nicht versalzen schmeckten und im Autotank genügend Sprit war, um zur Arbeit zu fahren.

Auch Frieda Rennstein wusste, dass sich hinter seinem Zorn in Wahrheit eine tiefe Traurigkeit darüber verbarg, dass niemand richtig hinschaute. Sie war wirklich erschrocken, als sie kurz nach ihrem Einzug gewahr wurde, dass Roberts Innenwelt bereits ganz dunkel getönt war. Immer wieder versuchte sie ihrem Schützling den Mangel an väterlicher Zuwendung erträglicher zu machen, indem sie ihm signalisierte, dass sie ihn verstand. Doch dies half stets nur kurz.

>Ich kann nur zu gut nachfühlen, dass du wütend bist, mein Junge, aber hör einfach auf, die Geschichte, die in deinem Kopf um diese Wut herumkreist, weiter zu erzählen. Schau sie dir an und sage ihr: Okay, du bist da, aber du kannst mir nichts anhaben, denn ohne meine Gedanken bist du ein Nichts.<

Für den Sextaner Robert Zeitlos waren diese Worte erstaunlich leicht nachvollziehbar. Doch der pubertierende Obertertianer tat sich schwer mit derartigen Äußerungen. Er war nämlich gerade ausgiebig damit beschäftigt, alles in Frage zu stellen und seinen kritischen Verstand einzusetzen, als gelte es, ihn durch Formung gebrauchstauglich zu machen, obwohl sein Gehirn zu diesem Zeitpunkt in Wahrheit nur auf Sparflamme lief. Es verhält sich häufig so, dass das Organ unter der Schädeldecke während der Pubertät kurzzeitig ausgehebelt wird, damit die Energie anderen Dingen zur Verfügung steht, an die man sich erst einmal gewöhnen muss. Jahre später ist dann plötzlich, wie aus heiterem Himmel, alles wieder im Lot.

Frieda Rennsteins Klugheit und Unterscheidungsgabe führten im Hinblick auf Roberts Vater dazu, dass sie dessen Verhalten zwar keinesfalls guthieß und dies bei sich bietender Gelegenheit auch zu verstehen gab, aber in ihrem tiefsten Innern Mitgefühl für ihn hegte, da sie ahnte, woher sein Schmerz rührte.

Sie vermuten schon, worum es bei Karl-Heinz Zeitlos ging, nicht wahr? Richtig. Er war nicht immer so ein Miesepeter gewesen, der alle Welt vor den Kopf stieß und drangsalierte. Im Grunde seines Herzens litt er darunter, dass sein Vater Wilhelm sich zeitlebens jedes Glücksgefühl untersagt hatte, um damit dem abscheulichen Moment der Verflüchtigung desselben zu entgehen. Denn auch er war schon in jungen Jahren zu der bedauernswerten Schlussfolgerung gelangt, dass das Glück dazu neigte... – Sie erinnern sich sicher. Da Wilhelm Zeitlos zudem zweifelsfrei davon überzeugt war, dass es seinem Sohn nicht schaden könnte, ebenfalls gänzlich glücksfrei aufzuwachsen, wissen Sie nun Bescheid, wie sich alles zugetragen hat und dass man bei seinen eigenen Kindern häufig wiederholt, was man selbst in seiner Jugend als äußerst bitter empfunden hat.

Doch Robert und seine Mutter Gertrud waren durch ein Übermaß an Verletzungen und Ablehnung innerlich zu verwundet, um für diesen Menschen Verständnis aufzubringen. An guten Tagen sahen sie in ihm einen nörgelnden Querulanten, an schlechten Tagen einen durch und durch lieblosen Patriarchen, der seine Umgebung bis aufs Blut schikanierte.

Gertrud Zeitlos hatte mehrmals eine Trennung erwogen und sowohl Robert als auch ihrem Gewissen zuliebe wieder verworfen, denn das Jawort vor dem Altar gilt bekanntlich auch für jämmerliche Zeiten. Woher hätte die Gute beim Anlegen des Brautschleiers wissen sollen, dass es in ihrer Ehe bereits kurz nach der mit geröteten Wangen vorgetragenen Ankündigung, dass ihr Karli Vaterfreuden entgegensehe, nur noch schlechte Tage geben würde.

Doch das war längst noch nicht alles. Die dergestalt um ihr Glück geprellte Gertrud musste zudem ihre Berufsausbildung zur Damenoberbekleidungsverkäuferin abbrechen, weil ihr Bauch binnen kürzester Zeit derart an Umfang zugenommen hatte, dass sie sich im Verlauf einer Stunde mehrmals ein ruhiges Plätzchen auf dem Schemel in der Umkleide gönnen musste. Diese wohlverdiente Verschnaufpause wussten besonders emsige Kundinnen zu nutzen, um sich behände das ein oder andere Dessous anzueignen, denn mit der modernen Überwachungstechnologie hatte Gertruds Chef zu diesem Zeitpunkt noch nichts am Hut.

>Es bedarf mindestens hundert gestohlener Büstenhalter, bis sich diese Anschaffung rentiert<, sagte er und schaute Gertrud geradewegs in die Augen. Die junge Frau senkte sogleich den Kopf, denn sie mochte diese Art von Blicken nicht.

Dieses illoyale Verhalten seiner Angestellten goss heißes Öl in den Ärger ihres Arbeitsgebers. Plötzlich war Gertrud nicht länger in der Abteilung tragbar und musste ins Büro wechseln. Da sie sich nicht nur in der Schwangerschaft, sondern auch in der Ausbildung befand, besaß sie nämlich einen gewissen Schutz und konnte nicht einfach vor die Tür gesetzt werden.

Dies wäre freilich ganz in seinem Sinne gewesen, denn Herr Sorglos hatte ihre Unnahbarkeit mehr als einmal zutiefst bedauert. Umso freudiger beschwingte ihn der Umstand, dass kurz zuvor ein äußerst adrettes junges Ding ohne dicken Bauch bei ihm vorgesprochen hatte, das ihm gehörig Appetit bereitete. Sehnsüchtig wartete er auf den Tag, an dem diese Gertrud ihrer Nachfolgerin die Staffel in die Hand legen würde.

Im Büro aber überkam Friedas Nichte schon am ersten Tag das sogenannte *arme Tier*, denn sie konnte wirklich nichts von dem, was dort verlangt wurde, und in diesem Falle bedeutete *nichts* wirklich nichts. Sie interessierte sich nun einmal nicht für Stenografie und korrekte Ablagevorgänge mit System.

Mit Genugtuung nahm Karl-Heinz zur Kenntnis, dass sie bereits drei Tage später das Handtuch schmiss, um sich ein für alle Mal in die endgültige Abhängigkeit des *starken Herrschers des Heims* zu begeben, wenn Sie sich noch an diese von Herrn Zeitlos gern gesehene Fügung erinnern sollten. Gertrud wusste genau, dass ihr Karl (in diesem Fall ohne >i<) dafür sorgen würde, dass sie im Falle einer Trennung keinen Unterhalt bekäme. Wenn es darum ging, Beziehungen spielen und das Fähnlein nach seinem Winde drehen zu lassen, dann stand ihr Gatte seinem in dieser Hinsicht vorbildhaften Großvater, dem Bürgermeister Zeitlos, in nichts nach.

Sobald Roberts Bewusstsein sich im Hinblick auf den wahren Stand der innerfamiliären Belange geklärt hatte, erkannte er, dass seine Mutter nicht den Schneid und das Durchsetzungsvermögen besaß, dem Vater die Stirn zu bieten. Der Sohn war sicher, dass dieser mit Haut und Haaren aufgeblähte Mann wie ein Kartenhaus einstürzen würde, wenn sie es nur anders anzugehen in der Lage gewesen wäre.

Aber so oft er auch versuchte, mit seiner Mutter darüber zu sprechen, wiegelte sie mit der Begründung ab, dass er noch zu jung sei, um diese Dinge verstehen zu können. Die Wut auf den Vater war eine Sache, die Wut auf die Mutter eine andere. Robert wusste nicht, welche sich abscheulicher anfühlte. Die Wut, die auf Zorn gründete, oder die Wut, die durch Unverständnis ausgelöst wurde.

Und so kam es, dass er sich zwar häufig hundeelend fühlte, aber selten allein. Dafür sorgte Frieda Rennstein mit der ihr eigenen Gabe, andere Menschen in einen Strahl von Licht zu tauchen, der direkt aus ihrem Herzen zu kommen schien. Die Seele ihres Gegenübers glaubte sich dadurch augenblicklich umarmt. Wer dies jemals erfahren hat, wird es so schnell nicht wieder vergessen.

Die Entscheidung, in das von unpersönlicher Lieblosigkeit regierte Haus von Karl-Heinz und Gertrud Zeitlos zu ziehen, geschah ausschließlich Robert zuliebe, von dem sie annahm, dass er ohne ihren Schutz verdorren oder zu einem kleinen Ungeheuer mutieren würde. Während ihrer Schullaufbahn hatte sie genügend Beispiele beobachtet, die diese Mutmaßung erhärteten.

Den Kindern zuliebe, die das gleiche Schicksal ereilt hatte wie Robert, ging sie mehr als einmal auf die Barrikaden und zog sich, ohne es zu wollen, durch ihr befremdliches Verhalten den Unmut der Eltern, aber auch der Schulleitung und schließlich des Schulamtes zu. Sie war sich bewusst, dass ihre seitens der Verantwortlichen als von ihr selbst erwünscht dargestellte Frühpensionierung in Wahrheit einer kaschierten Suspendierung gleichkam. Sie zog es freilich vor, keinen Gedanken darauf zu verschwenden, wie die Sache ausgegangen wäre, wenn sie nicht den ausnahmslosen Rückhalt der Kinder genossen hätte, die sämtliche Fragen streng blickender Erwachsener mit an Inbrunst grenzender Bereitwilligkeit zu ihren Gunsten beantwortet hatten.

Friedas Selbstwertgefühl blieb freilich gänzlich unberührt von jeglicher Schmach im Schlepptau dieser offiziellen Missbilligung eines nach bestem Wissen und Gewissen ausgeführten Berufslebens. Das imponierte Robert sehr.

Aber Frieda Rennstein konnte auch auf natürliche Weise autoritär sein und verschaffte sich damit bei sämtlichen ein resolutes Vorgehen erfordernden Gelegenheiten selbst in den Augen ihres angeheirateten Neffen Respekt. Sie hatte sich vorgenommen, dafür zu sorgen, dass Robert über die Wut und den Schmerz seine ursprüngliche Fröhlichkeit nicht verlieren dürfe, und war bereit, diesen Rohdiamanten sanft zu schleifen, denn um einen fertigen Diamanten zu erhalten, gilt es, gehörig viel Arbeit aufzuwenden, doch wenn er dann im Sonnenlicht erstrahlt, weiß man, wofür es gut war.

>Über eines musst du dir im Klaren sein, mein Junge. Dein Verstand ist ein gelehriger Schüler. Aber in den wirklich entscheidenden Fragestellungen wird er dir allenfalls sagen können, was du zu unter-

lassen hast. Wenn du wissen willst, was zu tun ist, musst du immer dein Herz fragen. Es fühlt die Antwort.<

Robert hatte Frieda aus großen Augen angeblickt und sogleich geahnt, dass die Beachtung dieser Aussage sein Leben womöglich in vollkommen neue Bahnen lenken würde. Doch Frieda war klug genug, um die Fallstricke einer vorschnellen Verallgemeinerung vorauszusehen, denn sie wusste nur zu gut, dass Menschen gerne dazu neigen, Dinge zu verallgemeinern, weil sie sich dann weniger um die Details kümmern müssen.

>Verwechsle niemals deine Emotionen mit Gefühlen. Auf Letztere kannst du bauen, sie sind dir ein Wegweiser im Leben, aber Emotionen sind häufig auf Sand gesetzt und bringen dich womöglich vom Weg ab.<

Sie war sich darüber bewusst, dass dieser Hinweis die Dinge arg vereinfachte, aber für den Moment wollte sie es dabei belassen.

Es sollten einige Monate ins Land gehen, bis sich eine günstige Gelegenheit ergab, die Angelegenheit erneut aufzurollen, und das kam so: Dem Großneffen ging es ausnahmsweise nicht besonders gut, weil er sich seit Stunden über Max Queckenstedt ärgerte, der ihn vor den Klassenkameraden gedemütigt hatte, um sich selbst in ein besseres Licht zu rücken, wie Robert glaubte. Obwohl er den Grund für das Verhalten seines Mitschülers erahnte, spürte er ungewöhnlich viel Wut in sich.

>Erinnerst du dich noch daran, dass Gefühle und Emotionen von den meisten Menschen in einen Topf geworfen werden, obwohl das so nicht stimmt?<

>Ja, schon<, sagte der Großneffe.

>Der vermutlich wesentlichste Unterschied zwischen den beiden Empfindungen liegt darin, dass jedes deiner Gefühle immer eine innere Reaktion auf das Jetzt darstellt, während deine Emotionen auf

etwas Äußeres reagieren. Damit meine ich, dass sie zu ihrer Entstehung einen vorauseilenden Gedanken oder eine Erinnerung benötigen. Jede Emotion muss erst durch deinen Verstand herausgekitzelt werden, wenn du verstehst, was ich meine. Ein Gefühl dagegen stellt sich ganz von selbst ein.<

Robert kratzte sich unwillig am Kopf. Er war nicht sicher, ob er alles richtig verstanden hatte, denn der Zorn hatte ihn fest im Griff. Immerzu musste er an diesen Queckenstedt denken.

>Ja und? Was soll ich jetzt damit anfangen?<

Er war wirklich ungebührlich barsch an diesem Tag. Die Sache schien ihm mehr zugesetzt zu haben, als Frieda auf den ersten Blick erfasst hatte. Sie erkannte ihn kaum wieder. Sowohl seine Mimik als auch seine Gesten wirkten durch den Aufruhr in seinem Innern völlig wesensfremd.

>Was wäre gewesen, wenn dieser Vorfall ohne deinen gedanklichen Reflex einfach so passiert wäre? Na...?<

Der Großneffe schwieg.

>Vermutlich würde es dir in diesem Moment wesentlich besser gehen<, gab Frieda zu bedenken. >Offensichtlich scheinst du noch nicht begriffen zu haben, dass du nicht dein Verstand bist. Versteh doch, du denkst nur, du wärst er. Das ist ein großer Unterschied, mein Junge.<

>Du meinst also, ich identifiziere mich lediglich mit meinem Verstand?<, sagte Robert langsam. Es klang gequält.

>So ist es. Du hältst dich für etwas, was du in Wahrheit gar nicht bist.<

>Aber was bin ich dann?< Plötzlich schien er hellwach zu sein.

>Bedaure, mein Lieber. Das muss jeder Mensch alleine herausfinden.<

7

In Schöneberg offenbart sich Robert die Matrix allen Lebens

und er begibt sich trotz eines noch ungelösten

Schusses auf Spurensuche

Roberts Angewohnheit, in jeder Krankheit einen Weg der Seele erkennen zu wollen, ihre verkannte Anwesenheit kundzutun, entlockte seinen Kommilitonen zumeist ein müdes Lächeln. Können Sie, liebe Leser, etwas damit anfangen? Robert konnte es sehr wohl.

>Wer oder was soll die Seele denn sein, dass sie ihre Bedürfnisse durch Krankheiten zum Ausdruck bringen kann?<

Dieser eher freundliche Kommentar eines Drittsemesters gebar die Idee in ihm, dass es sich womöglich lohnen könnte, im Hinblick auf Kontakte wählerischer zu werden. Zuletzt gab es nur noch einen, mit dem er regelmäßig einen Kaffee trank und gemeinsam für wichtige Prüfungen lernte.

Carsten Dellmayer bewohnte ein winziges Appartement in Schöneberg, unweit des KaDeWe. Die Tapeten waren bespickt mit bunten Zetteln, auf denen er die unterschiedlichsten Erinnerungshilfen festhielt, die den weiten Bogen von der Medizin über die Physik bis hin zur Mystik spannten. Auf der Toilette sprang Robert gleich bei seinem ersten Besuch ein Merkspruch entgegen, der seine Aufmerksamkeit wie kein anderer fesselte.

Es war gut, dass er genau dort und nicht etwa in der Küche hing, da ein WC nun einmal ein äußerst günstiger Ort für Sentenzen jeglicher Art ist. Dies liegt daran, dass man sich das, was einem auf der Toilette begegnet, häufig besonders gut einprägen kann, weil man an diesem einsamen Ort viel Zeit für sich hat. Außerdem zwickt und zwackt die Blase nicht länger, und das ist sehr wichtig, denn dieser unselige Zustand kann auch den intelligentesten Menschen davon abhalten, sich vernünftig zu konzentrieren.

Auf dem Zettel stand Folgendes:

>Du kannst nicht etwas finden, was du niemals verloren hast.<

Nach drei Besuchen hatte Robert sich an die Worte gewöhnt und das Rieseln in seinem Körper, das er beim ersten Durchlesen empfunden hatte, wich einer wohligen Vertrautheit. Die fand ein schlagartiges Ende, als Carsten einige Wochen später den Raum anfallartig von Grund auf säuberte und dabei sowohl die unschön gefärbte Klobürste als auch den Zettel in einer konzertierten Aktion entsorgte.

Carsten Dellmayers Steckenpferd war die *Matrix*. Damit war nicht etwa der berühmte Film aus der Hollywoodschmiede gemeint. Sie müssen kein Rechenkünstler sein, um sogleich zu wissen, dass dieser noch längst nicht im Kasten war und die rote und die blaue Pille lediglich als schwaches Rosa und Hellblau im Kopf des Drehbuchautors herumspukten.

Er erklärte Robert, dass dieser Begriff aus dem Lateinischen komme und in seiner ureigentlichen Bedeutung Muttertier bedeute. Robert musste schmunzeln, weil allein das Aussprechen des Wortes ein Funkeln in Dellmayers dunkelbraunen Augen hervorrief.

>Die *Matrix* steht für die göttliche Essenz und die wiederum geht aus der *materia prima* hervor. Letztendlich besteht sie aus dem Raum aller möglichen Varianten.<

Robert hatte sich bis dahin nur ansatzweise mit Alchemie und Mystik beschäftigt. Es verwunderte ihn nicht schlecht, in Dellmayer einem wandelnden Lexikon auf diesem Gebiet zu begegnen.

>Du kannst natürlich statt *materia prima* auch das Nichts oder die große Leere sagen. Sie ist völlig eigenschaftslos.<

>Und worin besteht deiner Ansicht nach die göttliche Essenz?<

Robert war überrascht, wie weniger Worte die Antwort bedurfte. Er neigte nämlich zu dem beileibe nicht unüblichen Glauben, dass die Beschreibung dessen, was viel bedeutet, langer Erläuterungen bedarf.

>Darüber lässt sich im Grunde genommen nicht wirklich sprechen, aber ich denke, sie ist so etwas wie die vollendete Mischung aus Licht, Liebe und Information. Sie ist die schöpferische Kraft des *Einen Bewusstseins*, das *Allem* zugrunde liegt.<

Carsten Dellmayer schaute in Roberts Gesicht, um sicher zu gehen, dass dieser ihm folgen konnte.

>Damit ist sie jeder Gedanke, jede Energieform, jegliche Materie<, fuhr er fort. >Letzteres bekräftigten übrigens auch immer mehr Vertreter der Quantentheorie. Ich bin zu dem vorläufigen Schluss gelangt, dass es einen höchsten Willen geben muss, der alles eint und alles durchdringt. Ich nenne ihn das Eine in Allem oder das All-Eine.<

Das Funkeln der Augäpfel schien sich auf Dellmayers gesamten Körper auszudehnen. Jäh erstrahlte der ganze Mensch.

>Die Ur-Matrix ist so ziemlich allen Quellen zufolge durchdrungen vom Geist Gottes beziehungsweise der Urquelle oder des Urschöpfers, es gibt viele Namen. Die dahinterstehende unermessliche Intelligenz ist allerdings nur für diejenigen Menschen erahnbar, denen es gelungen ist, Herz und Verstand vollkommen zu synchronisieren.<

Robert war begeistert. Endlich ein Mensch, mit dem es sich in der großen Stadt so richtig schön reden ließ.

>Wenn du von einer Ur-Matrix sprichst, dann heißt das ja, dass es noch eine andere Form dieser Matrix geben muss.<

>He, du bist ja richtig gut drauf. Klar gibt es die. Magst du Käse?<

Robert schaute Carsten verdutzt an. Was für eine komische Frage!

>Irgendwie schon<, war das Einzige, was ihm dazu einfiel. Er schämte sich ein bisschen, denn schließlich kannten die beiden sich zu diesem Zeitpunkt noch nicht lange.

>Nun, dann wäre dir zumindest die Glocke nicht fremd, die manche Leute darüber stülpen. Will sagen, es scheint auch noch eine Art abgespaltene oder nenn' es von mir aus abgeschirmte Matrix zu geben. Allerdings betrifft die jedermann und nicht nur alle Käseliebhaber dieser Welt. Ich nenne sie das Jedermannsland Wirklichkeit.<

>Soll das ein Gegenstück zum Niemandsland sein?<, fragte Robert, denn er hatte dieses Wort noch nie zuvor gehört. Irgendwie gefiel ihm der Ausdruck, obwohl er sich nicht viel darunter vorstellen konnte. Doch dann hatte er plötzlich einen sehr klugen Gedanken.

>Glaubst du, dass das Glas der Glocke dich vom wahren Leben trennt?<

>Ja, das kann man so sehen. Diese Glasglockenmatrix bestimmt, wie sich das Leben letztendlich für jeden Einzelnen von uns entfaltet. Womöglich geht es einzig und allein darum, dass ein Mensch sich auf das dahinterstehende Ganze, also die Ur-Matrix zurückbesinnt, und dann gibt es meiner Ansicht nach eigentlich nur zwei Varianten.>

Robert hatte die ganze Zeit interessiert zugehört. Jetzt aber war er plötzlich Feuer und Flamme.

>Entweder die Abschirmung hebt sich einfach hinweg oder wir lernen unser jeweils individuelles Hologramm gezielt zu steuern<, sagte Carsten. >In beiden Fällen dürfte es vorteilhaft sein, dass dies im Einklang mit der Ur-Matrix geschieht. Könnte sein, dass hier auf Erden dann so richtig die Post abgehen wird. Bis dahin enthält die abgespaltene Matrix leider zahlreiche Fallstricke.<

>Als da wären?<, fragte Herr Zeitlos, denn bei dem Wort Fallstrick war ihm sofort ein bisschen mulmig geworden. Seit den Tagen seiner Kindheit fürchtete er nichts mehr, als durch Unvorsichtigkeit in

irgendwelche Fallen zu tappen, die Unfreiheit oder Ärger im Schlepptau haben könnten.

Carsten Dellmayer befand, dass sein Exkurs bereits lange genug gewährt hatte. Er zog es vor, einen vor langer Zeit handgefertigten Intarsien-Schachtisch mit stählernem Dreifuß aus der Ecke zu holen und die von seinem Großvater geerbten Figuren aus Ebenholz und Alabaster behutsam auf die passenden Felder zu setzen. Da Robert jahrelang nicht mehr gespielt hatte, bat er, leicht verlegen, darum, lediglich reagieren zu müssen. Carsten grinste verständnisvoll und begann mit dem Bauernzug >b2-b4<. Er schätzte die sogenannte Orang-Utan-Eröffnung sehr. Es bereitete ihm stets einen buchstäblich tierischen Spaß, seinen Bauern den Baum wie einen Affen erklimmen zu lassen.

Obwohl Robert sich redlich abmühte, angesichts Carstens' Spielkunst irgendwie mitzuhalten, schossen immer wieder ablenkende Gedanken durch seinen Kopf.

>Diese göttliche Essenz<, dachte er zum Beispiel, >muss ein von atemberaubender Intelligenz durchdrungener Bewusstseinszustand sein und das, was die Menschen unter dem Wort Liebe verstehen, kann im Vergleich dazu nicht mehr als ein schwaches Glimmen bedeuten.<

Irgendetwas in ihm ahnte, dass sich dieses Bewusstsein überall und nirgends zugleich befinden könnte und daher nicht messbar war. Aber die Ahnung verflüchtigte sich schneller, als er sie ergreifen konnte, und so ließ sich wenig damit anfangen.

>Gardez<, hörte er aus weiter Ferne Carstens Stimme. Überraschend zügig *en prise*, wie seine Lehrmeisterin Frieda es genannt hätte, resümierte der Großneffe, dass der neu gewonnene Freund offenkundig kein verfilzter Esoteriker zu sein schien, wenn es die

damals auch zuhauf gab. Heutzutage steht diese Unterform der menschlichen Spezies freilich kurz vor dem Aussterben und das liegt daran, dass die Geheimlehren sämtlicher Menschheitsepochen mittlerweile so gut wie alle offenbart worden sind. Nur die anpassungsfähigsten Vertreter ihrer Art haben in Gestalt von Exoterikern überlebt und verunsichern bis heute viele Verstandesmenschen mit Attitüden, die aus einer anderen Welt zu stammen scheinen.

Robert konnte aus dem Augenwinkel wahrnehmen, dass Carsten ungeduldig auf seinen nächsten Zug wartete. Kurze Zeit später bewegte er zum ersten Mal seine Dame.

>Carsten<, dachte er währenddessen, >scheint jedenfalls mit beiden Beinen im Leben zu stehen.<

Das einzige Weibsbild auf dem Brett ruhte mit ihrem hölzernen Körper einen kurzen Augenblick lang kühl in seiner Hand, bevor er es kurz entschlossen auf dem Feld absetzte, von dem er sich jetzt noch einen Erfolg versprach. Obwohl Robert der Drang, diese Welt verbessern zu wollen, selbst keineswegs fremd war, empfand er es als angenehm, dass dem einzigen Kommilitonen, der sich nicht über ihn lustig machen zu schien, jeglicher Hang zum Missionieren fehlte.

>Schachmatt<, hallten Carstens ernüchternde Worte durch den Raum.

Das war rekordverdächtig schnell gewonnen. Auf eine Revanche hatte Robert keine Lust. Er wusste genau, dass er nicht richtig bei der Sache gewesen war, denn eigentlich spielte er durchaus passabel. Seit seinem fünfzehnten Lebensjahr hatte er sich an den Wochenenden bei einer Tasse heißen Tees mit Frieda in der Kunst des königlichen Spiels geübt, während das Licht in der Mansarde immer schwächer wurde. Irgendwann kam die Großtante nicht länger darum herum, die Stehleuchte näher heranzuziehen, bis deren Lichtkegel die Figuren umarmte. Manchmal dauerten die Partien bis kurz vor Mitternacht, sehr zum Leidwesen von Roberts Mutter Gertrud, die sich nicht ernst genommen fühlte.

>Ein Junge in dem Alter hat um spätestens zehn Uhr im Bett zu liegen, Wochenende hin oder her!<

Robert und Carsten einte die Ansicht, dass jeder Mensch den Wunsch nach Veränderung zunächst in sich selbst verwirklichen sollte. Die Welt kam später dran und ohne dass es dafür besonderer Maßnahmen bedurfte. Die wirklich guten Dinge entstehen ganz von selbst, wenn man sie nur lässt.

>Ich bin sicher, dass ein Mensch, der mit sich selbst im Reinen ist, auch bereinigte Verhältnisse in seinem Leben vorfindet<, sagte Carsten.

Er schlug sich bei diesen Worten kräftig mit der Hand aufs Knie und grinste zufrieden.

>Habe ich im Selbstversuch zigfach durchexerziert.<

Es wurde den beiden zur festen Gewohnheit, sich mindestens einmal in der Woche zusammenzusetzen und, das Studium komplett außen vor lassend, sich über die wirklich wichtigen Dinge des Lebens auszutauschen. Robert war erstaunt, in Carsten jemanden gefunden zu haben, mit dem es sich fast so gut reden ließ wie mit Frieda Rennstein, und deshalb besuchte er ihn sehr gerne.

Am meisten schätze er an dem Freund, dass dieser nie ein Blatt vor den Mund nahm, wenn es darum ging, intime, peinliche oder gar unschöne Dinge über sich selbst preiszugeben. Das lag sicher daran, dass der Kommilitone als jüngster Spross der Familie Dellmayer mit drei älteren Schwestern gesegnet war, die keine Geheimnisse untereinander kannten und sich wirklich alles erzählten, vorausgesetzt, der kleine Bruder war gerade nicht anwesend.

Der hörte aber sehr gerne, was die älteren Mädchen so alles bewegte, und damit er auch möglichst viel davon mitbekommen konnte, hatte er verschiedene Schlupfwinkel eingerichtet. In denen vermutete ihn niemand, weil er sich vor jedem Akt dieser kindlich beflügelten Spionage mit dem formvollendeten Satz >Ich geh jetzt mal zu Jürgen< zu verabschieden pflegte, den er außerordentlich überzeugend vortragen konnte.

Einmal erzählte Carsten Dellmayer Robert von einem erotischen Traum, in dem er seiner ältesten Schwester auf lustvolle Weise tief in den Bauch hineingekrochen war, nachdem er sie und ihre Schwestern besonders intensiv belauscht hatte. Nun, es mag im ersten Moment erstaunen, aber Robert musste bei diesen Worten wirklich schlucken, denn er hatte noch nie zuvor mit irgendjemandem über derartige Träume gesprochen.

Es gibt nämlich Themen, mit denen manch ein Mensch sich schwertut, und dabei handelt es sich selten um Gespräche über Sport, das neue Auto oder den letzten Kinofilm. Auch wenn Robert mit Frieda über alles andere frei von der Leber weg reden konnte, so empfand er es doch als unziemlich, sie mit derartigen Geschichten zu belästigen. Sie schien diesen Dingen längst entrückt zu sein und er war sich keineswegs sicher, ob dies allein an ihrem Alter lag.

Fieberhaft überlegte Robert, wie er dem Gespräch eine Wende geben könnte, denn er wollte tunlichst vermeiden, dass Carsten ihn fragen könnte, ob er eine ältere Schwester habe und dieser schon einmal auf lustvolle Weise in den Bauch gekrochen sei.

>Einsteins gern zitierter Satz, Gott würfele nicht, stimmt meiner Ansicht nach nur bedingt<, sagte er stattdessen und war angesichts dieses abrupten Themenwechsels gespannt auf Carstens Reaktion.

>Sagen wir es einmal so. Er lässt uns an seiner Statt würfeln und geht damit ein enormes Risiko ein.<

Robert schien noch einmal Glück gehabt zu haben. Erleichtert atmete er tief durch.

>Du meinst, weil nichts vorherbestimmt ist und jede Entscheidung eines Menschen Auswirkungen auf alles andere hat?<

>Genau. Muss ganz schön schwer sein, da immer den Überblick zu behalten und alles abzustimmen, damit nichts aus den Fugen gerät. Obwohl man manchmal schon das Gefühl hat, dass vieles in der Schieflage ist, was meinst du?<

>Hmmh. Glaubst du, dass Gott das Risiko einer Schöpfung mit unbestimmtem Ausgang tragen muss?<

>Das können wir von unserer Warte aus nicht wirklich beantworten. Möglich wäre es schon.<

Wenn die beiden Recht haben sollten, dann wäre dies doch eigentlich eine Supergelegenheit, der schöpferischen Urkraft, genannt Gott, zu demonstrieren, dass wir ihn wirklich lieb haben. Wir könnten ihn bestimmt damit entlasten, dass wir immer ordentlich unsere Hausaufgaben erledigen und somit nicht aus purer Unwissenheit fortwährend Dummheiten anstellen. Sicher würde unser aller Schöpfer sogleich besser schlafen, weil er nicht ständig aufpassen müsste, ob wir aus reinem Übermut einmal mehr zu kräftig an der Risikoschraube drehen.

Den üblichen Erfordernissen des Lehrplans entsprechend setzte sich Robert intensiv mit dem menschlichen Gehirn auseinander. Nach kurzer Zeit kam er zu dem Schluss, dass es sich dabei nicht um einen reinen Datenspeicher handelte, wie er immer vermutet hatte. Vielmehr konnte er sich des Eindrucks nicht erwehren, dass es um eine Art Empfangsstation gehen musste, die wie die Antenne eines Radios Gedanken aus einem großen Bewusstseinspool in seinen Kopf verpflanzte. Alle Frequenzen standen in Form von Kanälen parallel und simultan zur Verfügung, und es lag einzig und allein an ihm, welchen Sender er wählte. Da gab es Höhen und Tiefen sowie langweilige und spannende Kanäle. Man musste sozusagen nur am Knopf drehen, um augenblicklich in eine andere Frequenz zu wechseln.

Die seltsame Eigenschaft, zwei funktional völlig unterschiedliche Hälften zu besitzen, faszinierte Robert mehr als alles andere an diesem Organ. Er war sich seit Jahren bewusst, dass er als Mensch der westlichen Welt mit einer gewissen Sturheit insbesondere die linke Hirnhälfte nutzte. Und das hatte natürlich seinen Grund.

Schon der dem geborenen Linkshänder Robert im Kinderstuhl konsequent in die rechte Hand gedrückte Breilöffel war dazu ausgelegt gewesen, auf dieser Seite unzählige an amerikanische Highways erinnernde Datenbahnen einzugraben. Die rechte Seite dagegen war sowohl im Elternhaus als auch in der Schule an der langen Hand gehalten und offenkundig außer in Gestalt weniger Sackgassen nicht gespurt worden.

Unvermittelt kam ihm der Gedanke, dass die linke Hemisphäre ihn womöglich usurpierte, und diese wirklich sehr interessante Idee brachte die Erinnerung an ein Wort zurück, das Frieda Jahre zuvor in einem ähnlichen Zusammenhang gesagt hatte. Sie hatte von Vergewaltigung gesprochen und mit diesem Ausdruck ein Gefühl der Irritation in Robert ausgelöst, dem er jedoch keine Bedeutung beigemessen hatte, weil Friedas Äußerungen im ersten Moment regelmäßig verunsicherten oder Widerstand hervorriefen.

In der Unibibliothek besorgte er sich die neueste Literatur zur Hirnforschung, die Ende der achtziger Jahre soeben den Kinderschuhen entwuchs. Da er Friedas Verlautbarungen über die Beschaffenheit und Funktionen des menschlichen Gehirns in seine Überlegungen einbezog, gelangte er schnell zu ersten Schlussfolgerungen. Die sogenannten Neurowissenschaften und die moderne Quantentheorie mit ihrer wissenschaftlichen Untermauerung alles verbindender Strukturen standen schon länger in den Startlöchern, aber der ohrenbetäubende Schuss hatte sich noch nicht gelöst.

Das ist womöglich auch gut so, denn sonst gewinnen Sie nachher noch den Eindruck, Sie hätten sich beim Kauf dieses Buches im Genre geirrt.

Robert erinnerte sich plötzlich daran, mit Frieda über das menschliche Gehirn gesprochen zu haben, weil er Ursula Jungblut zuliebe ein Referat zu diesem Thema übernommen hatte.

>Es geht nicht so sehr darum, was der Mensch ist, sondern was er möglicherweise werden kann.<

Lachfältchen der Freude hatten Friedas Gesicht bei diesen Worten erstrahlen lassen. Sie liebte Themen wie dieses.

>Das Problem ist nur, dass die einen nicht wissen, wie man sein wahres Potenzial entfalten kann, und die anderen keine Lust dazu haben, weil sie mit ihrem Leben, so wie es ist, zufrieden sind. Also bleiben die meisten Menschen zeitlebens im ersten Gang stecken, anstatt ordentlich Gas zu geben.<

Sie kratzte sich am Kopf. Das tat sie immer, wenn sie sich amüsierte.

>Willkommen im Club Menschheit. Wenn wir nicht endlich lernen, aus der Vertikalen zu leben, dann Prost Mahlzeit, mein Junge.<

Robert hatte, wie so oft, nicht auf Anhieb verstanden, was mit diesem Satz gemeint sein könnte. Das war nicht weiter verwunderlich. Was ihn allerdings erstaunte, war die Tatsache, dass sie ihre Ausführungen sogleich korrigierte. Das tat sie sonst nie, weil sie ihren Mund gewöhnlich nicht unüberlegt öffnete.

>Das, was ich da gesagt habe, ist womöglich nur die halbe Wahrheit. In Wirklichkeit sieht vieles danach aus, dass es weder ein Oben noch ein Unten gibt. Über kurz oder lang wird die Menschheit womöglich erfahren, dass alle Ebenen des Seins einander durchdringen, weil alles eins und in uns gegenwärtig ist. Aber bis dahin wird es noch ein paar Jährchen dauern.<

Robert hörte Frieda aufmerksam zu. An Tagen wie diesem konnte er sich des Gefühls nicht erwehren, dass sie ihm tatsächlich den Schlüssel für ein erfülltes Leben vermitteln wollte, und dafür war er überaus dankbar. Etwas in ihm ahnte, dass er ihn alleine niemals gefunden hätte.

>Allerdings bedeutet dies nicht, dass es keine Abwärts- oder Aufwärtsentwicklung im Hinblick auf uns Menschen gibt. Es ist schon arg bedauerlich, dass weltweit sehr viele Zeitgenossen es vorzuziehen scheinen, im Verlauf ihres Lebens Rückschritte zu machen.<

>Was meinst du damit?<, fragte Robert irritiert. Er fühlte sich unwohl bei diesen Worten, weil er es nicht gewohnt war, dass Frieda derart nüchtern über andere Menschen sprach. Außerdem drängte sich sofort der Gedanke in sein Bewusstsein, ob er auch zu dieser Sorte von Zeitgenossen zählte.

>Nun, sie versumpfen, von ihnen selbst zumeist vollkommen unbemerkt, schon sehr früh in ihrer eigenen Bequemlichkeit. Es sind nur Wenige, die es verstehen, dank eines Händchens für die richtigen Entscheidungen, im Verlauf ihres Lebens regelrecht zu erblühen. Hört sich ein bisschen pathetisch an, trifft die Sache aber ganz gut.<

Jahre später erkannte Robert unabhängig davon, ob die Worte sich nun pathetisch angehört haben oder nicht, dass es bei der rechten Hemisphäre im Grunde um das Herz ging, während die linke

Hirnhälfte etwas mit der Zeit zu tun hatte. In seinen Aufzeichnungen schrieb er unter der Rubrik *Cerebralkybernetik* – ein Wort, das er in irgendeinem Buch gefunden hatte und nützlich fand, weil für denselben Inhalt normalerweise ein ganzer Satz nötig gewesen wäre – seine Vorstellung darüber auf, was Frieda mit ihrer Äußerung, er müsse Brücken bauen, gemeint haben könnte.

Integration. Bei ihr ging es immer nur um Integrales und Integration und in diesem speziellen Fall um die Verbindung der zwei menschlichen Gehirnhälften zu einer Ganzheit, ungeachtet des Balkens, der zwischen ihnen für die Trennung verantwortlich war.

Er wusste zu dem Zeitpunkt freilich noch nicht, dass Frieda häufig darüber nachdachte, ob die Ganzheit ihres Wesens überhaupt jemals zu verwirklichen wäre. Sie war nämlich davon überzeugt, dass das Ganze größer als die Summe seiner Teile sein musste und dass der Weg zur Ganzheit womöglich aus nichts anderem als Umwegen und Irrwegen bestand, aus denen sie lernen konnte. Das Ziel selbst konnte bei all diesem Wirrwarr niemals klar vor ihr liegen.

Vielleicht interessiert es Sie zu erfahren, dass Robert noch etwas Erstaunliches herausgefunden hat. Er hat nämlich entdeckt, dass es ungeteilte menschliche Gehirne gibt, deren Träger den lebenden Beweis dafür erbringen, dass ein Mensch auch ohne den Trennbalken ein erfülltes Leben bei normaler Intelligenz führen kann. Die auf Hirnforschung spezialisierten Ärzte freilich schlagen in derartigen Fällen meist die Hände über dem Kopf zusammen und dürften damit den Eltern einen gehörigen Schrecken einjagen.

Nun war Robert zwar ebenfalls ein Mediziner, aber etwas in ihm vermutete, dass diese außergewöhnlichen Wesen so etwas wie eine Vorhut für die Menschheit auf einer weiteren Entwicklungsstufe bilden könnten. Er selbst empfand die Aussicht auf ein balkenloses

Gehirn, das Logik und Gefühl auf vollkommene Weise verknüpft, als viel versprechende Verheißung und fürchtete sich kein bisschen davor.

>Im Übrigen gibt es durchaus Fälle, wo der durch den Balken ermöglichte Transfer von Impulsen gar nicht erwünscht ist und man ihn deshalb operativ durchtrennt<, dachte Robert und nannte diese Patienten der Kürze halber Split-Brains.

>Ein Epilepsiepatient ist bestimmt froh, wenn sein Anfall nicht auch noch auf die andere Seite überspringt<, setzte er seine Überlegungen fort und fragte sich doch tatsächlich, ob es wirklich ein Nachteil sein könnte, wenn nach einer solchen Operation die eine Hemisphäre unter Umständen etwas wusste, was der anderen nicht bekannt war.

>Was ich nicht weiß, macht mich schließlich nicht heiß<, dachte er. Doch er sprach mit niemandem darüber. Womöglich hätten die anderen sonst noch gedacht, dass er sich der Ernsthaftigkeit seiner Profession nicht richtig bewusst sei und damit den Beruf verfehlt habe.

Wie auch immer! Frieda jedenfalls war trotz ihrer zwei getrennten Hirnhälften immer schon ein Mensch der Ganzheit und ihrer Zeit darin um Jahrzehnte voraus. Robert atmete tief durch. Jetzt musste er nur noch herausfinden, wie man die Brücke baute.

8

Verena Schmitthals bewirkt das Unmögliche und Robert Zeitlos erfährt, dass das mit dem Kammerton A so eine Sache ist

Berlin erschien Robert in der Zeit vor dem Mauerfall an manchen Tagen weltoffen und sympathisch, während er in anderen Momenten unter dem Gefühl einer isolierten Enge litt. Die für Westberliner zugänglichen Außenbezirke trösteten nur ansatzweise darüber hinweg, dass er seine ungewöhnlich ausgeprägte Liebe zur Natur dem Schritt in die Großstadt geopfert hatte.

Als kleiner Junge war er oft in den Wald geflüchtet, um den spitzfindigen Gemeinheiten, die Karl-Heinz Zeitlos aus psychotaktischen Gründen seiner Frau gegenüber äußerte, zu entgehen. Robert wagte nie zu sagen, wohin er ging, denn seine Mutter hätte sich sonst nur unnötige Sorgen gemacht. So gab er vor, mit den anderen Jungen Fußball spielen zu wollen. Dreckig wurde er auch auf der aus forsttechnischen Überlegungen von Menschenhand angelegten Buchenlichtung, die ungeachtet ihrer maschinengestützten Entstehungsgeschichte für den Sechsjährigen etwas Magisches verkörperte.

Nun wissen wir aus eigener Erfahrung, dass man als Kind fast alles magisch findet, weil es einem so erscheint, als sei alles lebendig und würde zu einem sprechen. Der ehemalige Hutewald mit seinen unzähligen Buschwindröschen beruhigte und erregte Robert zugleich, und da er nicht nur alles genau beobachtete, sondern regelmäßig mit den Bäumen, Sträuchern, Eichhörnchen, ja selbst den Sonnenstrahlen verschmolz, fühlte er sich danach immer vollständiger als vor dem Betreten der Lichtung. Fast schien es ihm, als hinge sein gesamtes Heil von diesen Stunden ab, denn Frieda war noch nicht in das Mansardenzimmer eingezogen.

Der Ort war still, so still wie nur ein Ort im Wald still sein kann. Natürlich gab es Geräusche, aber es waren Klänge, die sein angespanntes Gemüt besänftigten. In der Stadt vermochten dies nur die Glockenschläge der St.-Hubertus-Kirche, die leise aus der Ferne in die gerade erst errichtete Reihenhaussiedlung herüberwehten. Hier waren es Vogelstimmen, das sporadisch auftretende Rascheln huschender Nager im getrockneten Laub des vorjährigen Herbstes und der Wind in den Wipfeln der Buchen, deren zartes Frühlingsgrün ihn einschläferte.

Einmal war es Ende April so warm gewesen, dass er sich, unter ein besonders ausladendes Exemplar gekuschelt, seinen Träumen hingab und erst drei Stunden später wieder aufwachte. Eine Uhr besaß er zu diesem Zeitpunkt noch nicht, aber irgendetwas sagte ihm, dass viel Zeit vergangen sein musste und seine Mutter womöglich Verdacht schöpfen könnte. So stopfte er mit nervösen Fingern seine ihn stets begleitenden Utensilien in die linke Hosentasche und rannte nach Hause.

Gertrud Zeitlos nahm ihn sekundenlang argwöhnisch ins Visier. Gewöhnlich schöpfte sie keinen Verdacht hinsichtlich des wahren Aufenthaltsortes ihres Sohnes, wenn sie seine schmutzige Wäsche in die Trommel steckte. Sie freute sich häufig, dass ihr Robert nicht so ein Stubenhocker wie sein Vater zu werden schien. Durch seinen verschwitzten Anblick offenkundig auch an diesem Tag beruhigt, enthielt sie sich eines Kommentars. Stattdessen ging sie in die Küche, um dort lautstark das Kartoffelwasser aufzusetzen.

Im amerikanischen Sektor Berlins gab es zwar Wasser- und Waldgebiete, aber Ruhe fühlte sich anders an; es erschien ihm, als sei immer noch etwas anderes im Hintergrund präsent, ohne dass er ausmachen konnte, worum es sich handelte. Der Fluglärm war seit seiner Kindheit nicht nur hier immens angestiegen, immer wieder trübten Kondensstreifen das Himmelsblau milchig ein. Aber das allein war es nicht.

Robert fühlte sich unfrei und schob dies auf die bleierne Gegenwärtigkeit des Todesstreifens, die offenkundig nicht nur ihn bedrückte. Das änderte sich schlagartig, als er bei einem Tagesausflug an den Wannsee Verena Schmitthals zwischen all den Menschen entdeckte. Er kannte sie aus der Unibibliothek, wo sie ihm bereits zwei Male gegenübergesessen und ihn einmal nach einem Buch gefragt hatte, in dem er gerade las und das sie dringend zur Vorbereitung auf eine Klausur benötigte. Danach war sie ihm noch mehrmals auf dem Campus und in der Cafeteria aufgefallen, ohne dass es jemals zu einer Begegnung gekommen wäre.

Robert glaubte nicht an Zufälle und liebte den Satz eines französischen Schriftstellers, der gesagt hatte: >Der Zufall ist Gottes Pseudonym, wenn er nicht selbst unterschreiben will.< Er selbst bevorzugte den Begriff *Synchronizitäten* – ein Begriff, der den meisten Menschen Ende der achtziger Jahre ein nervöses Stirnrunzeln entlockte, weil sie nicht wussten, dass sich dahinter nichts weiter als das Prinzip der Bedeutungszusammenhänge verbarg.

Er entschied sich dafür, Verena entgegen seiner gewohnheitsmäßigen Zurückhaltung anzusprechen. Sie erkannte ihn nicht sogleich. Das war ein Schlag ins Genick, mit dem Robert nicht gerechnet hatte. Augenblicklich erstarb der Ausdruck fähiger Entschlossenheit in seinen Augen und ließ sein Rückgrat merklich einknicken. Er wollte sich schon abwenden, als sie ihn plötzlich erkannte und fragte, ob er mit ihr ein Eis essen gehen wolle.

>Ich würde dich gerne einladen, weil du mir damals das Buch überlassen hast. Das war echt nett von dir.<

Jetzt raten Sie bitte einmal, wie Robert auf diese freundliche Einladung reagiert hat. Eigentlich hätte er sich doch einfach nur freuen können, oder? Aber wir Menschen neigen nun einmal dazu, alles immer viel zu ernst zu nehmen und deshalb bei der kleinsten Kleinigkeit einzuschnappen. Trotz der offenkundig nun doch erfolgten Erinnerung an seine Person und ungeachtet dieser wirklich aufmunternden Worte stimmte Robert nur zögerlich zu.

Tatsächlich gestaltete sich die erste Zusammenkunft jedoch erfreulicher als nach der Beschämung angesichts Verenas erster Reaktion von ihm erwartet. Robert hatte Verena lange genug bei den unterschiedlichsten Gelegenheiten beobachtet, um zu ahnen, dass sie zum einen nicht ununterbrochen redete und zum anderen stets genau überlegte, bevor sie den Mund auftat. Das kam seiner Wesensart sehr entgegen. Er fühlte sich vom ersten Augenblick an wohl in ihrer Gegenwart und entschloss sich zu seinem eigenen Erstaunen, über seinen Schatten zu springen.

Dass er dafür seine Insel für einen nicht bestimmbaren Zeitraum verlassen musste, nahm er in Kauf. Auch wusste er, dass er nicht umhin kommen würde, persönlicher zu werden. Sie kennen Friedas Großneffen bereits lange genug, um zu wissen, dass er – außer zwei Viehmarktbekanntschaften, von denen sich ohne viel Drumherumgerede behaupten ließ, dass sie redlich hübsch gewesen seien – noch nicht viele Gelegenheiten gehabt hatte, persönlicher zu werden, und deswegen war unser Robert in diesem Moment ziemlich nervös.

Es bedrückte ihn, wie schwer die Last der Gewohnheit in seinem Nacken saß und ein leichtherziges Miteinander erschwerte. Robert fühlte zu seinem Erschrecken eine tief verwurzelte Angst vor Nähe. Verenas Gegenwart als gefährlich einzustufen, erschien ihm selbst als lächerlich, und doch war es genau das, was er empfand. Er ahnte, dass er diesen Umstand einmal mehr seinem Vater zu verdanken hatte.

Wer jetzt denkt, oh je, schon wieder müssen die Eltern für alles herhalten, der hat Recht damit, dass man diese Dinge nicht immer über einen Kamm scheren sollte. Aber im Falle von Robert war es so, dass er das Gefühl hatte, in seinem Vater seinem schlimmsten Feind gegenüberzustehen, und mit dem schlimmsten Feind muss man entweder kämpfen oder sich versöhnen. Robert war aber noch nicht soweit, zu vergeben und die Waffen wegzulegen. Er hatte bisher nicht erkannt, dass die Mitglieder unserer Mischpoke in Wahrheit nicht nur meschugge, sondern unsere allerbesten Freunde sind, egal wie grob und gemein sie uns auch immer wieder neue Wunden zufügen. Aber das ist nun wirklich ein abendfüllendes Sujet und gehört in ein anderes Buch.

Es zählte zu den allabendlich wiederkehrenden Ritualen im Hause Zeitlos, dass Robert neben seiner Mutter auf der Couch kuscheln wollte, worauf es eine von ihm erwartete und stoisch in Kauf genommene Kopfnuss aus der schnipsenden Hand des Patriarchen setzte.

>Es ist Zeit. Los, marsch ins Bett!<, erklang sodann, pünktlich zur Tagesschau, die verzerrte Stimme des Vaters, der Robert die unverbrüchliche, bereits in den Tagen seiner frühen Kindheit gewonnene Erkenntnis verdankte, dass dieser Körper nicht wirklich beseelt sein konnte. Zu gern hätte er dieses Kapitel einfach gelöscht, doch wusste er tief in seinem Inneren, dass damit rein gar nichts gewonnen wäre. Im Gegenteil: Irgendwann würde er sich definitiv dieser Sache zu stellen haben. Frieda Rennstein sah das genauso.

>Warte nicht zu lange, mein Junge, wenn dein Vater erst einmal das Zeitliche gesegnet hat, dann wirst du es womöglich bereuen, dich zu lange hinter deinen Verletzungen verbarrikadiert zu haben.

Im Übrigen kannst du dankbar für jede Wunde sein, die er dir zugefügt hat.<

>Wie bitte?<, entgegnete Robert entrüstet.

>Da du später einmal ein Arzt werden willst und viele Krankheiten auf der Grundlage psychischer Wunden entstehen, ist es von Vorteil, wenn man selbst schon einmal welche davongetragen hat. Man kann die Patienten dann besser verstehen.

>Du meinst, *besser verstehen* bedeutet besser helfen zu können,?<

>Ja, aber das ist noch nicht alles.<

Robert stand auf, um das Fenster zu öffnen und sich die Beine zu vertreten. Er saß bereits seit zwei Stunden unter dem Dach des Reihenhauses. Sie hatten soeben ihre erste Schachpartie des Wochenendes mit einem *Remis* beendet. Die Sitzfläche des einzigen Stuhls, der neben Friedas Ohrensessel in dem kleinen Raum Platz gefunden hatte, war für seine langen Beine zu sparsam bemessen, um länger als eine Stunde bequem sein zu können.

Von hinten hörte er Friedas Stimme, während der Lärm eines benzinbetriebenen Rasenmähers unangenehm laut zu ihnen heraufdrang. Auch der penetrante Geruch hatte seit geraumer Zeit seinen Weg in die Mansarde gefunden. Robert musste sich ungewohnt konzentrieren, um alles mitzubekommen, was die Großtante sagte, denn wenn es nicht gut roch, neigte er zur Flachatmung und das führte schon einmal zu kleinen Aussetzern in seinem Gehirn.

>Im Übrigen hat mich das Leben gelehrt, dass alle Erfahrungen, die man nicht bewusst berührt, um sie zu begreifen, egal wie schmerzhaft sie auch immer sein mögen, einem zwangsläufig als Schicksal wiederbegegnen.<

Frieda fröstelte es bei diesen Worten, denn sie erinnerte sich gut daran, was alles passieren musste, bis sie endlich diese Erkenntnis in gelebtes Wissen verwandelt hatte.

>Hätte ich diese Erfahrungen zuvor bereitwillig wahrgenommen und nicht abgelehnt oder verdrängt, wäre manche Begegnung womöglich nicht notwendig gewesen<, sagte sie jetzt.

>Glaubst du wirklich?<

>Das hat mit Glauben nichts zu tun. Ich weiß es, mein Junge.<

Je älter Robert wurde, umso mehr spürte er das Bedürfnis, die unvermeidliche Aussprache mit dem verhassten Vater zu suchen, wenn da nicht dieser entsetzliche Tonfall in dessen Stimme gewesen wäre, der jedes der seltenen Telefonate mit dem Elternhaus zu einer Tortur werden ließ. So vieles wollte in diesen Momenten hochkommen, was er im fernen Berlin längst unter dem Teppich geglaubt hatte.

Nun werden Sie vielleicht denken: >Was ist denn dieser Robert bloß für ein Hanswurst. Da geht man einfach hin und haut auf den Tisch und sagt: *Es reicht!* Dann nimmt man sich in die Arme und alles ist gut.<

Wer auch immer dies so hinbekommen hat, dem gratulieren wir nachträglich von ganzem Herzen. Sie haben sich damit eine Menge Kummer erspart und Ihr Vater kann womöglich zehn Jahre länger leben als ohne diese mutige Handlung, weil eine Riesenlast von ihm gefallen ist, als er an Ihrer Schulter ein bisschen weinen durfte. Es steht nämlich außer Frage, dass auch sehr alte Väter manchmal heimlich im Bett oder auf dem Klo weinen, egal, was man sich über sie erzählen mag.

Bei Robert aber war es so, dass er, im Nachhinein betrachtet, sich nicht zu entsinnen vermochte, dass es jemals einer Gefühlswallung gelungen wäre, den an ein Reibeisen erinnernden Tonfall von Vater Karl-Heinz im Ansatz zu besänftigen. Aufgrund der nicht unbeträchtlichen Anzahl von nahezu dreitausend verabreichten Kopfnüssen verband Robert mit Nähe fürderhin einen zeitlich nicht exakt vorhersehbar eintreffenden, zumeist stechenden Schmerz und ging ihr aus dem Weg.

Anfangs konnte er sich in Verenas Gegenwart nur entspannen, wenn er Alkohol getrunken hatte. Einmal erzählte sie, dass sie eigentlich hätte Musik studieren wollen, aber ihr Vater habe so lange auf sie eingeredet, dass sie schließlich klein beigegeben und sich gefügt hätte.

>Das sollte man nicht tun.<

Die Äußerung war unfreiwillig herausgerutscht und im nächsten Augenblick bereute Robert seine Worte schon. Wie kam er dazu zu beurteilen, was richtig oder falsch für sie war? Er kannte diese Frau doch kaum! Aber das war skrupulös, denn für sich betrachtet zeigte der Satz lediglich, dass ihm sehr viel an ihr lag.

Je häufiger er mit ihr zusammentraf, umso mehr wurde er freilich gewahr, dass ihre wahre Leidenschaft tatsächlich und ausschließlich der Musik gehörte. Das Medizinstudium war ein unerquickliches Pflichtprogramm für sie. Ihr Gehör war so fein, dass sie winzigste Dissonanzen sofort erfasste.

>Wusstest du schon, dass der seit 1939 in vielen Ländern auf 440 Hz festgelegte und gültige Standard des Kammertons nicht dem wirklichen Kammerton A entspricht?<

Robert schüttelte den Kopf.

>Ich bin mir ziemlich sicher, dass er bei 432 Hz liegen muss. Mit ein bisschen Übung kann man das heraushören.<

Der Gedanke, irgendwann einmal die väterliche Praxis übernehmen zu sollen, war Verena Schmitthals vollkommen zuwider. Wer jetzt denken mag: >Wie dumm, die kann sich doch bequem ins gemachte Nest setzen und schlägt so etwas einfach aus, dabei verdient sie als Ärztin wenigstens genug Kohle!<, dem sei diese Meinung gegönnt. Immerhin scheint diese Aussage trotz der vielen Einschnitte im Gesundheitswesen immer noch zutreffend zu sein und deswegen kann sie ohne weitere Korrekturen hier so wiedergegeben werden.

Freilich dürfte diese Ansicht nicht von jedem geteilt werden. Es gibt nämlich auch den Menschenschlag, der jetzt denken könnte: >Na klar, das würde ich auch so machen. Der schönste Beruf taugt rein gar nichts, wenn er einem keine Freude bereitet. Die Gute soll ruhig ihrer Musikleidenschaft frönen, dann bekommt sie in der zweiten Lebenshälfte wenigstens keine Depressionen.<

Es sollten drei weitere Jahre vergehen, bis Verena den Mut aufbrachte, das Medizinstudium abzubrechen und endlich das zu tun, wonach ihre Seele in ruhigen Momenten verlangte. Das Geld dafür musste sie selbst aufbringen. Oskar Schmitthals erinnerte Robert oft an seinen eigenen Vater. Er weigerte sich, für eine derart brotlose Kunst auch nur einen Pfennig herauszurücken. Der von Freunden unterbreitete Vorschlag, vor Gericht zu ziehen, lag Verenas Wesen fern und das wusste der Vater nur zu genau. Er hätte ihr ja die Ausbildung zur Medizinerin finanziert, aber bitte schön, wenn sie es anders wollte, dann musste sie eben sehen, wie sie klarkommt.

Ausschließlich ihrer Mutter zuliebe brach Verena den Kontakt zu Oskar Schmitthals nicht gänzlich ab. Die Ähnlichkeit der beiden Männer sollte ihre Kinder fester zusammenschweißen, als irgendein sonstiger Umstand es womöglich jemals vermocht hätte. Aber davon ahnten die beiden Väter herzlich wenig, denn sie interessierten sich schließlich nicht wirklich für ihre Kinder und stellten deswegen auch keine neugierigen Fragen wie etwa: >Kann es sein, dass unsere Ähnlichkeit euch beide noch fester zusammenschweißt, als irgendein sonstiger Umstand es vermögen würde?<

9

Fruchtbare Schwaben brillieren im Kehraus und
Robert entdeckt den Heiligen Gral der Naturwissenschaft

Es gab Abende, an denen Dr. Robert Zeitlos die Praxis in der Kollwitzstraße erst so spät verließ, dass er gleichzeitig hundemüde und innerlich aufgedreht war. Seine Freiheitsliebe hatte ihn unweigerlich und ohne jede Zögerlichkeit in die Arme der Selbständigkeit getrieben. Der früh gefasste Entschluss, auf eigenen Füßen zu stehen, wurde ihm durch die Entscheidung des bereits hochbetagten Allgemeinmediziners Dr. Wilhelm Poguntke erleichtert.

Dieser hatte sich nach jahrelangem Sträuben keinen Tag länger im Stande gesehen, den durchaus einleuchtenden Argumenten seiner Gemahlin im Hinblick auf den längst überfälligen und wohlverdienten Ruhestand weiterhin mit der gewohnten Vehemenz Widerstand zu leisten. Die zum Verkauf stehende Praxis am Prenzlauer Berg lief aufgrund Poguntkes hervorragender Reputation alles andere als schlecht. Der Altgediente war gutmütig genug, seinem jungen Nachfolger einen fairen Preis zu machen, damit die Sache schnell über die Bühne gehen würde und die Banken keinen unnötigen Vorteil aus der Sache ziehen konnten, wie er während der Verhandlungen lautstark verkündete.

Eine Woche nach der offiziellen Überreichung der Patientenkartei sollte Robert Zeitlos erfahren, dass sich Dr. Wilhelm Poguntke zwei Tage nach der wehmütig erfolgten Schlüsselübergabe nebst seiner erleichterten und zuversichtlich in die Zukunft blickenden Gattin in die Region der eidgenössischen Nummernkonten abgesetzt hatte. Wenn Sie jetzt gerade denken: >Was für ein grandioser Einfall, das mach' ich auch, meine Else wird begeistert sein<, dann müssen wir Sie daran erinnern, dass Dr. Poguntke diesen beherzten Entschluss getroffen hatte, bevor die Unsitte des Verkaufs interner Bankdaten ihren Siegeszug antreten konnte.

Für gewöhnlich machte Robert an Abenden wie diesem einen Abstecher in die kleine Eckkneipe, die selbst nach der Einführung des Rauchverbotes ihre trinkfesten Gäste zu halten vermögen würde. Aus diesen Worten lässt sich ersehen, dass Friedas Großneffe die Kneipe bereits kannte, als man dort noch gemütlich im geheizten Innenraum eine qualmen konnte und nicht bei Wind und Wetter wie ein Hund auf der Straße mit den Zähnen klappern musste.

Die Wirtsleute waren auf natürliche Weise herzlich und verstanden es, ihren Gästen das Gefühl zu geben, eine große Familie zu sein. Für Robert eine ungewohnte Empfindung, aber es behagte ihm, sich auf unaufdringliche Art angenommen zu fühlen. Einsame Menschen, die trübe in ein halbgeleertes Glas starrten, gab es nicht. Jeder Gast wurde in ein freundliches Gespräch verwickelt und den Stammgästen vorgestellt.

So konnte es geschehen, dass Robert seine unbeabsichtigte Zugeknöpftheit schon bei seinem ersten Besuch ausgetrieben bekam. Es gab nur zwei Optionen: dabei zu sein und mitzumachen oder den Ort wieder zu verlassen. Aus einer Laune heraus hatte er sich für das Bleiben entschieden und tatsächlich Anschluss an eine Gruppe von diskutierfreudigen Schwaben gefunden, die den *Prenzelberg* sehr zum Leidwesen seiner überwiegend kreativen Ureinwohner nach der Wende peu à peu fest in den Griff genommen hatten. *Gentrifizieren* nannten bildungsnahe Berliner den Umstand, dass die ursprünglichen Mieter sukzessive aus ihren Häusern vertrieben wurden, um die Wohnungen von Grund auf zu sanieren und als renditeträchtige Immobilien profitabel zu veräußern oder gewinnbringend zu vermieten.

Dies allerdings hatte die Ureinwohner sehr traurig gemacht. Sie können sich bestimmt vorstellen, dass vor allem die Älteren von ihnen sich bis heute noch nicht davon erholt haben, dass man sie als alten Baum einfach so verpflanzt hat, obwohl doch jedes Kind weiß, dass so etwas nur die Idee von Menschen gewesen sein konnte, die Bäume nicht besonders gerne mögen und die ihr Geld deshalb auch schon einmal in Projekte investieren, denen ganze Urwälder zum Opfer fallen. Würden Sie sich gerne von so jemandem die Wurzeln aus dem Boden reißen lassen?

Die neuen Bewohner wussten nicht viel über den Kummer ihrer Vorgänger, denn die waren ja bereits umgepflanzt worden, als die Schwaben in Heerscharen den Berg zu erklimmen begannen.

An dieser Stelle dürfte die Anmerkung vorteilhaft sein, dass manch ein *echter* Berliner jeden Menschen aus dem Westen ohne mit der Wimper zu zucken als Schwaben bezeichnet, obwohl man meinen sollte, dass sich so etwas nicht gehört. Stellen Sie sich bitte einmal eine gestandene Person aus München vor, die ungeachtet ihrer unverfälschten Mundart ständig mit einem gebürtigen Schwaben verwechselt wird. Dabei wird offenkundig vollkommen übersehen, dass dieser Württemberger jeder zünftigen Maß ein Gläschen Trollinger vorziehen dürfte. Die Person aus München weiß sicher gar nicht, wie ihr geschieht, denn wer aus dem Land der Semmeln stammt, kauft schließlich in Berlin nicht plötzlich Weckle ein, auch wenn es sich – da wir schon einmal dabei sind – genau genommen nur um Strippen handeln kann. Womöglich denkt sie sogar an eine Rückkehr in die Metropole des Föhns, denn wer lebt schon gerne in einer Stadt, in der alles, nur weil es aus dem Westen kommt, über einen Kamm geschert wird, obwohl es doch bekanntlich auch Bürsten gibt.

Wie dem auch sei! Vielleicht interessiert es Sie zu erfahren, dass sich die Schwaben gleich welcher Herkunft über die Jahre als äußerst gebärfreudig erwiesen haben und der Prenzlauer Berg deshalb bis zum heutigen Tag gerne der Schwangerschaftshügel gerufen wird.

Robert war dies letztendlich egal, fühlte er sich doch nach all der Zeit zwar nicht länger als Fremdkörper in Berlin, aber immer noch als Zugereister ohne wirkliche Heimat.

>Heimat ist da, wo du zu Hause bist, und das muss nicht an einen festen Ort gebunden sein.<

Er war den Kinderschuhen erst halb entwachsen gewesen, als Frieda Rennstein ihm ihre Vorstellung von Heimat unterbreitet hatte. Sie selbst kannte nur einen Heimatort und Robert wusste damals schon, dass sie ihr Herz damit meinte.

>Wenn die Menschheit endlich begreifen würde, dass ihr Gott in Wahrheit auf Tempel, Moscheen und Kathedralen pfeift, sähe die Welt etwas anders aus. Man könnte die darin eingeschlossenen Reichtümer buchstäblich in Brot für die Welt umwandeln und unser aller Schöpfer würde es mit einem erfreuten Lächeln quittieren.<

Nun wissen Sie als geduldige Leser dieses Buches endlich, was alles passieren kann, wenn man sich aus dem kollektiven Massenbewusstsein verabschiedet. Dann neigt man nämlich plötzlich zu Gedanken, die andere Menschen erschrecken könnten, und deswegen überlegte Frieda immer sehr genau, wem sie etwas erzählte, denn sie wollte natürlich niemandem einen solchen Schrecken einjagen.

Sie fand, dass es in der Welt schon genug zum Erschrecken gab, und sagte immer, dass man dafür nur pünktlich um sieben oder acht Uhr abends den Fernseher einschalten müsse, wobei sie wohl nicht ganz zu Unrecht mutmaßte, dass es häufig von den politischen Neigungen abhing, ob jemand eher um sieben oder erst um acht Uhr zur Fernbedienung griff.

Der Gedanke, dass Gott auf alle Gotteshäuser dieser Welt in Wahrheit pfeift, war ihr schon in der Jugend gekommen, denn damals hatte sie die deutschen Mystiker verschlungen und diese Erkenntnis verdankte sie ihrem Favoriten, Meister Eckhart, der in ihren Augen treffend auf den Punkt gebracht hatte, worum es in Wahrheit ging.

>Gott ist immer in uns, nur wir sind selten zu Haus<, sagte sie häufig und war sicher, dass zumindest ihr Großneffe verstand, was mit dieser Aussage gemeint war. Nun, womöglich könnte es nicht schaden, sich von Friedas Ansichten über Gott und die Welt das ein oder andere Scheibchen abzuschneiden, denn wenn man diese Frau erst einmal näher kennengelernt hat, dann ahnt man sogleich, dass ihre Überzeugungen der Grund dafür sein müssen, dass es ihr tagein, tagaus so ausnehmend gut ergeht.

Die zwei Ärzte in der Runde, Paul Bremer und Günter Zeisig, waren ein wenig älter als Robert, aber die Chemie zwischen ihnen stimmte, vor allem im Hinblick auf Günter Zeisig, in den Grundzügen überein, obwohl ihre Ansichten anfangs oft unterschiedlich waren. Paul Bremer trug in der kälteren Jahreszeit stets einen grünen Lodenmantel und einen seinem schütteren Kopfbewuchs geschuldeten breitkrempigen Borsalino. Der war gerade >in<. In einer Stadt wie Berlin gibt es viel, was gerade >in< ist, und deswegen muss man sich ganz schön anstrengen und immer genau Acht geben, was gerade >in< ist, damit man nicht irgendwann >out< ist und es womöglich gar nicht bemerkt.

>Wer kann schon von sich behaupten, eine Stirn zu haben, die bis zum Hinterhaupt reicht<, sagte Paul Bremer gerne, denn er hatte früh herausgefunden, dass diese kleine Frotzelei lästige Bemerkungen über seine sich im Alter von neunzehn Jahren zunächst in Form heimtückischer Geheimratsecken ausbreitende und über die Jahre zu einer wächsernen Spiegelfläche heranreifende Halbglatze entwaffnen half. Er stellte allerdings mit zunehmender Verblüffung fest, dass er diese kleinen Spitzen wohlmeinender Zeitgenossen über die Jahre immer seltener zu hören bekam, bis sie mit der Überschreitung seines fünfzigsten Lebensjahres gänzlich ausblieben.

Günter Zeisig zierte trotz seines Alters volles Haar, das er unbeirrt zu einem Zopf zusammenband. Mit Paul Bremer einte ihn der ausgeprägte Hang zu Loden. Der Vorwurf seiner Umwelt, einen Wahlpariser Modeschöpfer imitieren zu wollen, erschien ihm absurd und brachte ihn weder aus der Fassung, noch führte er so weit, dass er diese lieb gewonnene Gewohnheit aufgegeben hätte.

Paul Bremer benötigte immer zwei, drei Gläser Rotwein, bevor er loslegte. Der Arzt in ihm verstand es geschickt, den Gedanken an eine alkoholische Fettleber beflissentlich zu ignorieren, und die wenigen Menschen in seinem Umfeld, denen er gestattet hatte, ihn näher kennen lernen zu dürfen, fingen an, sich deswegen zu sorgen.

Seine stets leicht geröteten Wangen, von denen sich haarfeine Äderchen bis zu den Ohren verteilten, wussten ihn genauso wenig zu verstören wie seine glänzende Nase, deren Farbe an Granatapfelkerne erinnerte. Auch der Umstand, dass sich mittlerweile eine in deutlichen Ansätzen erkennbare erektile Dysfunktion dazu gesellt hatte, störte ihn herzlich wenig, da er mit Fug und Recht von sich behaupten konnte, mit den lediglich taktierenden Versuchungen des weiblichen Körpers seinen Frieden geschlossen und dieses unerquickliche Thema ad acta gelegt zu haben. Einzig und allein die schlüpfrigen Winde, die er bei jedem Toilettengang fahren ließ und die beim Auftreffen auf die keramischen Wände der WC-Schüssel hallten, als wollten sie anhand ihrer Furcht erregenden Lautstärke die Existenz eines zu Unrecht verkannten Problems im Leben ihres Erzeugers bekunden, stimmten ihn über die Jahre nachdenklich, ohne dass dies allerdings weitere Folgen gezeitigt hätte.

Paul war nämlich nicht bekannt, dass ein berühmter Seelendoktor einmal zum Besten gegeben hat, dass die Sucht nach Alkohol auf einer niedrigen Stufe dem geistigen Durst des Menschen nach Ganzheit entspreche. Damit dies nun auch von den Zeitgenossen verstanden werden kann, die just in diesem Moment bereits das ein oder andere Gläschen intus haben, sei hinzugefügt, dass er damit die ein wenig aus der Mode geratene Vereinigung mit Gott im Sinn gehabt hatte.

Die zur Lösung seiner Zungenfertigkeit im Laufe der Zeit kontinuierlich gewachsene Bedarfsmenge Weines beflügelte Paul Bremers Kommunikationsvermögen auch an diesem Abend in gewohnter Zuverlässigkeit und ließ ihn wie immer die Richtung der Gespräche vorgeben.

Nun ist es wichtig zu wissen, dass Paul äußerst belesen war, ohne darüber arrogant geworden zu sein. Eher wirkte er häufig depressiv verstimmt, was Robert seinem Hang zu den eher düsteren Exponaten expressionistischer Malerei zuschrieb, die laut Herrn Bremers eigenen Erzählungen in Form unzähliger Kunstdrucke seine Heimstatt zierten. Max Beckmanns Gemälde *Die Nacht* war sein absoluter Favorit.

Robert kannte das Bild und fand, dass diese Passion des Schwaben viel besagte. Eine Instanz in ihm ahnte, dass ein Künstler, der ein derart den Realismus verneinendes Werk schuf, im tiefsten Innern an einer ihm entfremdeten Welt verzweifelte und gleich einem Hilferuf sein Inneres nach außen stülpte. Womöglich galt dies auch für seinen Freund.

Wie dem auch sei. Jedenfalls beschäftigten Gott und die Welt ununterbrochen Paulchens regen Geist, wobei es eher die Welt als Gott war, wenn man es genau nahm, und häufig fiel es den anderen schwer, seinen schnellen Gedankengängen zu folgen. An manchen Abenden jedoch ging es beschaulicher zu. Dann konnte Robert nach der Arbeit auf andere Gedanken kommen, ohne unter Druck zu geraten, möglichst geistreich zu erscheinen.

>Theorien sind doch im Grunde nichts anderes als Glaubenssysteme<, sagte Paul Bremer eines schönen Abends und blickte herausfordernd in die Runde, um sodann wieder seinen Bierdeckel zu befummeln, den mittlerweile fünf Rotweinstriche zierten. Seine schwitzigen Hände waren selten ruhig. Durch die Feuchtigkeit war der Deckel an einer Seite biegsam geworden. Robert musste immer wieder hinschauen und entdeckte zum ersten Mal, dass Paul an den Fingernägeln kaute.

Weil Robert aber früher selbst an den Fingernägeln gekaut hatte, war er sofort im Bilde und dachte mitfühlend: >Armes Schwein<. Dann fragte er sich, wann das arme Schwein wohl mit dieser Fummelei am Bierdeckel aufhören würde.

>Und davon gibt es ja wohl mehr als genug. Ich will keine Theorien, ich will Fakten. Das ist mir alles viel zu ideologisch<, hörte er Paul Bremer sagen.

>Wie soll man, bitte schön, faktisch beweisen, dass die Menschheit womöglich vor einem Entwicklungssprung steht, der kosmisch induziert ist?<, warf Günter Zeisig ein. >Und doch scheint es eine Tatsache zu sein, dass man molekulare Prozesse in der DNA beobachten kann und zig Veränderungen im Hinblick auf geomagneti-

sche, solare oder kosmische Felder. Es gibt sogar Theorien, die davon ausgehen, dass ein weiterer Polsprung seit mehr als 250.000 Jahren überfällig sei.<

Der Zeisig blickte stets nach unten, wenn er längere Sätze sprach, als wolle er seine Worte der Maserung des Holztisches entnehmen. Nun, liebe Leser, Sie müssen schon entschuldigen, dass Akademiker und dann noch allesamt Ärzte sich manchmal über recht schwierige Dinge unterhalten und zudem in einer ziemlich komplizierten Sprache. Wahrscheinlich war das auch der Grund, dass der Zeisig jetzt erst einmal kurz Luft holen musste. Dazu hob er für einen Moment den Kopf, um nach der Vergewisserung, dass seine Tischgenossen aufmerksam zuhörten, den Blick erneut in die Maserung der Tischplatte zu versenken.

>Andere Berichte gehen dahin, dass sich der magnetische Nordpol jedes Jahr weiter Richtung Russland verschiebe und irgendwann in Sibirien ankommen werde. Das lässt sich doch nicht einfach alles von der Hand weisen, zumal diese Dinge objektiv messbar sind. Man fragt sich doch eigentlich nur, was noch so alles passieren muss, damit die Leute endlich merken, dass hier ganz schön was im Gange ist.<

Robert hatte Günter Zeisig nie zuvor so engagiert erlebt. Alle Achtung, der Mann hatte ja richtig Pfeffer im Hintern. Robert freute sich, dass er offensichtlich einen Mitstreiter hatte, von dem er gar nichts geahnt hatte, weil der Zeisig Paul Bremers Redefluss selten unterbrach.

>Genau<, sagte Robert und ließ seine Fingergelenke vernehmlich knacken. Er wusste, dass dies nicht förderlich war, aber bisher war kein chronischer Schaden dadurch aufgetreten. Dann blickte er erneut auf Pauls schwitzende Hände und war auf einmal sehr froh, dass er sich das Nägelkauen kurz nach Friedas Einzug in die Man-

sarde ohne sonderliche Anstrengung abgewöhnt hatte. Es war einfach so passiert.

Dieses Knacken mit den Gelenken war, wenn man es recht bedachte, aber ebenfalls eine üble Angewohnheit, denn es geschah unfreiwillig. Alles was unfreiwillig geschieht, zeugt davon, dass man nicht Herr oder Frau der Lage ist, sondern in gewisser Weise so etwas wie einen Automaten verkörpert. Dies ist womöglich eine wichtige Einsicht, auch wenn es schwer fällt, dies zu akzeptieren, weil *Automat* wie ein Schimpfwort klingt und man sich gewöhnlich nicht gerne beleidigen lässt, schon gar nicht durch einen undurchsichtigen Roman, in dem Menschen als Maschinen bezeichnet werden, nur weil sie sich ab und an selbst vergessen und dann einfach nur zu funktionieren scheinen.

>Wusstet ihr im Übrigen, dass unsere Erde und damit natürlich auch unser Sonnensystem sich derzeit offenkundig in einem Bereich der Galaxie befinden, den wir nur alle 62 Millionen Jahre durchwandern, und dass wir deshalb einer extremen Gammastrahlung ausgesetzt sind?<, gab der Zeisig zu bedenken.

Robert ahnte, was dies für Auswirkungen auf die Erde und ihre Bewohner haben musste, aber er zog es vor, nicht weiter darüber nachzudenken.

Der Satz des Zahnarztes rief eine noch warme Erinnerung in ihm wach. Er musste daran denken, was Frieda Rennstein drei Tage zuvor gesagt hatte.

>Kennst du den deutschen Stephen Hawking?< Robert hatte kurz überlegt.

>Noch nicht.<

Er liebte die Art und Weise sehr, wie Frieda Rennstein anderen Menschen Wissen vermittelte. Es benötigte kein Buch, kein Magazin, keinen hochgefahrenen Rechner, nur diese Frau, und man lernte ununterbrochen etwas dazu, denn sie war so etwas wie ein mehrbändiges wandelndes Lexikon und so ein Lexikon kann einem jüngeren Menschen bisweilen gehörig imponieren.

>Stell dir vor, Burkhard Heim hat mit neunzehn Jahren durch einen tragischen Unfall nicht nur nahezu vollständig das Augenlicht und das Gehör, sondern auch beide Hände verloren. Das hat ihn natürlich erst einmal in eine tiefe Sinnkrise gestürzt. Aber anstatt sich bis zu seinem Tode darüber zu grämen, dass er seiner Gesundheit derart massiv beraubt und damit zum Vollinvaliden wurde, hat er in Göttingen Physik studiert und seine weitere Lebenszeit der Forschung gewidmet.<

Robert spürte Hochachtung in sich wachsen. Frieda war ganz in ihrem Element. Ihre Wangen glänzten rötlich.

>Komisch, dass ich noch nie von ihm gehört habe. Wo er doch möglicherweise mit Hawking in einem Atemzug genannt werden könnte.<

>Seine Theorien werden bisher eher in einem pseudowissenschaftlichen Rahmen rezipiert. Aber was nicht ist, kann ja noch werden. Viele bahnbrechende Ideen haben etwas länger gebraucht, um in den Köpfen der Menschen Fuß zu fassen.<

>Das stimmt nun wirklich!<, dachte Robert. Plötzlich erinnerte er sich an das >Innere Auge von Heim< und wusste sofort, dass es sich um denselben Menschen handeln musste.

>Kennst du das Fresko von Jean Cocteau, das er Ende der 1950er Jahre geschaffen hat?<

>Natürlich. Es wurde extra für die Ausstellung *Terre et Cosmos* in Paris angefertigt!<

Robert hatte auf dem Gymnasium das Lateinische der französischen Sprache vorgezogen, denn erstens wusste er ja damals schon um seinen zukünftigen Beruf und zweitens war ihm Frankreich aufgrund der Affinität seines Vaters für dieses Land irgendwie suspekt. Aber eines konnte er mit Gewissheit sagen: Die Ausstellung hatte die Erde und den Kosmos zum Thema gehabt.

>So – und jetzt halt dich fest! Es ist ihm tatsächlich gelungen, so etwas wie die Weltformel zu entdecken. Wenn ich mich recht erinnere, dann fußt sie auf einer einheitlichen Feldtheorie, die in der Lage ist, das Spektrum der wägbaren Masseteilchen aus den inneren Eigenschaften des physikalischen Raums herzuleiten. Er ging davon aus, dass jegliche Struktur nichts anderes als manifestierte Information bedeutet. Der gute Mann weilt leider nicht mehr unter uns.<

Robert entschied sich, in dieser Runde nichts von diesem Gespräch zu erwähnen. Paul Bremer hätte bestimmt nur wieder einen zynischen Spruch auf Lager gehabt. Er besaß nämlich die typische Angewohnheit vieler Ärzte, sich über das täglich an die Medikuspforte klopfende Leid ihrer Mitmenschen lustig zu machen. Nun war Robert verständig genug, um zu erkennen, dass dieser Umstand nichts weiter als eine Art Selbstschutz darstellte, und deswegen konnte er seinem Freund Paul auch nicht wirklich böse sein. Aber dieser Schutzmechanismus wirkte sehr kalt auf ihn und schließlich erkannte er, dass womöglich Trauer dahinter stecken könnte.

Nun fragen Sie sich vielleicht, warum denn ein Arzt Trauer im Angesicht seiner Patienten empfinden kann, denn in unserer heutigen Welt glauben doch viele Menschen, dass das Leid der Patienten die Kasse eines Arztes ordentlich klingeln lässt. Aber Sie denken nicht so, nicht wahr? Und Sie verstehen ganz bestimmt auch, dass Paul Bremer in Wahrheit traurig war, weil er, ungeachtet seines guten Willens, den anderen Menschen oft nicht richtig helfen konnte, weil ihm die notwendigen Apparaturen oder die richtigen Pillen dafür fehlten.

Er war nämlich das, was man einen Schulmediziner nennt, und die kennen viele, aber längst noch nicht alle Tricks, wenn es um Heilung geht.

Wie auch immer, von dieser Traurigkeit wusste Paul Bremer gar nichts, denn sie war lediglich ganz tief in seinem Innern zu spüren und dafür besaß er keinen Schlüssel, denn den hatte er schon als kleiner Junge verloren und deswegen musste er auch immer an den Fingernägeln kauen. Die waren davon an manchen Tagen an den Rändern ganz blutig.

Daran können Sie ermessen, liebe Leser, dass sich hinter seiner kalten Schale ein wirklich sehr weicher Kern befinden musste, der das Leid seiner Patienten gerne ungeschehen gemacht hätte. Weil dies aber nicht so einfach war, machte er Witze über sie, um Distanz zu ihnen zu gewinnen. Wenn das nichts nützte, dann trank er nicht fünf Gläser Rotwein am Abend, sondern auch schon einmal sechs oder sieben.

Im Anschluss an diese Unterhaltung hatte Robert übrigens sogleich begonnen, nach dem Physiker zu forschen, der sich unter so schwierigen Bedingungen dem heiligen Gral der Naturwissenschaft verschrieben hatte. Sie können sich sicher vorstellen, wie enttäuscht er war, dass dieser tapfer seinem Schicksal trotzende Mann mit seinen Erkenntnissen nur wenig Aufsehen erregt hat. Am meisten interessierten Robert dessen Ausführungen zum Hyperraum und die Sache mit den zwölf Dimensionen, denn das hörte sich wirklich spannend an. Lediglich sechs von ihnen waren offenkundig physikalisch einzuordnen und zu interpretieren. Für die anderen galten gänzlich andere Gesetzmäßigkeiten als in der dem Menschen vertrauten Raum-Zeit-Ebene.

Nun, da wurde Robert schlagartig bewusst, dass er lediglich eine Nadel von vielen im Heuhaufen gefunden hatte und dass er noch sehr viel lernen und erkennen musste, um zu verstehen, was es mit dem Hyperraum und den zwölf Dimensionen tatsächlich auf sich hatte. >Wer weiß<, dachte er, >vielleicht gibt es sogar noch eine dreizehnte Dimension, wenn auch diese Zahl bei vielen Menschen nicht so gerne gesehen ist.<

Jetzt könnte man natürlich einwenden: >Mensch Robert, schau doch erst einmal genau hin, was hier auf der Erde und in dir selbst so alles los ist, danach kannst du immer noch nach den Sternen greifen!<

Doch muss zu Roberts Ehrenrettung gesagt werden, dass er in dieser Hinsicht dank Frieda und auch ein bisschen dank Carsten Dellmayer den anderen Menschen etwas voraushatte. Er war gewissermaßen ein wenig wacher als sie und hatte sich selbst sowie das Leben auf der Erde gründlich genug erforscht, um zu erkennen, dass derjenige, der ausschließlich nach außen schaut, lediglich träumt, während alle, die immer wieder nach innen blicken, allmählich erwachen. Also gönnen wir ihm doch sein Interesse an dem, was sonst noch so alles im Kosmos geschieht, denn Robert war sich sicher, dass sowieso alles miteinander verknüpft sei und einen einzigen Ursprung habe, der alles seit jeher zusammenhält, denn schließlich bedeutet das Wort Kosmos nichts anderes als vollkommene Ordnung.

Wer nun zu jenen Mitmenschen gehört, die gerne einmal fünf gerade sein lassen – auch wenn dies regelmäßig dazu führt, dass zu Hause das schiere Chaos ausbricht –, der kann womöglich verstehen, was es für eine Arbeit und für einen Überblick erfordert, um diese vollkommene Ordnung unseres Kosmos aufrechtzuerhalten. Wenn es dort genauso wie bei Hempels unterm Bett zuginge, dann säßen Sie jetzt ganz bestimmt nicht mit diesem Buch in der Hand auf dem Sofa, sondern würden unserem schönen Planeten nachtrauern, der Ihnen nicht länger das gewohnte Zuhause bietet.

Dass Robert die Sache mit dem Hyperraum, der auch morphogenetisches oder fünftes Feld genannt wird, nicht gleich auf Anhieb verstand, rief übrigens ein gewisses Wohlbehagen in ihm hervor. Immerhin brachte diese Gehirnakrobatik Bewegung in sein Leben und die Hauptsache war doch, dass es niemals Stillstand gab. Der erinnerte ihn an seine arme Mutter und er hätte sich lieber an Gertrud erinnert, wenn sie wenigstens einmal in ihrem Leben fröhlich gewesen wäre. Aber diesen Gefallen hatte sie Robert bisher noch nicht getan und er zog es vor, nicht darüber nachzudenken, ob die ihr verbleibende Zeit wohl jemals dazu ausreichen würde, dieses denkwürdige Resultat hervorzubringen.

Nun, an der Tatsache, dass Robert es keineswegs schlimm fand, die wirklich wichtigen Hintergründe seines Daseins nicht auf Anhieb zu begreifen, lässt sich erkennen, dass er nicht nur fleißig, wissbegierig und freundlich, sondern auch geduldig war, und wer ist heutzutage schon geduldig mit sich selbst, geschweige denn mit seinen Mitmenschen? Die haben gefälligst so zu funktionieren, wie man es gerade braucht. So denken doch viele, nicht wahr? Aber das Schönste an der ganzen Sache war, dass sich durch Roberts rastlosen Wissensdrang dessen ebenso rühriger Geist dazu ermuntert fühlte, den Horizont des jungen Mannes mit jeder gewonnenen Erkenntnis ein Stück weiter auszudehnen.

Frieda Rennstein musste dies geahnt haben, denn sie schlug ihrem Großneffen vor, sich als Nächstes der *impliziten Ordnung* eines anderen bedeutenden Physikers zuzuwenden. Nun haben Sie, liebe

Leser, natürlich vollkommen Recht mit Ihrem Einwand, dass dieses Wörtchen *implizit* in diesem Zusammenhang tatsächlich ein ungewohnter Ausdruck sei. Aber immerhin bringt er bis zum heutigen Tage viele Wissenschaftler und Laien in der ganzen Welt dazu, der von geordneten Beziehungsstrukturen zusammengehaltenen a-materiellen Wirklichkeit hinter der subjektiv erfahrbaren Realität einen großen Teil ihrer Freizeit zu widmen. Dabei bedauern die meisten Forscher es freilich zutiefst, dass sich dieser materiefreien Wirklichkeit so gar nicht mit Instrumenten auf den Leib rücken lässt.

An dieser Stelle sei verraten, dass dies wahrscheinlich für immer so bleiben wird. Denn das Formlose lässt sich niemals mittels des Geformten analysieren und sei die Messapparatur auch noch so ausgeklügelt und feinster *State of the Art*, wie man sich heute auch in Deutschland auszudrücken beliebt.

Übrigens wussten schon die alten Griechen, dass es eine unmessbare *erste* und eine messbare *zweite* Wirklichkeit gibt und dass die Einteilung der Letzteren in Maßeinheiten zu Zwecken der Ordnung und Harmonie durchaus sinnvoll ist. Aber sie waren damals bereits weise genug zu erkennen, dass sich die *erste* Realität dadurch kein Fitzelchen mehr offenbarte als ohne all diese Anstrengungen.

>Es wird definitiv Zeit für die Erkundung der primären Wirklichkeit, mein Junge<, sagte Frieda Rennstein, >Messbarkeit hin oder her.<

Sie lächelte Robert aufmunternd zu. Sollte er doch ruhig erst einmal die Theorie auskundschaften. Er würde schon ganz von alleine darauf kommen, dass die Welt sich jedem Menschen auf jeweils einzigartige Weise offenbart und die Annäherung an das, was diese hervorbringt und trägt, allein eine Sache des Gefühls ist.

10

Robert kehrt sein Innerstes nach außen und erkennt, dass die Ironie die ungezogene Schwester des Humors ist

Robert Zeitlos verdankte seiner Liebe zu Verena Schmitthals schon nach kurzer Zeit überraschend viele Einblicke in sein Innenleben. Das lag einzig und allein daran, dass sie ihn ständig dazu ermunterte, seine eigene Kreativität anzunehmen.

>Such dir endlich ein Ventil, über das dein Innerstes sich Ausdruck verschaffen kann. Du riskierst sonst zu ersticken.<

Sie lachte stets mit weit geöffnetem Mund. Das war laut, hörte sich aber ehrlich an. Robert mochte dieses Lachen so gerne, dass er häufig dummes Zeug redete, nur um es hervorzulocken, und Verena dachte oft, dass sie sich da einen richtigen Scherzbold eingehandelt hätte, obwohl er doch in Wahrheit gar keiner war, sondern nur dieses laute und ehrliche Lachen hören wollte. Das machte Robert nämlich sehr glücklich.

>Wenn du diese Impulse ständig in dir unterdrückst, dann raubt dir das Deckeln ungeheuer viel Kraft.<

Verena schien genau zu wissen, wovon sie sprach. Sie sprühte nur so vor Energie und Lebenslust. Ihre Lebensphilosophie erforderte freilich Grundkenntnisse der spanischen Sprache – was für sie kein Problem darstellte, denn sie war das, was man ein Sprachtalent nennt. Wenn Sie, liebe Leser, nun denken: >Das kommt bestimmt daher, weil sie die Musik so liebte und jede Sprache eine eigene Melodie besitzt<, dann liegen Sie damit womöglich gar nicht so falsch. Wenn nämlich ein Mensch in der Lage ist, diese Melodie zu erkennen, dann singt er die fremde Sprache eher, als er sie spricht.

In den seltenen Momenten, in denen Verenas Stimmung einmal nicht der gewohnten Heiterkeit entsprach, intonierte sie mehrmals in

Form eines leisen und aus ihrem Munde ungewohnt bedächtig klingenden Singsangs den Satz *La vida es una Milonga hay que saber la bailar*, der die Überzeugung argentinischer Tangeros widerspiegelt, dass unser Leben ein einziger Tanz sei. Es hörte sich jedes Mal so an, als wären die Worte Bestandteile einer tibetischen Gebetsmühle und müssten einzeln nacheinander von ihrer Stimme berührt werden.

Sobald Robert die Worte vernahm, musste er augenblicklich an die tanzenden Kranichpaare denken, die er auf seinen Landgängen, für die er regelmäßig die Kosten und Strapazen der Grenzüberquerung in Kauf nahm, im unteren Tal der Oder beobachtet hatte. Verena jedenfalls bedauerte alle Menschen, die längst vergessen zu haben scheinen, wie viel Spaß das Leben machen kann, wenn man sich taktfest zu seiner Melodie bewegt.

>Wer sich so anmutig bewegt, verdient auch einen besonderen Namen<, dachte er. Von da an beliebte er Verena bei jeder sich bietenden Gelegenheit seine *kleine Tempeltänzerin* zu nennen. Sie gewöhnte sich überraschend schnell an ihre neue Identität.

Weil Robert ahnte, dass sie mit ihrem Hinweis auf seine brachliegende Kreativität Recht haben könnte, entschied er sich, rein vorbeugend, für die Schriftstellerei als Ausdrucksmittel seiner unfreiwillig schlafenden Seele. Sein Leben fühlte sich nach Ablauf einer kurzen Gewöhnungsphase, in der er lernte, die fest verschlossenen Ventile seines bis dahin sorgsam gehüteten Innenlebens so behutsam zu öffnen, dass nicht alles in einem unkontrollierbaren Schwall herausdrängte, verblüffend anders an.

Nun war es aber so, dass er immer nur kleine Geschichten schrieb, die von Menschen auf ihrem Weg durch die Gesellschaft, die Kultur oder einfach nur den Alltag handelten. Und daran meinte er erkennen zu können, dass er sich für den ganz großen Wurf zu jung und zu wenig begabt fühlte. Aber da war er ausnahmsweise vorschnell. Schließlich ist noch kein Meister einfach so vom Himmel gefallen.

Robert fragte sich auch, ob er womöglich zu strukturiert und ordnungsliebend war, um wahrhaft kreativ sein zu können, denn er war überzeugt davon, dass es einer gehörigen Portion Chaos bedürfe, um etwas wirklich Neues zu erschaffen. Alles andere erschien ihm lediglich als das ungebührliche und in seiner Unwürdigkeit kaum zu überbietende Nachkauen von bereits Bestehendem.

Und dann machte er etwas, was er noch nie getan hatte und was er eigentlich nie hatte tun wollen: Er demontierte sich selbst, in dem er Frieda einen langen Brief schrieb und sich mehrfach darin beklagte, dass er unbegabt sei. Die war so erschrocken darüber, dass sie ihrem Großneffen sofort antwortete.

>Mein Junge, es wird offenkundig höchste Zeit, dass du erkennst, worin wahre Kreativität besteht. Hast du schon einmal darüber nachgedacht, dass es sich dabei womöglich um den fortwährenden Impuls handeln könnte, unsere Wirklichkeit und damit unser eigenes Leben immer wieder neu zu entwerfen?<

Sie war guten Mutes, dass er schon bald verstehen würde, wie wenig dies seine Schriftstellerei berührte. Im Hinblick darauf gab es freilich anderes zu beachten.

>Die Sache ist die: Jeder Schriftsteller beobachtet zunächst und nimmt diese Beobachtungen zum Anlass, über das Leben nachzudenken...<

Als Robert diese Worte las, wusste er sofort, dass darin womöglich ein Problem lag. Man kann nämlich nicht einfach über das Leben nachdenken, ohne den Kontakt dazu zu verlieren, weil das Leben nun einmal kein Objekt ist.

>... Erst dann greift er gewöhnlich zur Feder und bringt Worte ins Spiel. Damit ergibt sich eine völlig neue Ebene, weil Worte nämlich auch Gefühle, Wahrnehmungen oder Erfahrungen beschreiben können. Somit sind sie in der Lage, anderen Menschen etwas mitzuteilen, das über das bloße Denken hinausgeht.<

Robert war sehr froh, dass Frieda so schnell geantwortet hatte, denn es tut gut, wenn andere Menschen Anteil nehmen. Wenn dies zudem zeitnah geschieht, kann man sicher sein, dass sie einen tatsächlich gern haben. Dankbar schrieb er noch am selben Abend zurück.

>Ich habe immer geglaubt, dass Worte sich der Wahrheit allenfalls annähern können, weil die Wahrheit selbst dahinter liegt und sich nicht in Hülsen pressen lässt...<

Während er an seinem Stift kaute, um den Satz zu vollenden, erinnerte er sich daran, wie erstaunt er gewesen war, als ein Band seiner Kurzgeschichten tatsächlich veröffentlicht wurde. Aber schon bald folgte die Ernüchterung, denn nach zwei zahlenmäßig unbedeutenden Auflagen entpuppten sich die letzten Exemplare bereits als Ladenhüter.

Genau daran dachte er jetzt und plötzlich wusste er auch, wie der Satz weitergehen sollte, und konnte endlich aufhören, an seinem Stift zu kauen. Er empfand das selbst als eine ähnlich schlechte Angewohnheit wie das ständige Knabbern an den Fingernägeln oder wenn man im Angesicht einer roten Ampel automatisch mit dem Finger in die Nase fährt.

>... ehrlich gesagt, frage ich mich manchmal, ob nicht das Leben selbst die besten Bücher schreibt. Man muss nur lernen, genau zu beobachten, was einem so alles begegnet. Jedes Schild, jedes Tier, jedes dahingeworfene Wort eines anderen Menschen kann Botschaften enthalten, die dieses Buch entziffern helfen.<

Wieder ließ die Antwort nicht lange auf sich warten, denn Frieda hatte auch dem zweiten Brief entnehmen können, dass es Robert nicht besonders gut gehen konnte. Einen Moment zweifelte sie sogar daran, ob es eine gute Idee von Verena gewesen war, Robert dazu zu bewegen, die fest verschlossenen Ventile seines bis dahin sorgsam gehüteten Innenlebens zu öffnen, denn ganz offensichtlich fiel das Ergebnis nicht besonders überzeugend aus.

>Damit hast du natürlich Recht...<, schrieb sie zurück, >... Das Buch des Lebens steht bildhaft für alle Lektionen, die während der Zeitspanne deiner Anwesenheit hier auf Erden für dich bereitgehalten werden. Sie sind exakt auf dich zugeschnitten, einen besseren Lehrer kannst du nirgends finden. Lerne es sorgfältig zu lesen und dir wird viel Leid erspart bleiben.<

Aber weil Frieda immer beide Seiten der Medaille betrachtete, wusste sie auch, dass die ständigen Herausforderungen, die dieses voluminöse Buch enthält, so manch einen Menschen bisweilen an die Grenzen seiner Belastbarkeit bringen.

>Nimm es nicht so tragisch, wenn du wieder einmal einen Fehler machst. Überleg doch einmal, wie sich das anfühlen würde, wenn du in allem immer nur perfekt wärest...<

Langweilig, dachte Robert spontan. Aber jede Entscheidung barg das Risiko in sich, danebenzugreifen und mit den Folgen klarkommen zu müssen. Er blickte zurück auf den Brief.

>... Und dennoch sind gerade unsere Entscheidungen die Würze, ja in gewisser Hinsicht sogar der Motor des Lebens. Ohne sie gäbe es nichts als Stillstand. Das wäre das Aus. Trotzdem dürfte es nicht schaden, ab und an etwas Eigenes zu erschaffen, in das man sozusagen einen Teil seiner selbst einfließen lässt, einfach aus Freude und um der Erfahrung willen, wie sich so etwas anfühlen könnte. Ein

Buch kann dazu gehören. Aber du musst das, was du schreibst, auch wirklich lieben, sonst macht es keinen Sinn.<

Während sie diesen Satz niederschrieb, sah Frieda ihren Großneffen in Gedanken vor sich, wie er unfreiwillig seinen Kopf schief legte und darin auf putzige Weise einem Hund glich, der sich anstrengt, seinen Menschen zu verstehen. Wie oft hatte sie ihn vor seinem Umzug nach Berlin dabei beobachtet und gedacht, dass er nur noch mit den Ohren wackeln müsste. In Anbetracht seines dünnhäutigen Gemüts hatte sie sich belustigt auf die Zunge gebissen.

>Deine Geschichten sind wirklich nicht schlecht, doch bedarf es Herzenswärme, um humorvoll zu schreiben. Du willst Wortgewalt demonstrieren und vergisst darüber, dass der Verstand die Dinge nicht wirklich zu durchdringen vermag. Nur wer lernt, Mitgefühl für sich selbst und für andere Menschen zu empfinden, verwandelt Ironie in Humor. Denn der obliegt allein dem Herzen.<

Robert musste beim Lesen dieser Worte schlucken, aber er empfand keinen Groll, denn er wusste, dass Frieda Recht hatte. Der Ironie wohnte ein empfindungsloses Element inne und damit besaß sie das fragwürdige Potenzial, andere zu verletzen. Die Folgen davon hatte er oft genug am eigenen Leibe zu spüren bekommen, denn sein Vater glaubte ja, dass es besser für seinen Sohn wäre, glücksfrei aufzuwachsen. Die Ironie erwies sich als ein vortreffliches Mittel, um dieser Zielsetzung zuzuarbeiten, denn Robert war durch sie immer sehr verunsichert gewesen und ganz bestimmt kein bisschen glücklich.

>In Gegenwart eines Kindes sollte man niemals ironisch sein<, hatte Robert erst drei Tage zuvor voller Empörung und für Verena völlig überraschend zwischen den Zähnen hervorgepresst.

Die kleine Tempeltänzerin hatte ihrem sechsjährigen Neffen Paul anlässlich eines Fahrradunfalls mit kleineren Blessuren an den Knien und an der Stirn eröffnet, es könne sein, dass ihm jetzt ein Horn wüchse. Robert war bei diesen Worten zusammengezuckt und fühlte schlagartig, dass Paul zutiefst verunsichert war. Der Blick des Jungen wanderte vom einen zum anderen, als wollte er an den Gesichtern ablesen, wie groß das Horn wohl werden würde.

Kaum saßen sie wieder im Auto, machte Robert seiner Verena Vorwürfe. Sie verstand nicht, was er meinte. Für sie war es nur ein kleiner Spaß gewesen, aber Robert blieb den Rest der Fahrt über in sich gekehrt. Der Vorfall hatte seine eigene Vergangenheit heraufbeschworen. Verenas leichte Verstimmung machte ihm zum ersten Mal nichts aus. Er brauchte jetzt Zeit für sich, um in Ruhe nachdenken zu können.

Doch Robert hatte nicht damit gerechnet, dass sein Innenleben sich in Amok laufende Erinnerungen verwandeln würde, die in ihrer Emsigkeit riesigen Waldameisen auf Futtersuche glichen. Es dauerte ungewöhnlich lange, bis es seinem Kopf gelang, in vertrauter Tüchtigkeit das Steuer erneut zu übernehmen, um den hilflos in seinen Eingeweiden rudernden Emotionen zu demonstrieren, wer der Herr im Hause war und den größeren Überblick besaß.

Es hatte einen großen Teil seiner Kindheit beansprucht, bis Robert die notwendigen Antennen entwickelt hatte, die zuckersüß vorgetragenen Bemerkungen des Vaters als Ironie zu entlarven und nicht länger für bare Münze zu nehmen. Im Grunde wusste er auch ohne Frieda, dass Humor eher tänzerisch und mit einem liebevollen Augenzwinkern daherkommen muss. Deutlich meinte er zu fühlen, dass er noch nicht so weit war. Offensichtlich gab es einige Baustellen in seinem Leben, die er geschickt verdrängte. Nicht verzeihen zu können und eine zu ausgeprägte Kopflastigkeit, das war ein Cocktail, der ganz dazu angetan schien, einen Endzwanziger aus der Bahn zu werfen.

Mit dem Verfassen von Geschichten war es aufgrund dieser ernüchternden Einblicke in sein Seelenleben vorerst vorbei. Stattdessen wurde es ihm zur festen Gewohnheit, seine medizinischen und naturwissenschaftlichen Recherchen akribisch aufzuzeichnen. Verena fand das ein wenig trocken und nicht wirklich kreativ. Damit hat sie womöglich nicht ganz Unrecht: Denn was haben solche Aufzeichnungen mit Kreativität zu tun? Aufzeichnen kann letztlich jeder etwas.

Wie dem auch sei, zwei Jahre nach ihrer Begegnung in der Bibliothek entschlossen sich Robert und Verena spontan, eine ungewöhnlich beengte, aber für beide bezahlbare Wohnung zu mieten und zusammenzuziehen. Diese bestand aus einem kleinen Wohnzimmer, einem noch kleineren Schlafzimmer, einer winzigen Küche und einem Bad, in dem zwei Leute sich nicht gleichzeitig umdrehen konnten, ohne dabei die Handtücher von den Stangen zu fegen.

Erstaunt stellte Robert infolge der nunmehr geänderten Lebensverhältnisse fest, dass Verena jede freie Minute auf dem Parkett verbrachte. Somit erwies sie sich als offenkundig tanzsüchtig. Dies soll gar nicht so selten vorkommen. Robert war dennoch ein bisschen irritiert, denn er war auf die unschöne Idee verfallen, dass sie womöglich vor zu viel Zweisamkeit flüchtete. Aber dann verstand er auf einmal, dass das Tanzen Verenas Glückshormonen zu Höhenflügen verhalf, und irgendwann wollte er die daraus für ihn erwachsenden Freiräume nicht mehr missen.

Verena selbst glaubte, dass ihre Schwärmerei allein in der unmittelbaren Selbsterfahrung begründet liegen konnte, die sie an manchen Tagen in den Rausch einer gefühlten Zeitlosigkeit führte. Die war Robert freilich zu dem Zeitpunkt noch unbekannt. Deswegen tat er der kleinen Tempeltänzerin ein bisschen leid, aber nur ein ganz kleines bisschen, denn er hätte es ihr ja gleichtun können. Aber das wollte der Gute partout nicht, womit nun im Raum steht, dass Herr Zeitlos tatsächlich zur Bequemlichkeit neigte. Damit er trotzdem nachvollziehen konnte, warum ihr das Tanzen so wichtig war, erzählte Verena ihm manchmal davon.

>Tanzen bedeutet, sich komplett auf einen anderen Menschen einzulassen...<, sagte sie zum Beispiel, und Robert spürte, wie bei diesen Worten augenblicklich eine Veränderung durch ihren ganzen Körper ging. Es war, als richtete der bloße Gedanke *Fräulein Schmitthals* innerlich auf.

>Das geht nur, wenn du den Kopf dabei völlig ausschaltest<, warf Robert ein und erfreut leckte Verena sich die Finger ab, denn sie mochte es sehr, wenn er ihr zuhörte. Ob sie es allerdings gemocht hätte, dass er sie im Stillen häufiger als *Fräulein Schmitthals* titulierte, stand auf einem anderen Blatt, denn sie hatte ihre *Emma* fleißig gelesen. Gut also, dass Robert nicht zu Selbstgesprächen neigte.

Freitagabends pflegten sie erst gemeinsam zu kochen und dann auszugehen. Robert musste sich stets dazu überwinden, nach einer anstrengenden Woche und mit wohlig gefülltem Bauch das Haus noch einmal zu verlassen, aber er wollte Verenas unbändige Gier auf Leben durch seinen Hang zu eigenbrötlerischer Bequemlichkeit nicht allzu oft unterbinden.

Einmal in der Woche warf er deshalb mit unterdrückter Wehmut im Herzen jene Hochstimmung über Bord, die der unfreiwillig sich aufdrängende Gedanke an einen ruhigen, sofagestützten Ausklang der Woche in seinen Eingeweiden hervorgerufen hatte, und schloss sich Verenas zügelloser Unternehmungslust an.

An diesem Abend gab es vor dem geplanten Kinobesuch einen dick mit Käse bestreuten Gemüseauflauf. Wenn Sie Robert beim Schnippeln der Möhren, Zucchini und Schalotten einmal zuschauen könnten, dann würde Ihnen womöglich sofort ins Auge fallen, dass es so aussieht, als gehörten diese für ihn zur Familie. Sein Blick wirkt nahezu liebevoll, während er das Messer souverän anlegt und professionell anmutendes Schnittgut fabriziert.

Das kann eigentlich nur daran liegen, dass er als kleiner Junge erkannt hatte, dass alles Leben vom selben Klang erfüllt ist. Dass dies auch für die Früchte des Gartens gelten musste, stand für ihn schon damals außer Frage. Als Arzt war unser Robert durch den ständigen Anblick blutender Wunden zwar halbwegs abgehärtet, doch konnte er auch Jahrzehnte später nicht hinschauen, wenn ein Fernsehkoch, ohne mit der Wimper zu zucken, einen lebenden Hummer ins kochende Wasser warf und allenfalls ein bisschen bei dem Geräusch erschrak, den die arme Kreatur vor lauter Verzweiflung von sich gab.

Kochen war die Tätigkeit, die Verena und Robert am stärksten einte. Ihre seelische Verbundenheit ging so weit, dass sie bei gemeinsamen Einkäufen stets Appetit auf die gleichen Dinge verspürten. In der ersten Zeit ihrer Beziehung war es häufig der Inhalt einer geschickt etikettierten Dose, den sie, um einige Gewürze bereichert, in ihrer kleinen Küche aufwärmten. Doch im Verlauf der Jahre verfeinerten sich ihre Geschmacksknospen immer mehr.

Das war gut so, denn alles, was aus der Dose kommt, ist im Grunde genommen tot und wenn es dann noch in einer Mikrowelle erwärmt wird, >töter< als ein toter Fisch mit glibberigen Schuppen und hervorstehenden Augen. Weil Robert dies als Arzt wusste, verwandelten Verena und er sich unter konsequenter Missachtung der ganz Deutschland erfassenden Mikrowelleneuphorie in vehemente

Vertreter einer regionalen Frischeküche. Diese Menschen sind imstande, Konserven und Fertigprodukte in überfüllten Discounterregalen und Kühltruhen mitleidslos ihrem Schicksal zu überlassen.

Robert hatte tatsächlich schon früh erkannt, dass die natürliche Struktur von Nahrungsmitteln durch die Erhitzung in diesen kleinen Geräten derart verändert wird, dass der Körper mit den darin enthaltenen Informationen schlichtweg nichts mehr anfangen kann. Und weil er ein guter Mensch war und ihm seine Patienten sehr am Herzen lagen, redete er anfangs mit ihnen darüber.

>Sehen Sie, es ist nur eine Frage der Zeit, bis der menschliche Organismus durch diese Denaturierung geschädigt und womöglich krank wird.<

Aber die meisten seiner Patienten schalteten auf Durchzug, wenn er sie mit diesen spekulativen Hiobsbotschaften über Mikrowellen konfrontierte. Das aber war an manchen Tagen schier unerträglich für Robert. Insbesondere, wenn es sich um Kleinkinder handelte, musste er sich wirklich am Riemen reißen, um die Mama oder den Papa oder gleich beide zusammen nicht heftig zu schütteln, weil sie so ahnungslos waren und nichts dagegen taten, dies zu beheben.

Nun sollte man doch nach allem, was wir bisher über ihn erfahren haben, Robert für einen friedfertigen Menschen halten. Doch selbst ein Pazifist verspürt im Angesicht von Ungerechtigkeiten und Unwissenheit schon einmal den Drang, brachial zu werden. Friedas Großneffe wusste eben, dass die in der Säuglingsnahrung enthaltenen Milcheiweiße durch Mikrowellenenergie in zahlreiche der Natur unbekannte Aminosäuren gespalten werden.

>Es versteht sich von selbst, dass diese mutierten Milcheiweiße von den kleinen Körpern weder erkannt noch verarbeitet werden können<, sagte er häufig, aber nur am Anfang, als er noch Hoffnung hatte, irgendetwas bewirken zu können.

Nachdem er drei Elternpaare in Folge ohne ersichtlichen Erfolg fachgerecht belehrt hatte, entschied er sich dazu, neben den offenkundig entweder schlecht gewaschenen oder aber auf andere Weise beeinträchtigten Hörorganen zusätzlich die Augen der trotzigen Erziehungsberechtigten als Kanal im Dienste der Kleinsten hinzuzuziehen.

Im Eingangsbereich seiner von Poguntke übernommenen Praxis hängte er Bilder von zwei Pflanzen auf, um anhand dieser fotografischen Ablichtungen zu demonstrieren, wozu durch Mikrowellen erhitztes Wasser im Stande war. Schon den Nagel für das erste Bild hatte er krumm geschlagen und dies ließ ihn sogleich erahnen, dass seine Mission unter einem schlechten Stern stehen könnte. Ein einziges Mal wurde er in den folgenden Jahren auf die Bilder angesprochen.

Josefine Pfennig näherte sich zu diesem Zeitpunkt gerade ihrem hundertsten Geburtstag und musste stets von ihrer Tochter begleitet werden, die – selbst nicht mehr die Jüngste – es sehr bedauerlich fand, dass im Wartezimmer kein einziges Boulevardmagazin ihre Neugier auf blaues Blut befriedigte. Frau Pfennig, die ein wenig an ein russisches Mütterchen erinnerte, hatte noch nie etwas von einer Mikrowelle gehört, denn sie pflegte trotz ihrer nicht zu übersehenden Gebrechlichkeit ihr Süppchen bis zu diesem Tage auf einem alten Holzofen zu kochen.

Auf den von ihr ausgiebig betrachteten Fotos ließ sich sogleich erkennen, dass die mit gewöhnlichem Leitungswasser begossene Pflanze sich nach neun Tagen prächtiger Gesundheit erfreute, während die andere komplett eingegangen war. Deren Gießwasser war vorher in der Mikrowelle erhitzt und dann abgekühlt worden. Es bedurfte schon einer ausgeprägten Herzlosigkeit, um nicht beim Anblick der sich trostlos über den Rand des Blumentopfes hangelnden Blätter sogleich den von Mitgefühl begleiteten Eindruck zu gewinnen, dass dieses Lebewesen mit letzter Kraft versucht hatte, aus dem unwirtlichen Behältnis zu fliehen.

Robert wusste natürlich, dass sein Vorgehen plakativ war, aber er fühlte sich förmlich zu dieser Vorgehensweise gedrängt, ja er konnte gar nicht anders. Jahre später klebte er zusätzlich die besorgniserregenden Ergebnisse einer Langzeitstudie des Europäischen Parlaments darunter und schrieb in einem Brief an Frieda, dass er auf die Reaktion der Leute gespannt sei. Die Antwort der Großtante überraschte ihn nicht.

>Sei nicht enttäuscht, wenn selbst diese Maßnahme nicht viel bewirken wird. Die Leute wollen einfach nicht alles wissen. Sie fürchten die Konsequenzen.<

Frieda hatte es längst aufgegeben, sich über derartige Unterlassungssünden zu wundern. Sie fand die Tatsache, dass Mikrowellenstrahlung die Nerven, die Leber und die Nieren vergiftete, ungleich wichtiger als Fußballergebnisse oder Lottozahlen, auch wenn sie damit auf weiter Flur so gut wie alleine stand. Robert fühlte sich nach dem Anbringen des Textes augenblicklich besser. Wer sich nicht dafür interessierte, brauchte schließlich nur in eine andere Richtung zu schauen.

Er nannte niemals Namen, wenn er Verena von seinen Patienten erzählte, aber manche Patienten waren ihr bald so vertraut, dass sie ein inneres Bild von ihnen entworfen hatte. Es kam auch vor, dass er sie einfach alle in einen Topf warf. Insbesondere, wenn es um das Thema Ernährung ging.

>Kein Schwein will darüber etwas Genaues wissen. Man müsste ja auch auf zu vieles verzichten. Diese Einstellung wird unser Gesundheitssystem noch einmal zum Kollabieren bringen<, sagte er.

Die kleine Tempeltänzerin kannte diese Tiraden bereits. Sie war nicht gewillt, sich in diesen Sog hineinziehen zu lassen.

>Du bist es doch, der ständig Hippokrates zitiert.<

Der griechische Arzt hatte schon in der Antike gewusst, dass man die Menschen nicht dazu zwingen kann, etwas für ihre Gesundheit zu tun.

>Nimm es einfach hin<, fuhr Verena fort, >sie können erst etwas in ihrem Leben verändern, wenn sie dazu bereit sind.<

Sie gab sich alle Mühe, geduldig zuzuhören, aber ein bisschen langweilte sie sich dabei, denn vieles wiederholte sich. Im Grunde hätte sie wissen können, dass dies zeigte, wie sehr Robert betroffen war. Seine Patienten ließen ihn nicht kalt.

>Das ist wohl wahr. An manchen Tagen rede ich auf die Leute ein und es scheint, als würde ich vor einer Wand sitzen, während die Gesetze der Ballistik sich zunehmend gegen mich verschwören. Alles, was ich mit einem guten Gefühl verbal dagegenschieße, prallt wie umgepolt auf mich zurück.<

Nun war es so, dass Roberts wendiger Geist schnell erkannt hatte, dass sich diese Aufklärung nicht ohne Auswirkungen auf sein Seelenheil und seine körperliche Gesundheit bis ans Ende seiner Laufbahn fortsetzen lassen würde. Es gab nur seltene Ausnahmen, Patienten, die verstanden, dass der Schmerz sie solange nicht in Ruhe lassen würde, bis sie sich daran erinnerten, warum er überhaupt in ihr Leben getreten war. Auf sie konzentrierte er sich, die anderen ließ er in Ruhe. Alles hat seine Zeit.

Intermezzo

Verfasst im Jahre 1987, drei Tage nachdem die kleine
Tempeltänzerin aus reiner Liebe mit Robert Zeitlos
Tacheles geredet hatte

Lange blieb ich stumm, ungeachtet der vielen Worte, die seit jeher in mir toben und als schwerfällige Diener ungehört an selbst errichteten Wänden abprallen. Von dort kehren sie in ein unbekanntes Niemandsland zurück, stets geduldig darauf wartend, ein Ohr erreichen oder ein Auge von seiner Blindheit erlösen zu können.

Worte sind plumpe Gesellen, sie gleichen Kleidern aus grob gewebtem Tuch, die sich achtlos um Gedanken und Gefühle hüllen und sie ihrer zerbrechlichen Gegenwärtigkeit berauben, indem sie Zartheit in strenge Formen zwingen. Dennoch ist es an der Zeit, sich in Gestalt dieser kraftlosen Diener dem anzunähern, was kein Mensch auf Erden kennt, geschweige denn begreifen kann, weil jedes noch so trefflich gewählte Wort in seinem unbezwingbaren Willen zur Formgebung die wahre Sprache augenblicklich verzerrt und jeglicher Klarheit und Größe beraubt.

Und doch offenbart sich in jedem Wort die Suche nach jener verloren gegangenen Sprache, die keiner Worte bedarf und die mit grenzüberschreitender Leichtigkeit ganze Geschichten in der Dauer eines einzigen Augenaufschlags erzählt, Geschichten, die nur ein Mensch verstehen kann, dessen Seele Flügel hat.

(R.Z.)

11

Robert Zeitlos entwickelt ein gestörtes Verhältnis zur Deutschen Bundesbahn und die spukhafte Fernwirkung Einsteins kommt in neuem Gewand daher

>Die Zeit gleicht dem Sand in einem Stundenglas.<

Immer wenn Robert Zeitlos auf eine Bahnhofsuhr blickte, kehrte augenblicklich dieser Satz in sein Gedächtnis zurück, auch wenn Jahrzehnte vergangen waren, seitdem Frieda ihn im Munde geführt hatte. Er hatte ihn nie vergessen und obgleich die Worte nicht dazu geführt hatten, dass er Sanduhren sammelte, um sie in einem Vitrinenschränkchen im Flur auszustellen, beschäftigte ihn das Bild häufiger, als ihm lieb war.

Dies ging so weit, dass er zum Schluss nur noch ungern die Bahn benutzte, da er sich angesichts seiner in dieser Sache eingeschränkten Erkenntnisfähigkeit einer gewissen Hilflosigkeit ausgeliefert fühlte. Daran änderte auch der Umstand nichts, dass er sich kurz nach deren Markteinführung eine Rückwärtsuhr im Internet bestellt hatte. Die hing nun an einer Küchenwand und war – gegen den Uhrzeigersinn laufend – mit einer Elf bestückt, wo eigentlich die Eins hätte stehen müssen. Die einzigen beiden Zahlen, die ihren Platz behaupteten, waren die Zwölf und die Sechs.

Nach ungefähr drei Monaten stellte Robert zu seinem Erstaunen fest, dass er seit dem Erwerb erst dreimal zu spät zu einem Termin erschienen war. Das war für ihn ein beachtenswert niedriger Schnitt, da er als notorischer Spätzünder zu regelmäßigen Verspätungen verurteilt war. Er wusste nicht zu sagen, woher diese günstige Veränderung rührte, doch hatte dieses Mehr an Pünktlichkeit sein Verhältnis zu Sanduhren, denen es völlig egal zu sein schien, ob die Eins nun links oder rechts stand, bedauerlicherweise nicht geklärt.

Im Hinblick auf die Sanduhren verhielt es sich nämlich so, dass er seit seiner Kindheit zu oft über Friedas Satz nachgedacht hatte. Irgendwie entglitt ihm die ganze Sache immer mehr. >Das könnte daran liegen, dass man diese Dinge allein mit dem Herzen erfühlen kann<, dachte er.

Als Frieda das erste Mal die Sanduhr erwähnt hatte, blickte Robert ratlos in das nahezu makellose Gesicht seiner Großtante, das bis auf die tiefen Lachfältchen von pfirsichweicher Haut überzogen war. Jetzt stand er auf einem zugigen Bahnsteig, schaute auf die vermaledeite Uhr und wurde sich bewusst, dass der Pfirsich mittlerweile in die Jahre gekommen war, obwohl sich die ersten Anzeichen des Verwelkens in erfreulichen Grenzen hielten. Bei Frieda war nun einmal alles ein wenig anders als bei anderen Menschen.

Der sich dennoch aufdrängende Anflug von Vergänglichkeit trug nicht dazu bei, dass seine Stimmung sich besserte. Bezüglich der rätselhaften Sanduhrstory musste er wohl warten, bis Frieda von sich aus darüber sprechen würde. Das tat sie völlig unerwartet, als sie ihm anlässlich seines vierzigsten Geburtstages einen längeren Brief schickte.

Robert hinterfragte kurz, ob das Ereignis der Vollendung seines vierten Jahrzehnts in Frieda den Gedanken an den unumkehrbaren Fluss der Zeit erweckt haben könnte. Dann entschied er sich dafür, dass dies letztlich vollkommen egal war. Was zählte, war die Tatsache, dass er endlich erfahren sollte, was sie mit diesem Vergleich wirklich gemeint hatte.

In ihrer ihm über die Berliner Jahre zutiefst vertraut gewordenen Schrift, deren Buchstaben einen Hauch von Sütterlin verströmten, schrieb sie ihm:

>Es gibt ein gelungenes Bild für das, was im Zuge des neuen Jahrtausends womöglich mit der Zeit geschehen wird. Stell dir ein Stundenglas vor deinem inneren Auge vor.<

Das war bestechend einfach. Der zweiseitige Brief wog schwer in Roberts Hand. Sie hatte wie immer ihr bestes Papier gewählt. Es war trotz seiner aufgerauten Struktur ganz weich und schmiegte sich förmlich an seine Finger. Bei jedem neuen Brief aus der hessischen Heimat, die er aufgrund der fragwürdigen Gemütslage seiner Eltern mit wehenden Fahnen verlassen hatte und allein im Hinblick auf Frieda schmerzlich vermisste, wurde ihm warm ums Herz. Jedes Mal fühlte es sich so an, als lägen die Gedanken der geliebten Großtante ausgebreitet in seinen Händen.

>Jahrtausendelang war der obere Teil so gut gefüllt, dass man ihm kaum ansah, wenn unten etwas herausrieselte. Man musste schon lange hinschauen, um zu erkennen, dass sich der Spiegel langsam senkte.<

Ohne weiterlesen zu müssen, ahnte Robert, dass das Passieren des Nadelöhrs in Gestalt des letzten Sandkorns ein Symbol für den Nullpunkt darstellen könnte. Er meinte damit nicht den thermischen Nullpunkt als solchen, sondern eher dessen Tendenz zur Zeitlosigkeit, obwohl diese von regen Physikern gerne in Frage gestellt wird.

Es war schon seltsam. Erst drei Tage zuvor hatte er mit Carsten Dellmayer auf der verwitterten Bank unter dem winzigen Küchenfenster seiner Datsche über das Thema gesprochen. In Carstens Leben hatte sich einiges geändert.

Nachdem Robert und Carsten das Studium gemeinsam beendet und als Ärzte im Praktikum die ernüchternde Ambulanz der Charité geschultert hatten, war der Freund dem Klinikalltag zunächst treu geblieben. Roberts Freigeist hingegen hätte es als Frevel betrachtet, sich von überforderten Oberärzten herumkommandieren zu lassen. Poguntke kam da wie gerufen und nach fast zwei Jahrzehnten war Robert noch immer am selben Ort mit den von seinem Vorgänger geerbten Mitarbeiterinnen tätig. Die hatte er nämlich aufgrund ihrer überzeugenden Fähigkeiten im Hinblick auf Organisation, Freundlichkeit, Zuverlässigkeit und Sauberkeit zu schätzen gelernt.

Wenn Sie jemals eine Haushaltshilfe beschäftigt haben, dann können Sie dies sicherlich gut verstehen. Sollte dies nicht der Fall sein und Sie empfinden Roberts Gedanken als spießig, dann bedenken Sie bitte, dass Sie aufgrund mangelnder Erfahrung an dieser Stelle womöglich nicht wirklich mitreden können.

Nach zehn langen Jahren Charité schmiss Carsten Dellmayer völlig unerwartet von einem Tag auf den anderen alle Mühsal hin. Er kaufte sich von seinen Ersparnissen eine alte Datsche am Müggelsee mit einer Bank unter dem bereits erwähnten Küchenfenster. Kaum hatte er die neue Behausung zum Dauerwohnsitz erkoren, begann er eine Ausbildung zum Konditor und Patissier. Diese absolvierte er allen Unkenrufen zum Trotz mit Bravour.

Robert war fest davon überzeugt, dass Carsten als Kenner und Anwender der hermetischen Wissenschaften seinen Berufsgenossen gegenüber einen entscheidenden Vorteil besaß. Seine Kenntnis der auf Erden geltenden universellen Gesetzmäßigkeiten führte dazu, dass er unter Berücksichtigung sämtlicher Unabwägbarkeiten in Bezug auf die Stofflichkeit der von ihm verwendeten Ingredienzien von Anfang auf Qualität statt Quantität setzte. Tag für Tag ließ er sein ungewöhnlich feuriges Herzblut in buttrige Trüffelfüllungen einfließen.

Die konsequente Eigenerforschung seines Gemüts hatte zudem zweifelsfrei ergeben, dass es sich bei ihm um den Typus des Sanguinikers handelte. Dieser Umstand bewirkte, dass seine Pralinen himmlisch zart auf dem Gaumen lagen und sich sozusagen in Luft aufzulösen pflegten, bevor sie überhaupt die Mundhöhle verlassen konnten.

Einen Tag nach dem Einrahmen seines ihn als befähigten Süßspeisenkoch ausweisenden Gesellenbriefs wusste die Kundschaft beim Betreten des in selbstsicherer Voraussicht vorab eingerichteten Ladengeschäftes diesen Umstand derart zu schätzen, dass über die Grenzen Köpenicks hinaus sogleich Bestellungen aus den ersten Häusern Berlins bei ihm eingingen.

Schon nach einem Monat wusste der ehemalige Arzt die ständig zunehmenden Aufträge nicht mehr alleine zu bewerkstelligen. Wie es stets der Fall ist, wenn gewisse Unternehmungen gleich welcher Gestalt zur rechten Zeit und am rechten Ort das Licht der Welt verschwenderisch in sich tragen, fand er umgehend zwei fähige Gehilfen, von denen er aufgrund ihrer Referenzen und ihrem passionierten Auftreten annehmen durfte, dass sie ihm in der Liebe zum Detail in nichts nachstanden.

Robert verspürte nach dem Genuss der ersten Trüffeln sogleich den Drang, Carsten in den Stand eines Hoflieferanten zu erheben, und handelte sich damit ein zufriedenes Grinsen des Freundes ein.

Dieser schätzte sich mehr als glücklich, dass die nach reiflicher Überlegung von ihm zur Erhaltung seines Lebensunterhaltes gewählte Beschränkung auf feinste Patisserien ihm nach getaner Arbeit ermöglichte, auf seinem winzigen Seegrundstück ohne Schichtdienst und Piepser im Nacken dem Sonnenuntergang beizuwohnen.

Manchmal beneidete Robert ihn darum, doch wusste er, dass Neid eine üble Emotion war, die ihren Wirt von innen vergiftete und sich geschickt an dessen Säften labend immer weiter aufblähte. Er war keinesfalls gewillt, einem derart tückischen Fallstrick der menschlichen Natur diesen Triumph zu gönnen. >Was könnte bloß die gegenteilige Emotion sein?<, überlegte er. Als Erstes kam ihm das Wort >Gunst< in den Sinn, doch irgendetwas fehlte, und so dachte er immer häufiger darüber nach. Fünf Wochen später gelangte er schließlich zu der Überzeugung, dass das Gegenteil von Neid einzig und allein in Zufriedenheit bestehen konnte.

Der Patissier hatte ausnahmsweise länger arbeiten müssen und brauchte erst einmal eine halbe Stunde Ruhe, eine üppige Brotzeit und den obligatorischen Blick über den See, um Kopf und Magen zu beruhigen.

>Keine Ahnung, wie ich das früher durchgehalten habe. Ständig Überstunden, andauernd Nachtschichten, ein Glück, dass der Spuk vorbei ist. Über dieses Thema hätte ich dir rein gar nichts sagen können, weil mir schlichtweg die Zeit gefehlt hätte, mich auch nur ansatzweise mit so etwas Abgehobenen zu beschäftigen.<

Robert lächelte. Er erinnerte sich nur zu gut daran, wie häufig er einen Anruf aus der Charité erhalten hatte, dass wegen eines frisch auf dem OP gelandeten Notfalls aus ihrem wöchentlichen Treffen nichts werden konnte. Er steckte sich ein Radieschen in den Mund und spuckte es erschrocken zurück auf den Teller. Mit dieser Schärfe hatte er nicht gerechnet. Carsten lachte und wischte sich mit einer knallroten Papierserviette über den Mund.

>Ist kein einfaches Thema für zwei Laien wie uns. Wenn man bedenkt, dass Physiker davon ausgehen, dass selbst der schwärzeste Nachthimmel in alle Richtungen von der kosmischen Hintergrundstrahlung erfüllt ist, die knapp drei Grad K über dem absoluten Nullpunkt liegt, kann die völlige Auflösung der Zeit im Grunde genommen nicht möglich sein.<

Robert nickte erfreut, weil er nicht vermutet hatte, dass der Freund sich so gut auskannte.

>Genau, zumindest nicht auf der mit Instrumenten messbaren

materiellen Ebene. Aber nicht nur das. Selbst beim absoluten Nullpunkt muss es theoretisch noch eine gewisse Restteilchenbewegung
geben, weil es ein gravierender Verstoß gegen die Heisenberg'sche
Unschärferelation wäre, wenn man die Position von Teilchen aufgrund ihrer Unbeweglichkeit plötzlich bestimmen könnte.<

>Klar, die sogenannte Nullpunktschwingung.<

Beide waren sich einig, dass diese Theorien einer gewissen Ver-
worrenheit nicht entbehrten. Es war eben nicht so einfach, einen roten Faden zu entdecken, wenn man Medizin studiert hatte. Ein Arzt
konnte noch so viele Bücher zur Quantentheorie lesen: Ein Rest Un-
durchsichtigkeit blieb immer. >Die Brille, die da Abhilfe schaffen
kann, müsste sehr dicke Gläser haben<, dachte Robert und kratzte
sich wie gewohnt am Kopf. Dennoch lag ihm daran, die Sache auf
den Punkt zu bringen.

>Beiden scheint jedenfalls gemeinsam zu sein, dass es so etwas
wie die absolute Zeitlosigkeit nicht geben kann.<

>Kennst du Einsteins spukhafte Fernwirkung?<, fragte Carsten.
Robert hatte schon davon gehört.

>Die hat der gute Mann irgendwann in die Tonne gekloppt. Aber
vor ein paar Jahren ist es einem Physikerteam aus Genf gelungen,
das sich dahinter verbergende Verschränkungsprinzip messbar zu
machen. Du, wir reden hier von Geschwindigkeiten, die mindestens
hunderttausend Mal größer sein müssen als die Lichtgeschwindig-
keit<, sagte Carsten.

Er biss von seiner Stulle ab und trank einen Schluck Apfelschorle,
denn das Brot war bereits drei Tage alt und schon etwas trocken.

>Das würde ja bedeuten, dass die Ausbreitungsgeschwindigkeit
der miteinander verschränkten Teilchen und damit der Information
sozusagen simultan geschieht<, mutmaße Robert.

>Logo. Das bedeutet das absolute Aus für unser bisheriges

Raum-Zeit-Gefüge. Keine leichte Kost für die Naturwissenschaftler, sag ich dir.<

Die von den plätschernden Wellen des Müggelsees begleitete Unterredung erhärtete Roberts Vermutung, dass das gewandelte Zeitempfinden womöglich in einer den menschlichen Sinnen nicht zugänglichen Zeitbeschleunigung begründet liegen könnte, die sich aufgrund ihrer rasanten Geschwindigkeit wie der schleichende Verlust dieser Instanz anfühlte. Plötzlich wirkte er vollkommen in sich gekehrt. Carsten stieß mit dem Ellenbogen in seine linke Flanke. Robert erschrak merklich, doch senkte er sogleich wieder seinen Kopf.

>Was ist los?<, fragte Carsten.

>Irgendwie hat man den Eindruck, dass das alles in eine Sackgasse führt.<

>Womöglich gibt es ja so etwas wie eine physikalische und so etwas wie eine seelische Zeit. Das Herz ist womöglich gar nicht an die lineare Raum-Zeit gebunden. Es ist der Ort der Wirklichkeit im Menschen und produziert anders als der Verstand keine Einfaltungen der Illusion, die wir dann als Raum und Zeit erfahren.<

Nun, um zu verstehen, was Carsten damit sagen wollte, muss man wissen, dass das Herz von jeher und kulturübergreifend als der Wohnort der Seele auf Erden gilt. Doch das ist längst noch nicht alles, denn was nun kommt, klingt recht abenteuerlich. Es heißt, dass unser Lebenshauch durchschnittlich 21 Gramm wiege, und es dürfte ziemlich viele Menschen irritieren, dass dies kaum mehr als das Gewicht eines Riegels Schokolade bedeutet. Weniger bodenständige Zeitgenossen sind wahrscheinlich erstaunt darüber, dass so etwas Ätherisches wie die Seele überhaupt gemessen werden kann. Jedenfalls haben genau diese *21 Gramm* einem vielfach ausgezeichneten Film zum Namen verholfen, und der menschliche Körper soll sich nach Eintreten des Todes um dieses Gewicht verringern. >Das ist nun wirklich kaum zu glauben<, dachte Robert und überprüfte die Sache. Dabei stieß er auf unterschiedliche Grammzahlen und selbst von einer Unze war die Rede.

>Kein Wunder, dass darüber keine Einigkeit herrscht!<, dachte er. >Wenn jemand eine gehörige Portion Dreck am Stecken hat, dann muss seine Seele doch viel mehr wiegen als die eines unschuldigen kleinen Kindes, sollte man meinen.<

Aber diesen Gedanken behielt er tunlichst für sich.

>Ich weiß nur, dass sich das Gegenwärtigsein im Jetzt, wenn nichts als der jeweilige Moment erfahren wird, wie die Zeitlosigkeit anfühlt<, sagte Robert stattdessen, denn er hatte mittlerweile die Nase voll von all diesen Überlegungen.

>Vielleicht reicht das als Erkenntnis bereits vollkommen aus. Damit kann es theoretisch gelingen, Minuten in Stunden und Tage in Jahre auszudehnen, einfach indem wir diese der Zeit stehlen<, sagte Carsten.

Er lächelte vergnügt und stupste Robert erneut, doch diesmal sanfter an. Dessen Blick wirkte immer noch so verloren, als habe er sich in einem Niemandsland der Unabwägbarkeiten verirrt.

>Los, lass uns in die Fluten stürzen<, schlug Carsten vor und erhob sich von seinem Platz. Die Bank erzitterte leicht, aber anhaltend, denn sie stand auf unebenem Grund. Der Patissier hatte sich bisher nicht dazu durchringen können, zur Versiegelung der Erdoberfläche in Form eines Betonbettes beizutragen, auch wenn er nichts lieber getan hätte, als diesen unerquicklichen Zustand endlich zu beheben.

Robert zögerte. Er hatte ausnahmsweise seine Badehose vergessen und auf eine nasse Unterhose konnte er gerne verzichten. Es würde stundenlang dauern, bis der Slip wieder getrocknet wäre.

>Dann zieh dich doch ganz aus. Hier sieht dich keiner. Übrigens bin ich davon überzeugt, dass es einen Bogen der Zeit geben muss und sowohl dieser Bogen als auch die Geschwindigkeit der Zeit ausschließlich einen Teil der uns umgebenden illusionären Wirklichkeit darstellen. Und jetzt Schluss damit.<

Er zeigte auf die buschige Hecke aus verschiedenen Ziergehölzen, die das kleine Grundstück vor neugierigen Augen schützte und im Frühling den unterschiedlichsten Singvögeln als Brutort diente. Jetzt zirpten Zikaden darin und verbreiteten den vibrierenden Klang eines heißen Sommers. Der Umstand, dass Robert am Reißverschluss seiner Jeans nestelte, während er darüber nachdachte, dass es tatsächlich unlogisch anmutete, dass lediglich der Raum gebeugt sein sollte und die Zeit nicht, ließ Carsten vermuten, dass die Hecke blickdicht genug sein musste.

Das frühsommerliche Wasser erforderte nur im ersten Moment eine gewisse Tapferkeit. Wenn man erst einmal mit allen Gliedmaßen untergetaucht war, fühlte es sich wunderbar an.

>Wer als erster Ferdinands Steg berührt, hat gewonnen<, schlug Carsten vor und spuckte ein wenig Müggelsee aus den Mundwinkeln dorthin zurück, wo er hingehörte. Robert kannte Carstens Hang zu derartigen Spielchen bereits. Meistens gewann der Freund und das war nur zu gerecht. Womöglich hätte Friedas Großneffe sonst noch Minderwertigkeitsgefühle bekommen: Der Patissier schlug ihn nach wie vor bei jeder Schachpartie.

Diesmal kam ihm allerdings ein Krampf im linken Fuß auf dem Weg zum Sieg dazwischen. Auf halber Strecke musste er kapitulieren. Minutenlang bewegte seine Hand unter Wasser die verkrampften Zehen hin und her, bis seine schmerzverzerrten Gesichtszüge einem erleichterten Lächeln weichen konnten. Eine halbe Ewigkeit schien vergangen zu sein, denn wenn man sich unwohl fühlt, zeigt sich die Zeit von ihrer unbarmherzigsten Seite: Sie vergeht dann viel langsamer, obwohl man es gerne genau andersherum hätte. Als Robert schließlich aufblickte, saß der ehemalige Arzt grienend auf Ferdinands morschen Planken.

Der Nachbar war nicht nur Carsten über die Jahre ans Herz gewachsen. Robert hatte ebenfalls einen Narren an ihm gefressen, denn Ferdinand Pfundig konnte Personen imitieren, wie man es ansonsten nur aus dem Fernsehen kennt. Nur wenn es sich um eine ehemalige DDR-Größe handelte, vermochten die beiden *Wessis* nicht viel damit anzufangen. Aber das hatte Ferdinand schnell herausgefunden und über die Jahre sämtliche Mundarten der vereinigten Republik in sein Repertoire aufgenommen.

Ja, an all das erinnerte sich das Geburtstagskind Robert, während er immer noch Friedas Brief in der Hand hielt. Er trat näher ans Fenster, um in der ungewöhnlich rasch hereinbrechenden Dunkelheit, die im Schlepptau eines hereinbrechenden Gewitters die Stadt heimsuchte, noch etwas Licht zu erhaschen.

>Je mehr sich das obere Glas der Sanduhr nach unten verjüngt, umso schneller scheinen die feinen Körner zu rieseln. Lieber Robert, die Zeit muss möglicherweise erst verloren gehen, damit man ihre wahre Bedeutung verstehen kann. Auch wenn dies nur ein gefühlter Verlust sein wird, etwa so, als ob der Zeit der Atem langsam ausginge.<

Unglaublich. Frieda Rennstein war tatsächlich zu ähnlichen Schlussfolgerungen gelangt. Robert vermutete, dass der dem Augenblick der Durchrieselung des engen Nadelöhrs folgende symbolische Zustand einer womöglich jeglicher Vergangenheit und Zukunft entbehrenden Leere und Weite sich für unvorbereitete Menschen ziemlich schauerlich anfühlen dürfte. Die Erinnerung würde augenblicklich eine gänzlich andere Qualität haben. Im Nadelöhr selbst würde es dunkel sein.

Als Laie sah es für ihn ganz danach aus, dass der Beschleunigungsfaktor im Hinblick auf das Zeitempfinden noch lange nicht am Anschlag war. Ab einem bestimmten Punkt würde man sich womöglich nicht mehr wie gewohnt an die Vergangenheit anlehnen können, weil deren Tage immer häufiger an zu heiß gewaschene Wäschestücke erinnerten, die unwiederbringlich eingelaufen waren.

So zumindest fühlte es sich für Robert an und vielleicht freuen Sie sich ja, dass Friedas Großneffe für Sie darüber nachdenkt, warum die Zeit zu schrumpfen scheint. Im Hinblick auf die Zukunft war er freilich nicht wirklich festgelegt, obwohl er zu dem Glauben neigte, dass sie nirgendwo festgeschrieben stand und nur durch den Menschen selbst entworfen werden konnte.

Es dürfte Sie in dem Zusammenhang vielleicht interessieren, dass Robert anlässlich dieser Unabwägbarkeiten das Banner des Pragmatismus vor sich hertrug, so wie andere Menschen ihr Phlegma oder ihre Melancholie als Reaktion gewählt hätten. Für ihn gab es nur eine Option. Er hatte definitiv keine Lust, im Treibsand der Zeit unterzugehen, wenn es doch ganz einfach war, diesen Sog zu umschiffen. Der Arzt in ihm entschloss sich, diese offene Wunde nur notdürftig zu versorgen und stattdessen Platz für die Verheißungen eines Lebens im Jetzt zu schaffen. Dieses benötigte nicht länger einen Raum, sondern lediglich ein Hier.

Aber eine weitere Frage blieb offen. Er hatte Verena nichts von dieser kosmischen Sanduhr-Geschichte und dem Brief erzählt und überlegte kurz, ob sie die Antwort wüsste. Dennoch entschied er sich dazu, die einfältig klingende Frage von Frieda persönlich beantworten zu lassen, und so schrieb er ihr noch am selben Abend zurück. Es kostete ihn Überwindung, die Buchstaben zu Papier zu bringen, aber schließlich hoben sich die Worte schwarz auf weiß ab.

>Wird die Sanduhr dann einfach umgedreht? Und welche Implikationen könnte dies haben? Der Beginn einer neuen Zeitqualität oder gar eines neuen Zeitalters?<

Es dauerte mehrere Tage, bis eine Antwort eintraf.

>Es heißt, dass die Zeit unumkehrbar sei. Der Rest liegt in Gottes Hand, mein Junge. Womöglich atmet er jetzt wieder ein.<

Robert erinnerte sich daran, gelesen zu haben, dass Gott, wie jedes andere Lebewesen auch, in regelmäßigen Abständen ein- und ausatmete, nur dass nicht etwa Sekunden dazwischen lagen, sondern ganze Zeitalter. In seinem Kopf hatte er das Ganze unter den Begriffen Involution und Evolution abgespeichert. Es schien freilich auf den Blickwinkel anzukommen, welches der beiden Worte im Hinblick auf das Ein- und Ausatmen denn nun tatsächlich angemessen war. Unser Himmelsstürmer zog es vor, sich in dieser Sache nicht unnötig festzulegen. In einem Punkt war er sich jedoch sicher: Die Evolution war ohne die schöpferische Kraft des menschlichen Bewusstseins undenkbar.

Frieda hatte Robert noch vor seiner Konfirmation eröffnet, dass die Menschen nicht alles wüssten und selbst wenn, dieses Wissen voraussichtlich selten zum Wohl des Ganzen nutzen würden. Damit wollte sie ihrem Großneffen zu verstehen geben, dass Wissen tatsächlich Macht bedeutet und diese Macht sehr oft missbraucht wird. Denn selbst die Menschen, die mit einer reinen Weste ein hohes Amt antreten, also es wirklich gut mit ihren Leutchen meinen, können innerhalb kürzester Zeit korrumpiert werden. Dann wissen auch sie plötzlich mit ihrem Wissen nichts weiter anzufangen, als den süßen

Verlockungen der Macht zu verfallen. Davon lesen wir tagtäglich in unseren Zeitungen.

Der Wille zur Macht und die Liebe schließen sich übrigens gegenseitig aus, denn wo der Wille zur Macht vorhanden ist, existiert stets ein Mangel an Liebe. Wen das zu simpel anmutet, der möge doch bitte einmal beobachten, wie aus einem frischen Gesicht in der Politik im Laufe der Jahre jeglicher Idealismus zugunsten blutleerer Verheißungen herausgepumpt wird. Das muss offenkundig so sein, um Platz für jene Befestigungen zu schaffen, die als Halterung für unsichtbare Marionettenfäden eine bessere Handhabung durch die wirklich Mächtigen dieser Welt erlauben.

Roberts Konfirmation hatte Frieda kritisch gegenübergestanden, dieses Ereignis jedoch dafür genutzt, ihrem Großneffen etwas anzuvertrauen, wozu sie ihn von diesem Tag an offensichtlich für reif genug ansah. Sie hatte immer auf einen günstigen Zeitpunkt gewartet, um ihm die wahre Bedeutung seines Zunamens zu offenbaren.

>Hör zu, Robert, es gibt Namen, die einem als Wegweiser sozusagen in die Wiege gelegt werden. Deiner gehört in diese Kategorie. Nimm ihn als Fingerzeig, wohin dein Lebensweg dich führen will.<

Was mag Frieda damit gemeint haben?

Nun, als intelligente Frau hatte sie schon früh in ihrem Leben erkannt, dass es Momente gibt, in denen selbst ein mechanisch funktionierender Automat wie der Mensch – auch wenn er sich dies, wie wir bereits erfahren durften, natürlich niemals eingestehen würde –, dessen Lebensspanne so etwas wie ein Sinnbild für den Fluss der Zeit darstellt, für einen klitzekleinen Augenblick die Gegenwärtigkeit allen Seins erfühlt. Sodann erhebt sich dieser Mensch einen wirklich klitzekleinen Augenblick lang über die Herrschaft der Zeit und vergisst dabei für einen Moment, dass er schon mehr Jahre auf seinen

Schultern trägt, als Platz darauf finden.

>Das muss Freiheit sein<, könnte man denken, nicht wahr? Ja, so kann man das sehen, aber noch besser wäre es, wenn sich dieser wirklich klitzekleine Moment einmal ein wenig ausdehnen würde. Dann könnten Sie womöglich zum ersten Mal seit Ihrer Ankunft auf der Erde jenen Klang fühlen, – ja, fühlen –, von dem Robert felsenfest überzeugt ist, dass es ihn geben muss und dass derjenige, der ihn einmal gekostet hat, Gefahr laufe, seinen Beruf aufzugeben, um den Rest der Zeit damit zu verbringen, dieses Erlebnis zu wiederholen.

Doch dies ist sehr schwierig, denn sogleich holt diesen Menschen die Tatsache, dass er nichts weiter als ein Automat ist, aus dem Wolkenkuckucksheim zurück auf den harten Boden der Tatsachen. Das hat folgenden Grund: Solange wir uns nicht dazu durchringen können, mehr als ein solcher Automat sein zu wollen, werden wir immer einer bleiben. Was das wiederum alles bedeutet, darüber reden wir fürs Erste lieber nicht.

Jedenfalls können Sie sich eine Sache getrost zu Herzen nehmen, falls Sie das möchten. Wenn Sie, lieber Leser, der wirklich ungeheuerlichen Unterstellung, Sie seien ein Automat, der im Grunde immer nur reagiert, soeben mit einem zornigen Stirnrunzeln begegnet sind, dann stellen Sie sich doch bitte einfach einmal vor, Sie wären der liebe Gott höchstpersönlich. Dann hätten Sie unzählige Menschenkinder nach Ihrem Ebenbilde erschaffen, in der Annahme, dass diese sich auch ebenbürtig verhalten würden. Die alles umfassende schöpferische Intelligenz ist nämlich im Grunde ihres Herzens ein hoffnungsloser Optimist, was sich als recht passables Oxymoron erweist.

Sie würden sogleich feststellen, dass unzählige Ihrer Kinder sich immer weiter in ihre Tiernatur verwandeln, anstatt Ihnen nachzueifern und ihre höhere menschliche Natur zu verwirklichen. Würden Ihnen da nicht auch vor lauter Hoffnungslosigkeit die Tränen in die Augen steigen?

Wenn Sie freilich zu den glücklichen Menschen zählen, die eine reine Weste im Hinblick auf die ehrliche Einschätzung ihrer wahren Natur haben, dann sind Sie womöglich bereits einen Schritt weiter und sollten keinesfalls den weit verbreiteten Fehler begehen, dafür gleich zwei Schritte wieder zurückzugehen.

Nun mag der eine oder andere freilich zu der Überzeugung gelangen, dass so ein Dasein als mehr oder weniger gut geölter Automat durchaus seine Vorteile hat. Es kommt halt immer auf die Perspektive an. Wenn ein Mensch es vorzieht, ein mechanisch funktionierendes Instrument zu bleiben, das sofort auf jeden Impuls und Anreiz von außen anspringt, dann ist das seine Sache und dann muss er eben da durch. Sie wissen nicht wo durch? Nun, durch das, was man gewöhnlich als ein Menschenleben bezeichnet, auch wenn es ein Automatenleben ist.

12

Der Leser erfährt, dass große Komplikationen einer geschmierten
Unruh bedürfen, während der Hunger in der Dritten Welt
niemals ein Handgelenk zieren sollte

Der Hinweis Friedas, dass Roberts Zuname so etwas wie ein Fingerzeig sein könnte, grub sich wie ein Samen augenblicklich und tief in die Seelenlandschaft des anlässlich seiner Konfirmation zum ersten Mal leicht angeheiterten jungen Burschen ein und führte dazu, dass er zeitlebens auf den Spuren der Zeit wandeln sollte. Er las jedes Buch, von dem er sich erhoffte, es könnte nützliche Informationen über das Wesen von Chronos und Tempus enthalten.

Doch je länger er suchte, umso klarer wurde ihm, dass er mit einer Chimäre kämpfte, jenem Mischwesen aus der Antike, das so seltsam aussieht, dass sich bei manchem Menschen die Frage aufdrängt, wie es wäre, wenn man selbst so herumlaufen müsste.

Die Zeit war offenkundig ebenfalls solch ein Mischwesen, da sie sowohl als subjektiv empfundene Vorstellungswelt in Erscheinung trat als auch zur Kategorisierung und Messung diente, ohne dass man mit Sicherheit sagen konnte, welche Form zum gegebenen Zeitpunkt gerade zum Tragen kam.

So war sie in Roberts Augen trotz ihrer Fähigkeit, Ereignissen und Tätigkeiten eine augenscheinliche Ordnung aufzuprägen, nichts anderes als eine Illusion. Womöglich war sie sogar einzig und allein dazu da, die neurologische Begrenztheit des menschlichen Gehirns zu kaschieren.

Er erinnerte sich an einen Moment kurz vor seinem achtzehnten Geburtstag. Er hatte mit Frieda vor dem kleinen Mansardenfenster an der Stirnseite des Raumes gestanden und beide bemühten sich darum, dem anderen keine blauen Flecke zuzufügen, weil der Platz für zwei Menschen nicht ausreichte.

>Früher gaben die Mondzyklen und die Bewegung der Erde den Menschen ein festes Zeitgefüge an die Hand...<, sagte Frieda, >... aber diese vermeintliche Konstante ist ja bereits mit Einstein auf den Prüfstand gekommen.<

Sie lehnte sich etwas weiter aus dem Mansardenfenster, um die letzten Strahlen der Sonne einfangen zu können. Robert machte bereitwillig einen Schritt zur Seite, da er davon ausging, dass sie ihm sogleich wieder den Zutritt gewähren würde. Sie war ungewohnt gesprächig, weil Gertruds Sohn aufgrund einer leichten Unpässlichkeit ein paar Tage lang nicht mehr zu ihr hinaufgestiegen war. Er wollte sie nämlich keiner Ansteckungsgefahr aussetzen, obwohl er eigentlich hätte wissen müssen, dass Friedas Immunsystem außerordentlich intakt war.

An diesem Abend strömte zum ersten Mal der Geruch des Frühlings durch das kleine Fenster auf der Kopfseite des Zimmers.

>Lou Andreas-Salomé hat einmal etwas geschrieben, was mich sehr beeindruckt hat.<

Frieda ließ sich sehr selten beeindrucken, woraus Robert schon früh geschlossen hatte, dass diese Lou ziemlich außergewöhnlich gewesen sein muss. Er wusste, dass ein berühmter deutscher Philosoph, der eine nicht unmaßgebliche Rolle im Leben der Schriftstellerin gespielt hat, gesagt haben soll, dass die Deutsch-Russin scharfsinnig wie ein Adler und mutig wie ein Löwe sei. Für Frieda Rennstein stellte sie die Verkörperung weiblichen Freigeistes dar, so wie die Großtante für Robert den Inbegriff eines ungezähmten Wesens verkörperte, das sich nur mit einer Machete bewaffnet seinen einsamen Platz in der Welt aus dem Dickicht des kollektiven Wahnsinns herausgeschlagen hatte. Natürlich behielt er dabei im Blick, dass Frieda ein übers andere Mal beinahe rückfällig geworden wäre, weil die Gewohnheit im Menschen nun einmal eine nicht zu unterschätzende Größe darstellt.

Sie kennen das sicherlich, liebe Leser, wenn es um alltägliche Dinge geht. Es kann durchaus vorkommen, dass man sich gerade erfolgreich das Rauchen abgewöhnt hat, und plötzlich erwischt man sich dabei, dass das Feuerzeug schnippt, Zigarettengeruch in der Luft liegt und man gar nicht so recht weiß, wie dies geschehen konnte.

>Genau kann ich es nicht mehr wiedergeben<, sagte Frieda jetzt, >aber sinngemäß hat sie gemeint, dass alle Schranken, die zu ihren Lebzeiten noch als unübersteigbar galten, sich irgendwann einmal als harmlose Kreidestriche herausstellen würden. Wie Recht sie damit hatte!<

Frieda lächelte und schloss das Fenster, da der Abendwind nun doch kühl wurde. Robert fühlte einen kurzen Stich, weil sie ihm entgegen ihrer sonstigen Gewohnheit einen letzten Blick auf die Dächer der Siedlung verwehrt hatte, zwischen denen die noch jungen Bäume es bisher in keinem Sommer geschafft hatten, überzeugend Schatten zu spenden. Doch plötzlich spürte er einen jugendlichen Eifer in sich wachsen.

>Wenn die Zeit relativ ist, dann muss sie etwas mit unserer Wahrnehmung zu tun haben.<

>Richtig, mein Junge, und deshalb kann sie nur subjektiv und damit von jedem anders empfunden werden. Bislang bleibt der Menschheit das wirkliche Verhältnis zwischen der Zeit, der Materie, dem Licht und der Schöpfung bedauerlicherweise noch verborgen.<

Diese Unterredung hinderte Robert Zeitlos nicht daran, in den Folgejahren einen an Besessenheit grenzenden Uhrentick zu entwickeln. Dieser ging soweit, dass Verena automatisch ihre Schritte verlangsamte, sobald aus der Ferne ein Uhrmachersignet die kostbaren Stücke feinster Glashütter oder Ostschweizer Horlogerkunst vermuten ließ.

Dem Diktat der Zeit die Stirn bietend, trug sie selbst niemals eine Uhr. Dennoch wusste sie sehr wohl zwischen einem Chronographen und einem in Genf zertifizierten Chronometer zu unterscheiden, kannte die Große Komplikation und hätte auf Nachfrage sogar zu sagen gewusst, dass es mittlerweile gelungen war, eine ungeschmierte Unruh zu entwickeln.

Roberts Leidenschaft für den als *Tourbillon* bezeichneten mechanischen Wirbelwind, der so gut wie alle durch Schwerkrafteinfluss entstehenden Gangungenauigkeiten auszugleichen im Stande war, sowie sein Faible für den ewigen Kalender, der dem Träger der dazugehörigen Uhr sowohl die Gezeiten als auch die Mondzyklen auf der Basis lupenbefestigter Schräubchen und Rädchen kundtat, zündete freilich ungeachtet seiner schillernden Ausführungen nicht die Spur eines Funkens in ihrer Seele. Zu guter Letzt sah sich Robert im Beisein Verenas gezwungen, diese Passion nur noch in seinem Innern auszuleben, um sich keinem als Mitgefühl getarnten Spott auszusetzen.

Hätte Robert ihr verraten, dass seine Lieblingsuhren unter Kennern Preise bis zu einer halben Millionen Euro erzielten, hätte Verena freilich vor Entrüstung aufgeschrien. Schließlich wäre es ein Leichtes gewesen, für diesen Betrag dieselbe Anzahl an Menschen in Drittweltländern wenigsten einen Tag lang von ihrem Hunger zu erlösen. Bereits den vergleichsweise kostengünstigen Erwerb eines korrosionsresistenten Pilotenchronometers aus Titan hatte sie als vollkommen unnötige Geldverschwendung angesehen. Wie hätte sie da jemals verstehen können, dass die durch eine hochwertige Unruh erzielte Symbiose einer mechanischen Uhr mit Roberts eigenem Organismus niemals in Form einer als Massenware konzipierten seelenlosen Quarzuhr zu erzielen war.

Robert vermutete wohl nicht ganz zu Unrecht, dass die deutlichste Parallele zwischen einem Uhrmacher und einem Schulmediziner darin bestand, dass beide eine unverbrüchliche Liebe zur Vervollkommnung und Reparatur lebender Instrumente teilten. So wie in einer mechanischen Uhr ein Rädchen ins andere griff, so bedurfte auch das Innenleben des menschlichen Körpers dieses Ineinanderspiels feinster Komponenten.

Nun können Sie, liebe Leser, Robert womöglich besser verstehen, als die Menschen in seiner Umgebung dies tun.

Verena Schmitthals war nicht die einzige, die wenig Verständnis für Roberts Uhrentick hatte. Auch Carsten Dellmayer fand den Spleen im Hinblick auf mondfahrttaugliche Speedmaster und absolut exakte Gangwerte völlig übertrieben. Frieda Rennstein ging noch weiter. Sie warnte ihn kurz vor dem von Euphorie getragenen Erwerb seiner dritten Uhr, dass ihn diese Leidenschaft womöglich daran hindern würde, sich irgendwann einmal aus den Fängen der geneuntelten Zeit zu befreien. Wer genauso neugierig wie Robert ist, wird dieses kleine Gedankenexperiment sicherlich nicht als Spielerei abtun. Friedas Großneffe jedenfalls wollte sofort wissen, was er sich darunter vorzustellen habe.

>Nun, wenn du den jetzigen Moment anschaust<, erklärte Frieda bereitwillig, >dann gibt es von diesem Punkt aus betrachtet eine Vergangenheit, eine Gegenwart und eine Zukunft. Das Gleiche gilt jedoch auch für jeden beliebigen Augenblick der Vergangenheit und der Zukunft. Immer ist die Gegenwart das Einzige, was wirklich zählt. Schwupps, schon hast du sie, die geneuntelte Zeit.<

Nun, das war aber beileibe nicht das Einzige, was sie dazu zu sagen wusste.

>Wenn du dich zu sehr auf die irdische Zeit konzentrierst, läufst du womöglich Gefahr, zu übersehen, dass deine Seele in einer völlig anderen Zeitfrequenz operiert.<

Der Einzige, der ihn im Hinblick auf seine Leidenschaft verstand, war der Designfetischist Günter Zeisig, der hochwertige materielle Dinge aufgrund ihrer Qualität und Maßarbeit wertschätzte. Robert selbst hielt alles Schöne insofern für erstrebenswert, als es ihn erfreute und damit in gewisser Hinsicht sein Leben bereicherte. Beim Zeisig jedoch erschien es fast so zu sein, als wäre er aus den verschiedensten Gründen von den exklusiven Objekten abhängig, aber das traute sich Robert nicht zu sagen, denn er wusste ganz genau, dass Günter niemals zugeben würde, dass er sich damit selbst in Ketten legte.

Dies bedarf freilich einer Erläuterung, denn womöglich vermuten einige Leser nun, dass derartige Worte allenfalls den Mündern antikapitalistisch gesinnter Spinner entweichen können, die ihr Leben *nicht auf die Reihe kriegen* und aus Neid auf die *Besserverdienenden* jeden unnötigen Luxus als lächerlich und dem Gemeinwohl abträglich brandmarken. Sie sehen, liebe Leser, wir bewegen uns hier auf dünnem Eis, denn irgendwie haben die antikapitalistischen Spinner ein wenig Recht und die Konsumhaie womöglich ein wenig Unrecht. Dass beides vielleicht stimmt, macht das Ganze erst spannend, und fast erinnert es an *Schrödingers Katze*, aber die kommt später an die Reihe.

Robert dachte also öfter darüber nach, was denn nun die richtige Einstellung im Hinblick auf letztlich unnötige Luxusgüter wäre.

Schließlich wollte er ja immer das große Ganze im Auge behalten und dazu zählten nun einmal so unbequeme Fragen wie: >Müssen durch die Herstellung dieser Waren die Erde und zur Arbeit gezwungene Kinder in fernen Ländern bluten oder liegt alles im grünen Bereich?< Schließlich wollte er weiterhin gut schlafen können, obwohl Verena immer öfter anmerkte, dass es mit dem Schnarchen so eine Sache für sich geworden sei.

In einem Punkt war Friedas Großneffe sich allerdings ganz sicher: Wer sich zu sehr mit den Gegenständen in seiner Umgebung identifizierte und ohne Sinn und Verstand, rein aus der Gier nach dem kurzen Kick, immer mehr von ihnen anhäufte, riskierte, den Blick für das, was sich hinter der Welt der Erscheinungen verbarg, gänzlich zu verlieren.

Nun, wenn wir ehrlich sind, müssen wir uns fragen, ob dies in unserem Leben nicht schon längst geschehen ist, wenn auch manch ein Mensch einwenden könnte, dass die Welt der Erscheinungen etwas sehr Reales ist. Fragen Sie doch einmal irgendeine Person auf der Straße, ob all das, was mit den eigenen fünf Sinnen zu erfassen ist, wirklich sei. Hören Sie die Antwort schon?

>Wie sollte man es sonst riechen, hören, fühlen, schmecken oder ansehen können!<

Aber so argumentiert eben nur fast jeder Mensch und es gibt bekanntlich immer Ausnahmen von der Regel. Und Robert war dabei, sich in eine dieser Ausnahmen zu verwandeln, auch wenn er diesen Spleen mit den Uhren hatte.

Frieda Rennstein stand Roberts Uhrentick übrigens noch aus ganz anderen Gründen kritisch gegenüber und im Grunde seines Herzens fühlte er, dass sie womöglich Recht damit haben könnte.

>Lerne dein Leben zu erfühlen, anstatt zu verstehen, und du wirst

nie wieder eine Uhr benötigen. Allein der Verstand benötigt Zeit, das Gefühl gehört der Ewigkeit.<

Schon bald nach seinem Umzug nach Berlin hatte sie ihm diese Worte geschrieben. In der ersten Zeit nach seinem Weggang gab sie den Postboten sehr viel zu tun. Frieda kannte Robert nämlich so gut, dass sie ganz sicher wusste, dass es schwer für ihn sein würde, die engen Straßen seines Heimatstädtchens ohne ein Gefühl der Verlorenheit gegen die lärmenden Boulevards der Großstadt zu tauschen. So waren die Zeilen der Großtante stets von dem tief empfundenen Wunsch getragen, ihrem Schützling auf seinen neuen Wegen Mut zu vermitteln und ihm den Blick für das Wesentliche zu öffnen.

>Nutze jede Gelegenheit, dein Denken zu weiten<, schrieb sie ihm. >Lerne über den Tellerrand deines bisherigen Lebens zu schauen und glaube mir, du wirst neue Horizonte entdecken, die du selbst in deinen kühnsten Träumen niemals vermutet hättest!<

Bisweilen fragte Frieda Rennstein sich ohne jegliches Gefühl der Selbstgefälligkeit, was aus ihrem Großneffen wohl geworden wäre, wenn sie es nicht gerade noch rechtzeitig verstanden hätte, dieses in seinem Leben zu früh entmutigte Kind aus jener abgrundtiefen Verzweiflung herauszureißen, die sich trefflich von der in Robert aufgepeitschten Angst vor dem Leben zu nähren wusste.

13

Die seltsame Verwandlung des Robert Zeitlos im Nachgang einer harmlosen Rodelpartie auf dem Teufelsberg

Vieles von dem, was Frieda irgendwann einmal gesagt hatte, erschloss sich Robert erst im Zuge seines Lebens. Offensichtlich war es an einem verschneiten Januartag im vierten Jahr des noch jungen Jahrtausends wieder einmal soweit. Als er vor dem Spiegel die von seiner Wollmütze zerzausten Haare ordnete, schaute ihm ein Fremder entgegen. Sogleich schoss ein Gedanke in seinen Kopf, der ihn unerwartet aufwühlte.

>Es gibt nichts Tragischeres im Leben eines Menschen, als wenn er sich keine Veränderung zugesteht. Jedes Mal, wenn dies geschieht, und glaube mir, es geschieht Tag für Tag unzählige Male, dann bleibt ein Teil der Schöpfung stehen.<

Dies war ein Satz, den Frieda Jahre zuvor einmal geäußert hatte. Nahezu wortgetreu hallte er jetzt in seinem Kopf. Robert erschrak und verfiel ins Grübeln. Was war anders als zuvor? War es das Alter? Fieberhaft suchte er nach neuen Falten und den Anzeichen schütteren Haarwuchses. Doch das Gegenteil schien der Fall zu sein. Er sah deutlich jünger aus als gleichaltrige Vertreter seines Geschlechts, das Haar war voll und entsprach exakt dem Farbton, den es schon in seiner Kindheit gehabt hatte.

>Graue Haare können verschiedene Gründe haben<, dachte er, >aber insbesondere bedürfen sie sorgenvoller Ängste.< Zielstrebig hatte Robert beim Verlassen seines Elternhauses jeglichen Verdruss aus dem Gepäck verbannt.

Jetzt rief er nach Verena, die sich ihm trippelnd näherte, um Unebenheiten in den Holzdielen aus dem Weg zu gehen. Wenn die nackten Zehen hängen blieben, schmerzten die Folgen dieser vermeidbaren Unaufmerksamkeit scheußlich. Das flauschige Badetuch, das Robert ihr zum Geburtstag geschenkt hatte, kleidete seine kleine Tempeltänzerin auf von ihr unbeabsichtigte Weise. Robert gehörte keineswegs zu jenen Männern, die so etwas nicht sogleich bemerken. Sie hatte es sorgfältig gewickelt und so verknotet, dass es im ersten Moment wie ein knielanges Abendkleid wirkte.

Vor einer Stunde waren sie vom winterlichen Teufelsberg zurückgekehrt, hatten ihre Schlitten im hinteren Teil des vom Vermieter zugeteilten Holzverschlages im Keller verstaut und lauthals darüber debattiert, wer besser gerodelt sei. Grinsend hatte Robert zugeschaut, wie sie sich der schneefeuchten Doppellagen ihrer winterlichen Kleidung entledigte.

>Wenn ich nicht mein Leben lang mit bläulichen Frostbeulen herumlaufen will, dann muss ich augenblicklich unter die Dusche<, hatte sie gesagt und war auch schon in dem winzigen Badezimmer verschwunden gewesen.

Jetzt näherte sie sich mit einem letzten Trippelschritt. Der Gedanke an ihren nackten Körper unter dem roten Tuch rief eine angenehme Reaktion in Roberts Körper hervor, die jedoch sogleich wieder durch den Gedanken an die Verwandlung seiner äußeren Erscheinung verdrängt wurde. Um ihre Antwort nicht zu beeinflussen, fragte er betont ruhig, ob ihr eine Veränderung an ihm auffalle.

>Ich kann beim besten Willen nichts entdecken<, sagte Verena.

Da sie barfuß war, stellte sie sich auf die Zehenspitzen, um ihre Aussage mit einem Kuss auf seine Nasenspitze zu bekräftigen. Sie fragte, ob er den Föhn gesehen habe. Robert überlegte, ob er beruhigt war.

Doch irgendetwas war in Schieflage geraten. Als Robert nach Mitternacht die Bettdecke bis unter das Kinn zog, war er genauso klug wie am Morgen und das bedeutet nichts anderes, als dass er in dieser Sache den ganzen Tag über nicht weitergekommen war. Das ist ziemlich traurig, denn schließlich sind wir ja hier auf der Erde, um in der Schule des Lebens alles zu begreifen, was uns zunächst Kopfzerbrechen bereitet. Er nutzte von da an jede sich bietende Gelegenheit, um in einen Spiegel zu schauen.

Ja, Robert war sich ganz sicher. Etwas hatte sich verändert, aber was? Die Antwort ließ hartnäckig auf sich warten und doch war dieses Gefühl der Fremdheit in ihm, sobald seine Augen ihren Spiegelbildern begegneten.

Der Rückspiegel im Auto sollte nach drei langen Tagen die Lösung bereithalten. Er trug eine Maske. Er, Robert Zeitlos, der von sich glaubte, seine gesellschaftlichen und familiären Konditionierungen erkannt und die Bandagen mentaler Konstrukte hinter sich gelassen zu haben, er trug tatsächlich immer noch den Schild der Verstellung wie ein Banner vor sich her. Authentische Ursprünglichkeit in allen Lebenslagen hatte er sich kurz nach Vollendung seiner in den Augen des Ehepaars Zeitlos überdurchschnittlich ausgeprägten Pubertät auf die Fahnen geschrieben und war damit unzählige Male bei seinen Mitschülern und Lehrern, insbesondere aber bei seinem Vater angeeckt. Plötzlich schien alles vergebens gewesen zu sein, obwohl er immer wieder Friedas eindringlich vorgetragene Worte beherzigt hatte, dass es im Leben vor allem darauf ankomme, der zu sein, der man immer gewesen ist und immer sein wird.

Warum trug er jetzt diese Maske? Wollte er sich dadurch schützen? Wovor? Er war mittlerweile ein approbierter Arzt, er konnte selbst über sein Leben bestimmen, verfügte über das, was man als gesundes Selbstbewusstsein bezeichnete, und hatte sich, rein finanziell betrachtet, so gut wie alle Wünsche erfüllen können, die er als wichtig erachtete. Doch das war nicht er selbst, der ihm da Tag für Tag entgegenblickte. Wer war er dann?

>Das wahre Selbst lässt sich nicht definieren, mein Junge.<

Das hatte Frieda immer wieder betont, wenn er sie als Kind mit seinen Fragen über die wahre Natur des Menschen gelöchert hatte.

>Es entzieht sich jeder Beschreibung, allenfalls lässt sich feststellen, was es nicht ist.<

An seiner bestürzten Reaktion hatte sie damals erkannt, dass die Sache so nicht im Raum stehen bleiben konnte.

>Mir hilft es manchmal, mir einfach vorzustellen, ich sei ein strahlender Stern im Herzen meines Schöpfers. Das hebt augenblicklich alle Dunkelheit hinweg.< Sie grinste wie ein Honigkuchenpferd.

Robert hatte diese Worte keineswegs als peinlich empfunden. Dies ist freilich nicht selbstverständlich, denn immer mehr Menschen lachen über diejenigen, die daran festhalten, einen göttlichen Ursprung zu haben und nicht nur ein Zufallsprodukt der Evolution zu sein. Mit dem Satz ließ sich jedenfalls etwas anfangen und Robert war damals noch zu jung, um auf derartige Stützen verzichten zu können. Fast hätte Frieda hinzugefügt, dass ihr dieses Bild dazu verholfen hatte, ihren Glauben an Gott in Wissen zu verwandeln. Doch dann hatte sie lieber geschwiegen.

Als gestandener Mann fühlte Robert jetzt den Anflug von Scham angesichts seiner nahezu vier Jahrzehnte dauernden Unwissenheit. Da gab es offensichtlich nichts, von dem er behaupten konnte, dass es ihn ausmachte. Weder sein Beruf, noch seine Wünsche, Hoffnungen, Ängste oder Überzeugungen. Das alles war nicht er. All diese Attribute waren wie ein Gerüst, das er um sich gebaut hatte, um Halt zu finden, und das ihm an manchen Tagen die Luft zum Atmen nahm.

Ja tatsächlich, die Maske diente seinem Schutz. Aber wovor? Reine Camouflage, schoss es ihm in den Kopf. Im Vergleich mit anderen mochte er einigermaßen authentisch sein, aber es gab Myriaden von Geschichten, die sich um ihn rankten. Robert Zeitlos, der Arzt; Robert Zeitlos, der Wissbegierige; Robert Zeitlos, der Naturliebhaber; Robert Zeitlos, der Philanthrop, der für jeden seiner Patienten ein tröstendes Wort fand. All dies waren Definitionen, die ihn in ein Korsett zwängten. Wieder war es Frieda, die sich in seine Gedanken schob. Zum ersten Mal hätte er es vorgezogen, einfach nur in Ruhe nachdenken zu können.

>Loslassen, mein Junge, der Schlüssel heißt loslassen. Nur wer nichts sucht, wird alles finden.<

Das war nun wirklich einfacher gesagt als getan. Immerhin gelang es Robert immer häufiger, die zuvor unkontrolliert seine ganze Aufmerksamkeit beanspruchenden Widrigkeiten des Alltags eine Zeit lang auszuschalten. Es bedurfte nur der Beobachtung, woher sein nächster Gedanke auftauchen würde, und schon war der Schalter umgelegt.

Aber wenn Sie, liebe Leser, nun denken, dass er von da an das Aufflackern nutzloser Gedanken, die sich gegen seinen Wunsch in sein Bewusstsein schoben, souverän zu steuern vermocht hätte, dann haben Sie Robert ausnahmsweise überschätzt. Denn nur wenn Robert einen günstigen Augenblick erwischt hatte, währte die Pause zwischen zwei Gedanken so lange, dass er tief durchatmen konnte und sich einen Moment lang wie von einer schweren Last befreit wähnte.

An anderen Tagen fühlte es sich so an, als habe sich sein Geist in einen düsteren Traum verirrt, der von wirren Gedankengängen gespeist wurde. Der vermeintliche Wachzustand, der in Wahrheit eher an einen Schlafzustand erinnerte, sein ganzes bisheriges Leben, alles erschien ihm urplötzlich nicht mehr als die unumstößliche Realität, die er kannte, unbewusst steuerte und großteils auch liebte.

Stattdessen hatte er immer häufiger den Eindruck, als verschlafe er sein Leben, ja, als müsse es dahinter noch etwas anderes geben, etwas, das sich wärmer, vertrauter und vollständiger anfühlte. Es erfüllte ihn mit Freude, dass er mit Frieda persönlich über alles sprechen konnte. Sie war wieder da, völlig unerwartet zurückgekehrt in sein Leben und präsenter als je zuvor.

>Genau so ist es, mein Junge. Du hast dich abgespalten vom Geist der Einheit, der alles durchdringt. Keine Sorge, alle Menschen auf Erden haben dies getan, sonst wären sie nicht hier. Fühlt sich manchmal ziemlich einsam an, stimmt's?<

Robert nickte geknickt.

>Eins musst du wissen: Einheit und Vollkommenheit lassen sich nicht in der uns sichtbaren Welt erreichen, die dem Gesetz der Polarität unterworfen ist. Aber es gibt Ebenen des Bewusstseins, die uns sozusagen über der offenbarten Schöpfung stehen lassen, auch wenn wir selbst ein Teil von ihr sind. Damit lässt sich der Zustand der Trennung für kurze Momente ansatzweise überwinden.<

>Überwinden?<

Seine Stimme klang belegter als sonst. Er war froh, persönlich mit ihr sprechen zu können, aber die Geschichte nagte an ihm. So sehr er sich darüber freute, dass Frieda plötzlich und unerwartet in Berlin war, so sehr war er innerlich geknickt, dass er nichts mehr über sich selbst zu wissen schien.

>Die wenigsten Menschen sind allerdings in der Lage, diese Bewusstseinsebenen zu erlangen<, sagte die Großtante und lächelte aufmunternd. >Es bedarf sehr vieler Übung und Arbeit an sich selbst, um dahin zu kommen.<

>Aber du sagst doch sonst immer, es gebe nichts zu tun, sondern es gelte einfach nur zu sein.<

>Beides hat zum gegebenen Zeitpunkt seine Richtigkeit. Die Trennung von deinem Ursprung, deiner wahren Heimat, was glaubst du woher sie rührt?<, fragte Frieda.

Robert hatte das Gefühl, als arbeitete sein Verstand langsamer als sonst.

>Keine Ahnung. An die Erbsünde glaub' ich nicht.<

>Musst du auch nicht. Es gibt unterschiedliche Erklärungen dafür. Nehmen wir einmal an, es wäre eine Entscheidung deines freien Willens gewesen, die Erfahrung der Trennung zu machen. Was folgt daraus?<

>Keine Ahnung. Dass ich für die Umkehr eine neue Entscheidung treffen muss?<

>Genau. Wenn die gefallen ist, dann musst du allerdings bestimmte Voraussetzungen schaffen, damit sich dein Geist wieder mit deinem Körper vereinen kann. Unser Leib ist als Gefäß für unseren Geist gedacht, doch dessen Energien sind viel zu hoch, um ohne Vorbereitung von uns aufgenommen werden zu können.<

>Die meisten meiner Patienten sind vollkommen körperfixiert. Von Geist ist da nicht viel zu spüren.<

>Du hast einen freien Willen. Nutze ihn und kümmere dich nicht darum, was andere Menschen mit ihrem Geist anstellen, bevor du nicht selbst mit dir ins Reine gekommen bist. Wenn du irgendwann im Einklang mit deinem wahren Willen sein wirst...<

Frieda wollte gerade noch hinzufügen, dass Robert dann bemerken könnte, was sich dadurch alles verändern würde. Da unterbrach er sie.

>Woran erkennt man seinen wahren Willen?<

>An den Früchten, die er hervorbringt. Fürs Erste kann ich dir nur sagen, was er nicht ist. Möchtest du es hören?<

Was für eine Frage! Robert nickte ungeduldig.

154

>Er ist weder ein subjektives Gefühl noch eine geistige Fähigkeit.<

>Hmmh, dann kann er ja eigentlich nur noch so etwas wie ein kosmischer Faktor sein.<

>Das kommt der Sache schon ziemlich nahe.<

14

Frieda Rennstein straft alle gerontologischen Erwartungen Lügen und lässt sich einmal mehr nicht beeindrucken

Frieda Rennstein war tatsächlich wieder in Roberts Leben zurückgekehrt. Ein Jahr wohnte sie nun schon in Berlin. Die Tatsache, dass Verena und ihr Großneffe nach jahrelanger Beschränkung auf das Wesentliche sich plötzlich räumlich vergrößern wollten und auch tatsächlich bereits nach kurzer Zeit eine ihren Vorstellungen entsprechende Wohnung in Aussicht gestellt bekamen, hatte den Ausschlag gegeben.

Frieda war durch die jahrzehntelang bewohnte Mansarde im Hause Zeitlos nicht verwöhnt. Die gemäß Roberts freudiger Ankündigung bald für sie, Frieda, allein zur Verfügung stehende Behausung der jungen Leute, erschien der alten Dame aus der Ferne wie ein Paradies. Endlich wieder ein zweites Zimmer. Kurz entschlossen vereinbarte sie einen Besichtigungstermin mit ihrem Großneffen. Mit kleinem Handgepäck in der rechten und einem stabilisierenden Regenschirm in der linken Hand stieg sie einen Tag nach ihrem einundneunzigsten Geburtstag, sehr zur Erleichterung von Karl-Heinz Zeitlos, der sich zusehends davor fürchtete, Frieda könne irgendwann vergessen, den Herd abzudrehen, in den ICE nach Berlin und kehrte drei Tage später ein letztes Mal in die kurhessische Kleinstadt zurück, um zu packen und sich zu verabschieden.

Roberts Eltern Lebewohl zu sagen, fiel ihr nicht sonderlich schwer, obwohl sie über die Jahre mit der Tochter ihrer älteren Schwester in exakt dem Ausmaß warm geworden war, wie diese eine Annäherung zulassen konnte. Aufgrund der nahen Verwandtschaft wusste sie um den Umstand, dass die kleine Gertrud an einem verregneten Siebenschläfer das an diesem Tag arg getrübte Licht der Welt erblickt hatte.

Einmal, als das stets niedergeschlagene Gemüt der nah ans Wasser gebauten Nichte wie aus schweren Wolken sturzbachähnlich aus den Augen tropfte, fragte sich Frieda in ihrer Wissbegierde doch tatsächlich, ob die ungünstige Tiefwetterlage während des ersten Atemzuges der Neugeborenen womöglich lebenslange Auswirkungen auf das arme Geschöpf habe. Um sich vor den Folgen ihrer ausgeprägt weinerlichen und von ihren Mitmenschen gewöhnlich milde belächelten, vom eigenen Gatten freilich höhnisch als Schwäche ausgelegten Empfindlichkeit zu schützen, hatte die Nichte sich nicht besser zu helfen gewusst, als einen stählernen Schutzpanzer anzulegen.

Nun, man würde es von einer höheren Warte aus betrachtet kaum für möglich halten, wie viele Menschen, mit denen wir es tagein, tagaus zu tun haben, genau so einen Schutzmantel tragen und deswegen unnahbar wirken oder aber uns regelmäßig vor den Kopf zu stoßen belieben.

Bei Gertrud Zeitlos verhielt es sich so, dass ihr aus purer Verzweiflung geborenes sprödes Verhalten anderen Menschen gegenüber durch ihre Ehe zusätzlich verstärkt wurde. Frieda Rennstein empfand tiefes Mitgefühl für ihre Nichte, die in ihren Augen in einen lebenslangen Käfig eingesperrt vor sich hinvegetierte, ohne Freude, ohne Antrieb, ohne Bestätigung ihrer Talente und zudem einer permanenten Lieblosigkeit ausgesetzt, die über die Jahre auch noch den letzten Grund unter ihren Füßen auszuhöhlen schien.

Wirklich schwer wog für Frieda der Abschied von ihren Schützlingen. Sie hatte einige Zeit vor Roberts Weggang nach Berlin begonnen, Privatunterricht für sogenannte schwache Schüler zu geben.

Die waren in Wahrheit alles andere als schwach. Sie wusste, dass sie mit ihrer Tätigkeit den längst überfälligen Wandel eines veralteten Schulsystems verzögerte, aber sie hatte das Gefühl, dass sie den Kindern auf diese Weise mehr nützte, als wenn sie ihren Verstandeserwägungen gefolgt wäre. Die Kinder und Jugendlichen mussten, sehr zum Leidwesen der sauberkeitsfanatischen Gertrud Zeitlos, stets durch das enge, mit Kiefernholz verkleidete Treppenhaus, um auf teppichbelegten Stufen unter das Dach zu gelangen.

Solange das Wetter trocken war, ging alles gut. Sobald jedoch Regen oder Schnee die Erde in einen schmuddeligen Pfuhl verwandelten, hörte Frieda Rennstein die liebe Gertrud von unten lamentieren und fluchen. Den Kindern machte dieser Umstand weniger aus als ihrer Lehrerin. Es schien, als sei ihnen dieses Schimpfen keineswegs fremd.

Frieda Rennstein wurde über diese einzige Form von Außenkontakt immer älter an Jahren, doch dies schien weder die Kinder noch deren Eltern zu irritieren. Ob es an dem Austausch mit den jungen Menschen lag oder ihrer Lebensweise geschuldet war, wusste sie nicht zu sagen, doch erkannte sie früh, dass sie nicht wie andere Menschen zu altern schien. Sie wirkte auch mit Anfang neunzig noch so jugendlich und frisch, dass niemand auf die Idee kam, es mit einer Hochbetagten zu tun zu haben.

Wenn sie sich einmal etwas ungelenk fühlte, stieg sie morgens in aller Herrgottsfrühe über den Zaun, der den evangelisch-lutherischen Kindergarten in der Parallelstraße umgab, und machte einige Turnübungen an den bunten Stangen. Der gewählte Zeitpunkt geschah nicht etwa aus Sorge darum, dass die Impulsivität, mit der ihr freigeistiges Eltern-Ich spontan die Bedürfnisse ihres innewohnenden

Kindes befriedigte, peinlich auf ihre Mitmenschen wirken könne, sondern hatte ausschließlich zweckdienliche Gründe.

Sie zog es vor, ihre Glieder unbehelligt von gesetzestreuen Anwohnern und herbeizitierten Polizeikörpern zu dehnen und zu strecken, bis nach durchschnittlich zehn Minuten der von ihr gewünschte Beweglichkeitsgrad wieder hergestellt war. Dieser Zuwachs an körperlicher Flexibilität wirkte augenblicklich kurativ auf ihr an manchen Tagen durch die geistige Enge ihrer Umgebung verunsichertes Gemüt.

Ungeachtet der fast drei Jahrzehnte, die zwischen ihrer Geburt und jener der übrigen Bewohner des schmalen Reihenhauses lagen, stach ihre Agilität die des Ehepaars Zeitlos bei Weitem aus, doch das schien weder in Gertrud noch in Karl-Heinz den Ansporn zu erwecken, nach der Ursache dafür zu forschen, geschweige denn, es Frieda gleichtun zu wollen.

Am jugendlichsten wirkten jedoch Friedas Augen, die nichts von ihrem strahlenden Glanz eingebüßt hatten und häufig funkelten, als wollte sie damit den Raum erleuchten. Der aufgrund ihres Berufes sehr weiblich geformten Frau des bierseligen Bäckermeisters schräg gegenüber, die ohne Friedas Nachfrage diese spontan auf Anfang bis Mitte sechzig geschätzt hatte und unter dieser Voraussetzung den Schritt in die Großstadt gerade noch für machbar hielt, verriet Frieda in einem Anflug unbefangener Koketterie, dass ihre jugendliche Frische >nicht durch diese Welt allein begründet werden könne und dass es wesentlich mehr zwischen Himmel und Erde gebe, als die Menschheit erahne<, falls die gute Frau wisse, was damit gemeint sei. Die Bäckersfrau wusste es nicht, aber das war Frieda Rennstein egal. Sie bereute niemals etwas Gesagtes und hielt Rechtfertigungen für eine maskierte Form der Selbstverleugnung, womit sie zweifelsohne einen weiteren Nagel mitten auf den Kopf getroffen hat.

Als sie zum zweiten Mal im Zug saß und wusste, dass sie nie wieder in die kleine Stadt zurückkehren würde, bewegte sich ihre Wehmut in festgezurrten Grenzen. Den Kindern hatte sie alles mit auf den Weg gegeben, zu dem sie sich fähig gefühlt hatte. Jetzt oblag es anderen, das von ihr begonnene Werk fortzusetzen.

Frieda Rennstein hatte bei ihrer ersten Ankunft in Berlin darauf bestanden, das Milliardenprojekt *Neuer Hauptbahnhof* anzusteuern, um sich ein Bild davon zu machen, ob sich der dafür erforderliche Abriss des unter Denkmalschutz stehenden *Lehrter Stadtbahnhofs* tatsächlich gelohnt hatte. Sie musste zugeben, dass der *Neue* architektonisch beeindruckte, aber auf eine der von ihrem Großneffen vorgeschlagenen stündlich stattfindenden Führungen durch den gläsernen Gebäudekomplex verzichtete sie gerne.

Sie ahnte nämlich sogleich, dass die Lautstärke in diesem monumentalen Bauwerk ihre Ohren strapazieren könne, und wenn sie etwas überhaupt nicht mochte, dann waren es zu viele Geräusche. Da stellt sich die Frage, wieso Frieda so ein empfindliches Wesen ist und ob dies womöglich in der Familie liegen könnte, da Gertrud Zeitlos sich ja bekanntlich auch am liebsten fortwährend die Ohren zuhalten würde. Womöglich halten Sie Friedas Ruhespleen sogar für übertrieben.

Robert war jedenfalls froh, dass sie bei ihrer zweiten Ankunft bereit war, das Ticket bis zum Ostbahnhof zu buchen, weil dieser für ihn wesentlich schneller mit dem Auto zu erreichen war. Als der Zug angekündigt wurde, fuhr ein freudiger Ruck durch seinen Körper. Der Großneffe war fast genauso aufgeregt wie damals, als Frieda das Mansardenzimmer unter dem Dach des Reihenhauses bezogen und er sich plötzlich wieder wie ein Kind gefühlt hatte. Er begrüßte Frieda derart ungestüm, dass der Regenschirm der Großtante fast zerbrochen wäre und der essbare Inhalt ihrer eigens für die Reise angeschafften Umhängetasche sich rettungslos in die luftigen Poren des Innenfutters versenkt hätte, wenn nicht Frieda geistesgegenwärtig und in letzter Sekunde ihrem Großneffen mit einem entschiedenen >Hilfe, ich ersticke!< Einhalt geboten hätte.

Auf dem Weg in Frau Rennsteins neue Bleibe machte Robert einen kleinen Umweg, um ihr das längste Baudenkmal Europas auf der Karl-Marx-Allee zu zeigen.

>Ehemalige Arbeiterpaläste, andere sagen Stasibauten dazu.<

Irgendetwas faszinierte ihn an der Geschichte dieser imposanten Zuckerbäckerbauten aus den fünfziger Jahren des vorigen Jahrhunderts, Ostalgie-Charme hin oder her.

>Das Wahnsinnige ist, dass ganz Ostberlin irgendwann einmal so aussehen sollte. Die Kacheln stammen übrigens alle aus Meißen, über hunderttausend Stück.<

Frieda Rennstein ließ sich von dem luxusbefrachteten ehemals letzten Schrei Ostberliner Wohnkultur jedoch nicht wirklich beeindrucken, trotz Zentralheizung, Müllschluckern und Aufzügen. Sie begeisterte allein die Tatsache, dass die Kuppeln der beiden Türme am Frankfurter Tor die Kirchen am Gendarmenmarkt kopieren sollten.

>In welchem Stadtviertel sind wir hier?<

>Friedrichshain. Hat Berlin-Mitte und Prenzlauer Berg abgelöst. Jetzt sind die Kreativen hierher gezogen, ein total bunter Kiez, Subkultur trifft auf Normalos. Mag sein, dass der Charme dieser kolossalen Bauten ein wenig spröde wirkt, aber er ist sehr beliebt, vor allem bei Designern, Galeriebesitzern und Werbefilmern. Die finden das Ambiente offenkundig ziemlich cool.<

>Mir ist eigentlich relativ egal, ob ein Ort cool oder uncool ist.

Wichtig ist doch nur, dass die Menschen freundlich sind und man sich zu Hause fühlen kann. Meinst du, das wird in meiner neuen Wohnung möglich sein?<

Robert nickte betont zuversichtlich, weil er seit geraumer Zeit beobachtete, dass Frieda entgegen ihrer sonstigen Gelassenheit auf dem Sitz hin und her ruckelte. Dieser Umzug machte sie nervöser, als er erwartet hatte. Er ergriff ihre linke Hand und fühlte eine ungewohnte Zärtlichkeit in sich aufsteigen.

>Ist nur die Angst vor dem Unbekannten<, sagte er.

15

Irrungen des materialistischen Weltbildes und warum ein Apfelpfannkuchen dick mit Zimt bestreut sein sollte

Robert besuchte Frieda regelmäßig in der für ihn gewohnten Umgebung am Prenzlauer Berg. Die Wohnung war ihm trotz der Enge über die Jahre ans Herz gewachsen und er hätte niemanden gewusst, dem er sie lieber überlassen hätte als ihr. Dass man einen alten Baum nicht verpflanzen sollte, mochte auf viele Senioren zutreffen, nicht aber auf Frieda Rennstein, die von Monat zu Monat mehr aufblühte.

>Das liegt daran, dass ich nicht mehr in diesem Haus wohnen muss. Versteh' mich bitte nicht falsch, ich war und bin den beiden dankbar, dass sie mich damals zu sich genommen haben, aber in dieser Mansarde meinen Lebensabend auf Dauer unter den Augen deines Vaters verbringen zu müssen, war einfach unvorstellbar für mich.<

Sie war dabei, die Robert wohlvertrauten Zimt-Apfelpfannkuchen zu backen. Sie zeigte auf ihre Junggesellinnenpfanne und lachte.

>Sind wohl eher Apfelpfannküchlein geworden. Pfannkuchen sind nicht drin bei den Abmessungen.<

Es gab niemanden, der so ausgiebig Zimt in der Küche verwendete wie Frieda Rennstein. Es stand für sie außer Frage, dass ein Aphrodisiakum dazu angetan sein dürfte, auch auf die übrigen Körperfunktionen eine positive Wirkung auszuüben.

Zwei Wochen zuvor hatte ein häufig vorstellig werdender Patient Robert von einem neuen Gourmet-Tempel vorgeschwärmt und versucht, ihm Appetit auf Stickstoffkost und dehydriertes Gemüse zu machen. Doch da war er beim Falschen gelandet.

>Ich halte viel von Metaphorik, aber am Herd hat sie nur bedingt

etwas zu suchen. Erinnert mich alles zu sehr an Molekularküche.<

Robert hatte bei diesen Worten gelächelt, aber sein Patient wirkte danach ungewohnt ruhig und war die Woche darauf zum nächstvereinbarten Routinetermin nicht erschienen.

>Womöglich hat er zuviel dehydriertes Gemüse verspeist und sein Körper ist dermaßen ausgetrocknet, dass sein Gehirn sich nicht mehr an den Termin erinnern konnte<, meinte er schmunzelnd.

>Ehrlichkeit ist eine Zier<, sagte Frieda. >Aber manchmal muss man eben auch mit ihren unerwarteten Folgen klarkommen.<

>Jedenfalls geht nichts über deine Apfelpfannkuchen<, sagte Robert, während er mit der Gabel in den Teig stach. Sie waren weder zu fettig noch zu süß, da Frieda nie Zucker verwendete. Die sonnengereiften Fruchtstücke darin reichten ihrer Ansicht nach völlig aus. Robert hatte sich über die Jahre daran gewöhnt und leckte sich auch dieses Mal nach dem letzten Bissen genüsslich über die Lippen.

Überhaupt war Frieda Rennstein, wenn es um das Thema Kochen ging, verblüffend konsequent. Es machte ihr nichts aus, bestimmte Produkte zu umgehen, von denen sie annehmen musste, dass sie ihrem Körper schaden würden. Aber sie machte sich nichts vor.

>Na ja, im Grunde ist das alles ja auch nur wieder eine Einstellungssache. Quantentheoretisch betrachtet müsste es möglich sein, die Qualität der Speisen mental zu beeinflussen.<

Um jedoch auf der sicheren Seite zu sein, vermied sie sämtliche künstlich erzeugten Zusatzstoffe und metallisches Kochgeschirr.

Robert bemerkte erst nach Frieda Rennsteins Umzug nach Berlin, wie sehr er sie all die Jahre vermisst hatte. Er war sich bewusst, dass andere Männer in seinem Alter ihre häufigen Hinweise als üble Besserwisserei abgetan hätten, doch für ihn waren sie, von wenigen Ausnahmen abgesehen, so etwas wie ein Lebenselixier.

Vielleicht können Sie das verstehen, auch wenn es sehr unwahrscheinlich sein dürfte, dass Sie eine Person wie Frieda Rennstein in Ihrer Familie haben.

Die nur in wenigen Belangen traditionsbewusste Großtante hatte, nachdem Robert der ungeliebten Kleinstadt den Rücken gekehrt hatte, Briefe als Kommunikationsmittel bevorzugt. Der hingegen hätte gerne einfach ihre Stimme gehört, die auf seine Seele traf, ohne jemals lähmende Spuren zu hinterlassen. Trotz seiner Vorliebe für akribische Einträge in den über die Jahre nahezu einen Festmeter bildenden Notizbüchern konnte er zunächst nicht verstehen, wie man in dieser schnelllebigen Zeit unnötige Minuten oder gar Stunden mit dem mühseligen Verfassen von Briefen verschwenden konnte, da es per Telefon doch viel schneller ging. Doch Frieda hatte wie immer eine Erklärung, der er sich beugen musste.

>Erstens, mein Junge, ist unsere Sprache gerade dabei, den Bach hinunter zu gehen. Es wird nicht mehr lange dauern, bis kein Jugendlicher mehr in der Lage sein wird, das Werk eines klassischen Dichters zu lesen, ohne einen Schreikrampf zu riskieren. Zweitens, mein Lieber, gilt es, diese, wie du es nennst, schnelllebige Zeit zu entschleunigen. Briefe sind in dieser Hinsicht ein durchaus probates Mittel.<

Robert ahnte freilich, dass dies nicht der einzige Grund für Friedas Vorliebe für Handschriftliches sein konnte. Er erinnerte sich daran, dass er sie kurz nach ihrem Einzug in die Mansarde einmal dabei beobachtet hatte, wie sie die oberste Schublade ihres Biedermeier-Sekretärs herauszog, um ein Tintenfass hervorzuholen, das sie sodann mit behutsamen Handbewegungen öffnete. Sie bewahrte es stets vor dem Einfluss des Sonnenlichtes, denn das hätte seinen Inhalt unnötig ausgebleicht.

>Smaragdgrün. Für mich die Farbe des Herzens. Damit schreibe ich nur sehr persönliche Briefe an Menschen, die mir etwas bedeuten<, sagte sie.

>Und was nimmst du, wenn du einen Vertrag unterschreibst?<
Robert grinste.

>Saphirblau. Aber ehrlich gesagt, unterschreibe ich nur ungern. Manche Verträge haben etwas Bindendes, das mir nicht behagt. Wenn es sich vermeiden lässt, dann umgehe ich diese Unterschriften. Das Fass ist wahrscheinlich schon längst ausgetrocknet.<

Sie kicherte vergnügt und griff nach dem Federhalter, den sie nach dem Tode von Heinrich Rennstein als eines von drei Andenken behalten hatte, weil sie wusste, wie sehr ihr Mann die achtzehnkarätige abgeschrägte Goldspitze und das weiße Gipfelmotiv geschätzt hatte. Um keine Farbspritzer auf das kostbare alte Holz gelangen zu lassen, tauchte sie die Feder betont langsam in das satte Grün und zog die Tinte mit bedächtigen Drehbewegungen in den Tank. Danach entlüftete sie den Füllfederhalter stets, indem sie genau fünf Tropfen zurück in das Tintenfass fallen ließ.

>Ich hoffe, dass nie ein Graphologe meine Schrift analysieren wird.<

>Was ist ein Graphologe?<, fragte Robert, denn er war damals noch sehr unerfahren in diesen Dingen.

>Ein Graphologe kann anhand deines Schriftbildes analysieren, welche Persönlichkeitsmerkmale du hast.<

Robert überlegte kurz, ob so ein Graphodingsbums womöglich an der Form der Buchstaben erkennen konnte, dass seine Mutter gerne die Bratkartoffeln anbrennen ließ und sein Vater am liebsten Krustenbraten mit Klößen aß.

>Was hast du zu verbergen, du bist doch ein guter Mensch?<, fragte er, denn weil er noch sehr jung war, dachte Robert zu diesem Zeitpunkt ausschließlich in den Kategorien von Schwarz und Weiß. Es gab für ihn folglich entweder nur gute oder nur böse Menschen und dazwischen rein gar nichts, obwohl es sich doch eigentlich so verhält, dass die meisten Erdenbewohner sich genau dazwischen angesiedelt haben und von dort aus ihre Fühler abwechselnd in die eine und dann wieder in die andere Richtung ausstrecken.

Nun denkt man bei dem Wort *abwechselnd* gewöhnlich, dass dies eine faire und gerechte Sache sei, doch bedauerlicherweise scheint es bei näherer Betrachtung so zu sein, dass einige Menschen dazu neigen, ihre Fühler vorzugsweise in die Richtung auszustrecken, die einen Menschen zu einem Bösewicht werden lässt. Damit ist nicht etwa gemeint, dass sie eine Bank überfallen oder, sich von hinten anschleichend, alten Damen nach Einbruch der Dunkelheit krokodillederne Handtaschen entreißen. Nein, man kann dann lediglich an ihren Gesichtszügen ablesen, dass die meisten ihrer Gedanken nicht besonders positiv sind.

Wenn Robert als Kind so ein Mensch auf der Straße begegnete, dann kam ihm genau dieses Wort *Bösewicht* in den Sinn und dann lange gar nichts. Nach dem Gespräch mit Frieda fühlte er sich freilich immer häufiger versucht, einen solchen Menschen freundlich lächelnd anzusprechen, den Personalausweis zu verlangen und anhand der Schriftzüge zu überprüfen, ob dieser Person mit ein wenig Schönschreibunterricht vielleicht doch noch zu helfen wäre.

In der neuen Wohnung war Frieda zu Roberts Erstaunen gewillt, den bestehenden Telefonanschluss nicht ausschließlich für das Surfen im Internet zu nutzen. Sie begründete diesen unerwarteten Gesinnungswandel mit der Aussage, dass es angesichts ihres fortgeschrittenen Alters womöglich keine schlechte Idee sei, die verbleibende Zeit mit den wirklich wichtigen Dingen des Lebens zu verbringen.

>Schreiben ist zwar eine Kulturtechnik und in gewisser Hinsicht überlebensnotwendig, aber momentan ziehe ich das Dasein in seiner reinen Form vor. Diese mit Tinte auf Papier fixierten Zeichen erschaffen im Grunde auch nichts anderes als virtuelle Welten.<

Robert bewunderte Frieda, ungeachtet der von ihr überzeugend vorgetragenen Begründungen, für ihren Schritt, mit über neunzig Jahren die gewohnte kleinstädtische Umgebung gegen ein nicht kalkulierbares Dasein in der Millionenmetropole eingetauscht zu haben. Sie war ganz offensichtlich willens, noch einmal richtig durchzustarten.

Das irritierte Robert nicht so sehr in seiner Eigenschaft als Mensch als vielmehr als Arzt, da er noch nie einer Frau in diesem Alter begegnet war, die sich sowohl auf der körperlichen als auch der geistigen Ebene einer derartigen Frische und Jugendlichkeit befleißigte. Keinerlei Gebrechen, keine Klagen sowie ein Heißhunger, der seinesgleichen suchte und Robert als unwiderlegbares Symbol für Frieda Rennsteins unstillbaren Appetit auf das Leben in all seinen Facetten anmutete, ließen ihn manches Mal an seinem gesunden Menschenverstand zweifeln.

Im Übrigen war ihr Berlin nicht ganz unbekannt.

>Weißt du, dass wir früher Verwandte hatten, die in der Nähe des Potsdamer Platzes wohnten? Als Kind war ich zweimal hier.<

Während der ersten Stadtrundfahrt nach ihrer Ankunft erschrak sie trotz ihrer überdurchschnittlichen Bereitschaft, Veränderungen ohne zu zögern ins Auge zu blicken, zutiefst darüber, was aus dem Platz geworden war. Kurze Zeit später führte Frieda der Wille, die ihr wichtig erscheinenden Sehenswürdigkeiten Berlins binnen Ablauf des bereits fortgeschrittenen Jahres allesamt begutachtet zu haben, ins Märkische Museum.

Das schon leicht betagte Pärchen, das den Besuchern hinter der Theke beflissentlich für Schließfächer und Auskünfte zur Verfügung stand, weihte mit dem satten Slang der Ostberliner Schnauzen die Wahlberlinerin in die Höhepunkte der märkischen Exponate ein. Glücklich erschaute Frieda Rennstein alsdann im Kaiserpanorama mit zusammengekniffenen Augen die ihr vertraute Umgebung. Erinnerungen stiegen in ihr auf, die durch die seltsame 3-D-Optik begünstigt wurden, da man als Betrachter der alten Daguerreotypien das Gefühl hatte, mitten in der Menschenmenge zu stehen. Das fühlte sich fremdartig, aber beruhigend an, so als wäre die durchschlagende Verwandlung nicht länger existent und der rührige Ort in seiner ursprünglichen Form zu neuem Leben auferstanden.

Frieda liebte es nach wie vor, mit ihrem Großneffen stundenlange Gespräche zu führen, und lud ihn zu diesem Zwecke in regelmäßigem Turnus zu sich ein. Das Gefühl, dem jüngeren Menschen dadurch zur Last zu fallen, kannte sie nicht. Sie wusste genau um die Beschaffenheit ihrer Beziehung und dass er diese Treffen genauso schätzte wie sie selbst.

Eines Morgens, ungefähr drei Wochen nach Friedas Umzug nach Berlin, hatte Robert sich direkt nach dem Aufstehen auf die Gelegenheit gefreut, mit ihr über ein Thema zu sprechen, das ihn seit Tagen beschäftigte. Sobald sie an Friedas neuem Küchentisch saßen, platzte es aus ihm heraus.

>Hast du schon einmal etwas vom mythenumwobenen *Heropass* gehört?<, fragte er und räusperte sich, denn er hatte das, was man einen Kloß im Hals nennt.

>Du meinst den *gnadenlosen Heropass*, von dem es heißt, dass selbst Gott gezwungen war, einen Trick anzuwenden, um seinen kosmischen Wohnort vor den unbarmherzigen Auswirkungen dieses Burschen zu bewahren? Ja, von dem habe ich allerdings schon etwas gehört.<

>Und? Hat er tatsächlich etwas mit der Zeit zu tun?<

>Oh ja, das hat er. Er steht für den unablässigen Fluss der Zeit, dem man nicht entgehen kann und der sich um nichts weiter zu scheren scheint als sich selbst.<

>Was für einen Trick musste Gott denn wegen ihm anwenden?<

>Es heißt, er habe allein seinetwegen das Universum erschaffen, um ihn im Hinblick auf seinen eigenen, also Gottes, Aufenthaltsort unschädlich zu machen.<

>Wie? Ich denke, Gott ist überall gegenwärtig, wieso braucht er dann noch einen Wohnort?<, fragte Robert. Er fühlte sich sehr unwissend in diesem Moment.

>Alles hat ein Zentrum, warum sollte das für den göttlichen Schöpfer, den Urgrund allen Seins, nicht gleichfalls gelten? Du weißt ja, so wie oben, so auch unten, so wie innen, so auch außen. In seinem Fall gehen die Menschen davon aus, dass es sich um die Zentralsonne handelt, sozusagen die Sonne aller Sonnen.<

Frieda räusperte sich, um sogleich weiterzusprechen.

>Der Trick muss darin bestanden haben, dass er etwas unternommen hat, damit diese Zentralsonne nicht irgendwann dasselbe Schicksal wie die Leiche eines Weißen Zwerges erfahren muss.<

>Meinst du, sie ist genauso vergänglich wie alle andere Sterne?<

>Davon ist zumindest auszugehen.<

>Und was wäre, wenn auch die Zentralsonne nur eine weitere illusionäre Vorstellung des menschlichen Bewusstseins ist, sozusa-

gen ein Strohhalm, ein Krückstock, um nicht angesichts des Unvorstellbaren völlig zu verzweifeln?<

Frieda lächelte erfreut. Robert ließ sich nichts vormachen. Das war gut so.

>Darüber habe ich auch schon nachgedacht. Ich kann dir die Antwort darauf nicht geben. Ich kenne sie nicht.<

>Eins versteh ich nicht. Du sagst doch sonst immer, die Zeit sei die größte aller Illusionen. Was kann eine Illusion dem allwissenden schöpferischen Geist schon anhaben wollen? Meinst du wirklich, das Universum entstand später als die Zeit? Müsste es nicht genau andersherum sein?<

Gespannt blickte Robert in das Gesicht der Großtante. Die musste erst einmal ein Stück Pfannkuchen hinunterschlucken, bevor sie weiterreden konnte.

>Ach weißt du, mein Junge, über diese Dinge zu sprechen ist gar nicht so einfach. Die Zeit ist sicherlich insofern eine Illusion, als dass wir sie niemals erfühlen können. Damit ist sie meines Wissens einzigartig. Wir können über die Zeit lediglich nachdenken.<

Sie räusperte sich erneut, denn ihre Kehle war an diesem Tag ungewöhnlich trocken. Sie hatte zum ersten Mal in diesem Jahr heizen müssen.

>Dabei kommt ein posteinsteinscher Mensch gewöhnlich zu dem Schluss, dass sie sowohl subjektiv als auch relativ ist und wir ihr ziemlich gleichgültig zu sein scheinen<, fuhr sie fort. >Selbst die höchste schöpferische Intelligenz, die hinter allem steht, was existiert, scheint für die Zeit von keinerlei Interesse zu sein, fast mutet es an, als würde sie vollkommen unabhängig davon existieren.<

Frieda hüstelte. Sie hatte bereits darüber nachgedacht, einen Luftbefeuchter anzuschaffen.

>Aber es ist doch sicher davon auszugehen, dass die Zeit ohne ein Bewusstsein, das über sie nachdenken kann, gar nicht existieren kann, oder nicht?<, fragte Robert.

>Was du doch immer noch für ein kluges Köpfchen bist, mein Junge. Da es jedoch nun einmal Bewusstsein gibt, beißt sich die Katze da gerade ein bisschen in den Schwanz.<

>Das alles hört sich fast so an, als hätte die Zeit überhaupt nichts Gutes an sich und wäre nur da, um alles, was mit ihr in Berührung kommt, zu schikanieren.<

Robert fand das ungebührlich.

>Ach weißt du, womöglich ist sie das heftigste Geschütz, das wir selbst auffahren, um nicht im Jetzt und damit der Wirklichkeit aufzuwachen. Denn davor haben die Menschen Angst.<

Davon hatte Friedas Großneffe noch nie etwas gehört.

>Versteh' ich nicht, was ist schlimm daran?<

>Du hättest dann nichts mehr, auf das du dich beziehen könntest. Es gäbe tatsächlich nur noch den jeweiligen Augenblick und dann wieder einen und noch einen und noch einen... Jeder einzelne von ihnen wäre dann das *Jetzt* ohne eine lineare Verbindungslinie dazwischen. Das könnte in den Menschen das Gefühl der Angst auslösen. Es würde sozusagen die Orientierung fehlen und sie glauben fest daran, dass die Orientierung das Chaos verhindern hilft.<

Das konnte Robert gut verstehen. Zuviel Unordnung wirkte auch auf ihn beunruhigend.

>Willst du damit sagen, dass die Ewigkeit im Grunde aus der Aneinanderreihung einzelner Augenblicke besteht, die dennoch ein Ganzes bilden?<

>So ungefähr<, sagte Frieda.

>Das Leben hätte eine ganz andere Qualität, nicht wahr?<

>Oh ja, wie du weißt, kennen wir bisher lediglich die eindimensionale, lineare Ebene der Zeit, die uns sozusagen von der Wiege ins Grab geleitet. Versuch dir einmal vorzustellen, was es bedeuten würde, wenn die Zeit zweidimensional wäre.<

Die Vorstellung einer zweidimensionalen Zeit war neu für Friedas Großneffen. Er hatte keine Ahnung, was dies bedeuten könnte.

>Keinen blassen Schimmer<, sagte er. >Womöglich schaut man von oben zu, wie mehrere Ereignisse simultan ablaufen, und springt dann zwischen diesen hin und her. Vielleicht hätten wir dadurch das Gefühl, dass wir plötzlich über mehr Zeit und damit mehr Leben verfügen.<

>Ja, so ähnlich muss es wohl sein. Es sieht ganz danach aus, dass die Zeit sich trotz all ihrer Selbstbestimmtheit, Unabhängigkeit und Selbstgenügsamkeit irgendwie an Ereignisse anzupassen bereit ist. Im Übrigen gibt es womöglich sogar eine dritte Dimension, aber das würde jetzt wirklich zu weit führen.<

Wenn Sie an dieser Stelle erleichtert aufatmen, dass Frieda Ihre Geduld nun nicht noch länger herausfordert, dann haben Sie sich zu früh gefreut. Robert war nämlich gerade dabei, richtig in Schwung zu kommen.

>Glaubst du, dass wir unser Dasein auf Erden auszudehnen im Stande sind, wenn wir unsere Beziehung zum Fluss der Zeit verändern?<, wollte er wissen.

>Es schaut ganz danach aus. Ich denke im Übrigen, dass auch die Zeit sich durchaus an bestimmte Ereignisse anpassen kann, ohne sich dafür wirklich verändern zu müssen, denn dafür gibt es aus ihrer Sicht keinen Anlass.<

>Wieso?<, wollte Robert wissen.

>Ihr einziges Interesse besteht darin, endlos zu fließen und fast scheint es, als würde sie tatsächlich ohne jegliches Dazutun der al-

lerhöchsten Macht im gesamten Alles einfach aus sich selbst heraus fließen. Bei dem Gedanken kann einem ein bisschen mulmig werden, nicht wahr?<

>Darüber muss ich nachdenken.<

Robert Zeitlos konnte sehr gut nachdenken, wenn es darauf ankam. Aber bevor er in dieser Sache damit anfangen wollte, bewegte ihn noch eine andere Frage.

>Irgendwo habe ich gelesen, dass der *Heropass* auch etwas mit Geld zu tun haben könnte.<

>Das kann ich mir spontan nur so erklären, dass er als Symbol für etwas steht, das unsere Welt regiert, und in dieser Hinsicht passt das mit dem Geld tatsächlich. Es hat uns genauso im Griff wie die Zeit und bewegt uns womöglich auf allen drei Ebenen gleichermaßen.<

Robert stand auf, um sich ein Glas aus dem Küchenschrank zu holen. Er bediente sich seit jeher selbst, wenn er bei Frieda zu Gast war. Der Kühlschrank war neu und gut gefüllt. Er fand sofort das passende Getränk.

>Du meinst im Hinblick auf Körper, Seele und Geist?<, fragte er, nachdem er das Glas abgesetzt und sich die Lippen abgeleckt hatte. Der Apfelsaft stammte von brandenburgischen Streuobstwiesen.

>Ja. Genauso wie wir der Zeit nachjagen, sie am liebsten festhalten möchten, so sind wir auch hinter dem Geld her<, sagte Frieda. >Im Grunde ist jede unserer Handlungen darauf ausgelegt, irgendetwas zu Geld zu machen. Zumindest verwenden wir einen Großteil unserer Zeit genau darauf.<

>Glaubst du, dass der schnöde Mammon und der *Heropass* identisch sind?<

>Nun ja, zumindest scheint es so zu sein, dass wir sowohl die Zeit als auch das Geld in den Rang eines Gottes erhoben haben, der

alles dirigiert.<

So langsam konnte Robert gut verstehen, dass Frieda bei dem Gedanken an den *gnadenlosen Heropass* mulmig geworden war. Erst die Sache mit dem Wohnort und dann auch noch das.

>Gesetzt den Fall, der *Heropass* steht tatsächlich für beide: Was glaubst du, welcher Verlust die Menschen mehr treffen würde? Der Verlust von Geld oder der Verlust der Zeit?<

Das mit dem Geld bereitete Robert schon seit längerer Zeit Kummer, da er bei sich und seinen Patienten eine unschöne Entwicklung beobachtet hatte, die deswegen unschön war, weil sie einen die wirklich wichtigen Dinge im Leben vergessen ließ; und wer will die schon gerne vergessen?

Dieses Tauschmittel in Form von Papier und Metall wurde irgendwie immer wichtiger, vor allem das Giralgeld, das nur in Form bloßer Zahlen in den Büchern der Banken auftauchte. Jubelnde, bangende oder verzweifelte Börsianer jonglierten vor den Monitoren riesiger Computer – wobei sie sich, je nach Lage, auf die Schenkel klatschten oder, angesichts einer schlagartigen Wende auf dem Markt der Blasengeschäfte, bestürzt an Selbstmord dachten – und ließen erkennen, dass das Geld nicht nur die Wirtschaft, sondern das Denken aller Menschen beherrschte, die älter als fünf Jahre waren und noch nicht mit einem Fuß im... – na, Sie wissen schon, standen.

Wie auch immer. Die wenigsten Zeitgenossen schienen in Roberts Augen begriffen zu haben, welchem Gott sie in Wahrheit die ganze Zeit huldigen. Der Materialismus hat nahezu jeden Menschen fest im Griff.

Wenn Sie zu denen gehören, die nun entrüstet ausrufen: >Mich aber ganz bestimmt nicht!<, dann überlegen Sie doch bitte einmal, wann Sie das letzte Mal Ihr Portemonnaie geöffnet haben, ohne ein

Gefühl wie >oh welche Freude, es ist ja tatsächlich einmal prall ge-
füllt< oder >ach du meine Güte, dass ist ja fast schon unanständig,
wie einem das Geld durch die Finger rinnt< zu verspüren.

Übrigens können Sie an dem Wort (ver)rinnen erkennen, dass
vieles dafür spricht, dass Zeit und Geld im Hinblick auf den unbarm-
herzigen *Heropass* irgendetwas miteinander zu tun haben könnten.

Robert war in dieser Hinsicht ganz ehrlich mit sich selbst. Er
wusste um diesen Makel, aber es gab eine Instanz in ihm, die mit
den Jahren immer stärker wurde und von der er annehmen konnte,
dass sie ihm irgendwann, vorausgesetzt es blieben ihm noch genügend Jährchen – wofür er allerdings Sorge tragen würde, denn wofür
war man schließlich Arzt –, dazu verhelfen würde, dem klebrigen Sog
der Dringlichkeit zu entrinnen.

Nun, für dieses seltsame Wort können Sie gerne auch *selbst er-
zeugter Stress* verwenden und dann verbinden Sie mit diesem Begriff einfach ein Bild von sich selbst, wie sie hechelnd, schwitzend,
händeringend und völlig abgekämpft durch Ihr Leben eilen. Womöglich wäre es an dieser Stelle keine schlechte Idee, das Buch für einen Moment zur Seite zu legen, um erst einmal tief durchzuatmen.

>Ich habe darüber nachgedacht<, sagte Robert zu Frieda, >war-
um die Mehrzahl der Wissenschaftler bis heute einem materialisti-
schen Weltbild anhängt, und bin zu dem Schluss gekommen, dass
sie ein Bollwerk gegen den mittelalterlichen Aberglauben errichten
wollten. Sie haben nur noch nicht begriffen, dass diese Einstellung
heutzutage überholt ist.<

Robert fand das sehr bedauerlich. Er war sicher, dass dieses
Festhalten an alten Vorstellungen ein wirkliches Fortkommen im Hinblick auf wichtige Erkenntnisse unnötig verzögerte.

>Wir könnten ganz anders dastehen<, fuhr er fort, >wenn es nicht nur ein paar Einzelkämpfern überlassen wäre, die geistige Natur aller Materie mit in ihre Forschungen einzubeziehen. Du weißt schon, frei nach dem Motto *Auf dem Boden wartet Gott* oder das, was wir unter diesem Namen zu fassen suchen.<

>Wusstest du, dass alle Materie nur zu einem Milliardstel aus Masse bestehen soll?<, fragte Frieda und schaute den Großneffen erwartungsvoll an.

>Du meinst, der Rest ist Vakuum?<

>Ja, schaut ganz danach aus. Meiner Ansicht nach macht die Wissenschaft bis zum heutigen Tag zwei Fehler. Erstens erforscht sie alles immer nur im Hinblick auf seine Funktionstüchtigkeit und zweitens bezieht sie alle Ergebnisse immer nur auf den Menschen.<

Robert holte sich den zweiten Apfelpfannkuchen von der Platte.

>Ist wahrscheinlich schon ein bisschen kalt<, sagte Frieda.

>Was wolltest du damit gerade sagen?<, fragte Robert.

>Kennst du die wichtigste Frage, die ein Mensch sich stellen sollte?<

>Weiß nicht.<

Frieda stach mit der Gabel in den obligatorisch dick mit Zimt bestreuten Apfelpfannkuchen und trennte ein mundgerechtes Stück ab, das sie mit einem winzigen Schluck Calvados hinunterspülte. Die Großtante schätzte Hochprozentiges, aber sie gönnte sich diesen Genuss nur ausnehmend selten, da sie ungleich mehr die Klarheit ihres Geistes liebte.

An diesem Tag servierte sie sich den bernsteinfarbenen Branntwein zum ersten Mal in einem Wasserglas, bei dem der Mundbläser exakt das Maß des goldenen Schnittes in seine Wangen gelegt hatte. Robert verzichtete auf Alkohol. Er war ausnahmsweise mit dem

Auto unterwegs, weil er später noch einen Termin hatte und abends nicht gerne die U-Bahn benutzte.

Er war über die Finesse mit dem goldenen Schnitt nicht erstaunt. Er hatte davon gehört, dass ein österreichischer Pfarrer in seiner Eigenschaft als Mann Gottes seine Mission auf das himmlische Terrain alpenrepublikanischer Weine ausgedehnt und im Zuge dieser Gewogenheit Weingläser entwickelt hat, deren Winkel exakt den Neigungswinkeln der Erde entsprechen. Dank dieses Kunstgriffs kann sich ein guter Tropfen nun in der Nase und auf dem Gaumen ganz anders entfalten, als aus gewöhnlichen Gebinden genossen.

>Schon die alten Römer haben zur Bevorratung Behältnisse entwickelt, die dieser Form entsprachen.<

Robert war sich nicht sicher, ob Frieda dieses alltagstaugliche Wissen in seinem Fundus vermutet hatte.

>Offensichtlich haben sie damals bereits erkannt, dass die Lebensmittel darin länger frisch bleiben und besser schmecken<, fügte er hinzu.

Sie zeigte auf ihr Glas, in dem ein Sonnenstrahl die eichenfassgetönte Flüssigkeit golden tönte.

>Schon mal ausprobiert? Stilles Wasser schmeckt weicher, wenn es aus diesem Glas getrunken wird. Dürfte dem Calvados insofern auch nicht schaden.<

Lächelnd schob Frieda den Teller, auf dem das letzte Viertel des zweiten Pfannkuchens entgegen ihrer sonstigen Gewohnheit einer ungewissen Zukunft entgegensah, mit einer resoluten Handbewegung von sich weg in die Tischmitte. Die zweckentfremdeten Wassergläser klirrten sanft, als der Rand des Porzellans dagegenstieß.

>Also, kennst du sie nun, die Frage, oder nicht?<

>Wer oder was bin ich?<

>Kommt der Sache nur bedingt nahe. In Wahrheit lautet sie in etwa so: Warum existiere ich überhaupt? Letztendlich muss der Mensch begreifen, dass er eine instrumentelle Funktion im kosmischen Gefüge hat, so wie alles andere auch.<

>Du meinst, er muss erkennen, wozu er nutze ist?<

>So kann man es auch ausdrücken, ja.<

Drei Tage später saß Robert spätabends mit seinen Freunden zusammen und überlegte, ob er Teile des Gesprächs mit seiner Großtante gegenüber Zeisig und Bremer verlauten lassen sollte. Der Abend war zwar schon recht weit fortgeschritten und Paulchen hatte wie immer ordentlich zugelangt, aber er selbst fühlte sich noch putzmunter, da er am Morgen eine Stunde länger als gewöhnlich hatte schlafen können. Das lag daran, dass er eigentlich Handwerker für diesen Tag erwartet hatte, aber die bestellte Firma am Vorabend eine Nachricht auf dem Anrufbeantworter hinterlassen hatte, dass mehrere Mitarbeiter erkrankt seien und sie sich wegen eines neuen Termins wieder melden würden. Verena war für drei Tage zu einer Freundin nach Hamburg gefahren, die sie seit Jahren nicht gesehen hatte. Er hatte allein mit dieser Angelegenheit klarkommen müssen und den ersten Patienten auf zehn Uhr umbestellen lassen.

Das morgendliche Umdrehen im Bett tröstete ihn anstandslos über die lecke Stelle seiner Spülmaschine hinweg, die ihn bereits mehrere Tage dazu zwang, alles mit der Hand zu spülen.

Es gibt offenkundig drei Arten von Menschen: Diejenigen, die in solchen Fällen die Gunst der Stunde ergreifen und endlich die jahrelang geplante Nulldiät beherzt in die Tat umsetzen, sodann diejenigen, die ihr letztes Geld dafür verwenden, sich im Restaurant darüber Gedanken zu machen, ob dieses Unbill nun gerecht ist oder nicht, und schlussendlich diejenigen, die tapfer weiter kochen, sich mit vollem Bauch und müden Äuglein des Abends die Spülbürste schnappen und alles schön wieder in Ordnung bringen, damit ihnen morgens nicht sogleich der Kaffee sauer aufstößt, weil alles so unappetitlich aussieht, dass man gleich wieder zurück ins Bett huschen möchte.

Nun wissen Sie also, zu welcher Art von Mensch Robert gehörte, und womöglich war er doch nicht so bequem, wie die anderen von ihm dachten.

Es stand für ihn außer Frage, dass der materialistisch orientierte Dogmatismus vieler Vertreter der modernen Naturwissenschaften an eine neue Religion erinnerte. Es gab natürlich auch Ausnahmen, doch von denen schien zumindest Paul Bremer noch nie etwas gehört zu haben. Robert kannte ihn nun schon so lange, dass er ahnte, was der Freund zu deren Ansichten sagen würde. Trotzdem konnte er nicht an sich halten.

>Es gibt keine objektive Realität<, sagte er vorsichtig.

Paul Bremer äugte über den Rand eines soeben geleerten Rotweinglases in seine Richtung.

>Ich meine, die Dinge müssen nicht immer so sein, wie sie ausschauen. Alles hängt im Grunde davon ab, wie wir die Dinge sehen, und nicht davon, wie sie in Wahrheit sind. Nimm den Stuhl, auf dem du sitzt. Auf der Ebene der Moleküle, Atome, Elektronen und subatomaren Teilchen ist er nichts anderes als ein permanent vibrierendes Energiefeld. Es sind allein unsere Sinne, die ihn als fest erscheinen lassen.<

Paul Bremer machte ein eindeutiges Zeichen in Richtung Theke. Er schien sich ausnahmsweise einmal nicht gleich aus der Ruhe bringen lassen zu wollen. Robert hub von neuem an.

>Im Grunde genommen handelt es sich dabei um eine Bewegung unseres Bewusstseins. Die Welt ist nicht solide und umgibt uns. Sie ist vollkommen von unserem Bewusstsein und unserer Energie abhängig.<

Das frisch gefüllte Rotweinglas näherte sich erfreulich zügig ihrem Tisch. Angesichts dieser für Paul Bremer erfreulichen Aussichten hielt Robert den Zeitpunkt für günstig, seine Ausführungen fortzusetzen, ohne unterbrochen zu werden.

>Was wäre, wenn es unterhalb der Teilchen der uns vertrauten Existenzformen, oder nenn' es von mir aus auch Realität, noch etwas anderes gäbe?<

Gerne hätte er noch hinzugefügt, dass er davon überzeugt war, dass die reine Energie, die nicht nur allen materiellen Formen, sondern womöglich auch der menschlichen Seele zugrunde lag, außerhalb des Elektrons und Protons liegen musste, aber er wollte Pauls Diskussionswut nicht unnötig herauskitzeln. Allein das Wort Seele hätte einen äußerst explosiven Brennstoff dargestellt, davon war er felsenfest überzeugt.

Robert ertappte sich immer häufiger bei dem Gedankenspiel, dass das, was er für die ihn umgebende Realität hielt, womöglich weder echt war noch wirklich existent sein konnte, weil schließlich alles durch sein eigenes Bewusstsein erfunden wurde und es somit im Grunde genommen gar kein *da draußen* gab. Was für ein Gedanke!

>Quantenphysik hin oder her, ich glaube nur an das, was ich sehe und wo ich Kausalzusammenhänge erkennen kann, die nachvollziehbar sind. Wir sind Ärzte, wir haben Verpflichtungen und Verantwortung unseren Patienten gegenüber<, sagte Paul Bremer.

Er prüfte bedächtig, ob die Temperatur des soeben bereitgestellten Getränks stimmte. Dieser Wein verlangte nach seinem Quantum, aber das war auch alles, was ihn mit diesem Thema verband, denn er tat sich schwer mit Wahrscheinlichkeitswolken und halbtoten Katzen, die versuchten, die Überlagerung von Zuständen zu beweisen. Das war ihm alles irgendwie suspekt und ist es Ihnen, liebe Leser, womöglich auch. Unter Umständen haben Sie noch nie von diesem Gedankenexperiment eines gewissen Herrn Schrödinger gehört und deshalb gibt es für Sie bei Ihrer Katze zu Hause auf dem Sofa einfach kein Dazwischen im Hinblick auf Leben und Tod.

Paul hielt jedenfalls steif und fest an seinem westlich geprägten mechanistischen Weltbild fest und glaubte offensichtlich, dass man die Erkenntnisse der modernen Quantenphysik nur lange genug ignorieren müsse, damit sie sich in Luft auflösten. Robert dagegen war davon überzeugt, dass jedes Objekt in vollkommener Abhängigkeit von seinem Betrachter existierte, denn obwohl, oder gerade weil die Bewusstseinsphysik bereits auf der Überholspur war, galten die Grundgesetze der Quantenphysik immer noch, nur schrieb man bereits ein Post- vor diese Disziplin. Damit erfuhr sie das traurige Schicksal, lediglich von wenigen Menschen ansatzweise verstanden, bereits als veraltet zu gelten. Ob das ihre Väter im Jenseits gefreut hätte, stand auf einem anderen Blatt.

Der Beobachtereffekt, die Nicht-Lokalität, die Unschärferelation und das Verschränkungsprinzip waren Robert mit der Zeit immer vertrauter geworden. Nun würde ein oberschlauer Mensch hämisch entgegnen, dass Robert sich damit gehörig aufs Glatteis begebe und sich in den Augen echter Wissenschaftler soeben disqualifiziert habe, denn es heißt ja bekanntlich, dass derjenige, der über die Quantenphysik nicht entsetzt sei, diese nicht verstanden habe.

Mag sein. Für Robert jedenfalls war die Realität im Grunde ein durch jeden einzelnen Menschen selbst geschaffenes Hologramm auf Quantenbasis. Niemand anderer hatte Macht darüber als man selbst. Aber darüber wollte er an diesem Ort vorerst nicht sprechen.

>Wenn das Bewusstsein die Basis aller Realität bildet, bedeutet das ja noch lange nicht, dass die Materie keine kausalen Zusammenhänge hätte<, sagte er stattdessen. Er überlegte kurz und hub dann von neuem an zu sprechen.

>Schon mal etwas von *mind and matter* gehört? Sind beides integrale Bestandteile der einen Realität. Und fang mir jetzt bloß nicht mit der Unterscheidung abstrakte und konkrete Realität an. Für mich gibt es nur eine Wirklichkeit, ein einziges Sein, das hinter der Welt der Erscheinungen im Verborgenen ruht und dennoch alles hervorbringt.<

Robert verstand die Welt nicht mehr. Das lag einzig und allein daran, dass er plötzlich wie ein Wasserschwall redete. Selten hatte er sich so in seinem Element gefühlt wie in diesem Augenblick.

>Im Übrigen, hör mir bloß auf mit Verantwortung! Solange die Leute nicht bereit sind, in die Eigenverantwortung zu gehen, kannst du so verantwortungsbewusst sein, wie du willst. Du trägst lediglich Eulen nach Athen.<

Gewöhnlich legte er sich nicht gerne mit Paul Bremer an, da er dabei zumeist den Kürzeren zog; deswegen verstand er auch nicht so recht, warum sein rhetorisches Mangelbewusstsein an diesem Abend zum zigsten Male bereitwillig seine Fesseln lockerte, aber das war womöglich gut so, denn was er nun erzählte, war ziemlich brisant.

>Nimm zum Beispiel diese Fluorid-Geschichte.<

Günter Zeisig wurde hellhörig.

>Was meinst du damit?<

>Das Zeug soll hochgradig toxisch sein und wird den Leuten als ultimative Kariesprophylaxe verkauft. Und warum? Weil ein gewisser Industriezweig aus Profitgründen offenbar keinen Bock darauf hat, das Zeug als Sondermüll zu entsorgen.<

Günter Zeisig fühlte sich als Zahnmediziner in seiner Dentistenehre gepackt.

>Aber es gibt doch zahlreiche Untersuchungen, die den Nutzen nachweisen.<

>Na und, was sagt das schon aus? Geh mal im Netz auf Suche, aber pass auf, dass dir dabei nicht übel wird.<

Robert hatte zunächst nicht glauben wollen, auf was er da gestoßen war. Schade, dass der Zeisig so entsetzt ausschaute, sonst hätte er die Sache mit den Nazis noch draufgelegt. Doch Paul Bremer scherte sich nicht um die Konsterniertheit des Zahnarztes.

>Hab' mal gehört, dass Fluorid in deutschen Konzentrationslagern eingesetzt wurde, um den Widerstand der Häftlinge zu brechen und sie besser unter Kontrolle zu halten.<

>Genau.<

Robert wunderte sich, dass Paul darüber Bescheid wusste. Er hätte gerne gewusst, ob der Arzt Konsequenzen aus diesem Wissen gezogen hatte, aber irgendetwas hielt ihn zurück, sofort danach zu fragen, und dann war es plötzlich zu spät, denn Günter Zeisigs Hellhörigkeit hatte sich vor ihren Augen in reges Interesse verwandelt und wenn der Zeisig an etwas interessiert war, dann kannte er kein Pardon und forschte solange nach, bis er wusste, worum es sich tatsächlich handelte.

Das war ja wirklich ungeheuerlich! Der Sache würde er auf jeden Fall nachgehen. Seine Kollegen mussten auch unbedingt davon erfahren, aber eins nach dem anderen! Erst einmal würde er sich selbst einen Überblick verschaffen, bevor er die Angelegenheit publik machen würde.

Paul Bremer nahm einen weiteren Schluck und prostete den beiden zu.

>Mach dir nichts vor, Robert. Du wirst die Welt nicht von einem Tag auf den anderen verbessern. Lass den Leuten Zeit. Vor zehn Jahren waren bestimmte Dinge unvorstellbar oder einfach uninteressant und heute finden es alle normal oder sie verändern ihre Lebensweise. Nimm mich zum Beispiel, früher habe ich nur Apfelsaft getrunken.<

16

Das Rätsel der fliegenden Zeit oder
wie man als Gutmensch in die Geschicke der Welt eingreift

Es war schon erstaunlich, wie lange früher ein Monat gedauert hatte und wie schnell er nun verging. Wenn Robert dienstagabends die Sporttasche packte, um zum Squash zu gehen, hatte er immer öfter den Eindruck, als wäre zwischen diesem und dem vorhergehenden Mal keinerlei Zeit verstrichen. Anfangs fühlte sich dies befremdlich für ihn an, aber von Woche zu Woche gewöhnte er sich mehr daran.

Verena bemerkte zwar auch, dass die Zeit sich zu beschleunigen schien, aber die Empfindung, dass alles gleichzeitig geschieht, hatte sie noch nie verspürt. Sie sagte nur manchmal, dass der Tag für sie ruhig fünfundfünfzig Stunden haben könne.

Auch das seltsame Brummen hörte sie nie. Es klang wie das Dröhnen dieselbetriebener Motoren, die im Bauch riesiger Überseeschiffe die Weltmeere durchwanderten, und es machte keinerlei Unterschied, ob das Fenster offen oder geschlossen war. Die Stille der Nacht ließ es oft unerträglich werden.

Anfangs war Robert so verzweifelt, dass er das Kopfkissen auf seine Ohren drückte, doch dies brachte keinerlei Erleichterung. Er kaufte sich eine Vorratspackung rosafarbener Ohrstöpsel aus Wachs, um seine Gehörgange zu versiegeln. Doch auch wenn er auf diese Weise zum ersten Mal die beruhigenden Schläge seines bisher unbelauscht gebliebenen Herzens vernehmen konnte, so war im Hintergrund weiterhin dieses dumpfe Dröhnen zu hören.

Zunächst war er sicher, dass es ihn mit der Zeit wahnsinnig machen würde. Das mit *Tinnitus aurium* umschriebene Klingeln der Ohren schloss er allerdings intuitiv aus.

Mit der Zeit gewöhnte er sich freilich an das seltsame Geräusch, das abgesehen von Carsten Dellmayer und Frieda Rennstein keine Menschenseele zu vernehmen schien, und schenkte diesem Umstand nicht länger seine ungeteilte Aufmerksamkeit. Sein scharfsinniger Verstand warf allerdings zwei Fragen auf.

Handelte es sich hierbei womöglich um die Auswirkungen der Hochfrequenztechnologie beziehungsweise eine sonstige von Menschenhand geschaffene Fremdeinwirkung? Natürlich hatte Robert bereits von *HAARP* gehört und kannte die diesbezüglichen Theorien aus der Verschwörungsecke, denen zufolge es sich dabei nicht allein um eine Wetterwaffe, sondern womöglich auch um ein Manipulationsinstrument im Hinblick auf das menschliche Bewusstsein handelte. Er hatte Fotos der Anlage in Alaska gesehen, das Internet war voll davon.

Oder war das konstante tiefe Brummen womöglich kosmischen Ursprungs?

Einmal traf er Günter Zeisig nach Feierabend zu einem Spaziergang, um mit ihm darüber zu sprechen. Vielleicht hatte der Freund eine ganz andere Idee. Der Zeisig erschien an diesem Tag seltsam aufgeräumt zu sein. Gleich im Anschluss an die herzliche Begrüßung platzte alles aus ihm heraus.

>Bin ich froh, dass unser Geburtstagsgeschenk meine Eltern nicht das Leben gekostet hat. Das hätte ich mir mein Lebtag lang nie verziehen.<

Robert blickte ihn fragend an. Sie überquerten die Straße, die zum gusseisernen Eingangstor des Parks führte.

>Ich hab dir doch erzählt, dass meine Geschwister und ich meinem alten Herrn zum Geburtstag einen Gutschein für eine Reise

nach Mexiko geschenkt haben. Der war ganz aus dem Häuschen, sag ich dir. Mutter natürlich auch.<

Alle Kinder des betagten Ehepaares gingen bei der feierlichen Überreichung ihres Geschenkes an das strahlende Geburtstagskind davon aus, dass es sich um eine Studienreise mit geführten Exkursionen zu diversen Pyramiden handelte. Zeisig senior und Gattin Eleonore würde in der Obhut der Reisebegleiter sicherlich ein, wie die Mutter gleich am nächsten Tag freudestrahlend der neidisch blickenden Nachbarin anvertraute, >ganz doll schönes< Erlebnis bevorstehen.

Keiner der drei männlichen Sprösslinge hegte auch nur den leisesten Gedanken daran, dass diese Reise womöglich in Gefahr kommen könnte, ein unvorhergesehenes Ende zu finden. Doch hatten sie den durch den Klimawechsel und die Fülle an Eindrücken wiedererwachten Lebensgeist im Körper ihres Vaters offenbar unterschätzt.

Der machte sich nämlich nebst seiner geliebten Eleonore – die ihm nicht allein drei wohl geratene Kinder geschenkt, sondern auch diverse, ungeschickt ausgelebte Eskapaden immer wieder zähneknirschend verziehen hatte – auf eigene Faust und zum Schrecken der fassungslosen Reisebegleiter auf, das Land zu erkunden.

Zeisig senior hatte sich in seiner Eigenschaft als Mitarbeiter a.D. des Geoinformationsdienstes der Bundeswehr gut auf diese Reise nach Mexiko vorbereitet, jedoch die Hitze unterschätzt. Da kam ein sich gemächlich schlängelnder Fluss wie gelegen, das während der langen Fahrt im frühmorgens angemieteten und für ältere Semester gewöhnungsbedürftigen Jeep in Wallung geratene Blut sanft herunterzukühlen.

Die verschwitzten Eheleute entledigten sich flugs aller Kleidung und sprangen, angeregt durch die Aussicht auf Erfrischung, in der

Nähe des Mündungsbereiches so flink wie möglich in die Fluten des lauwarmen Flusses. Sie wollten kein Aufsehen bei der womöglich gottesfürchtigen und anständig erzogenen Bevölkerung erregen. Einmal untergetaucht, war es unmöglich, von außen zu erkennen, dass ihre faltigen Körper unter der Wasseroberfläche unbekleidet waren. Nach ein paar kräftigen Zügen fühlten beide gleichermaßen, wie die gestaute Wärme in ihren Gliedmaßen langsam einer wohligen Belebtheit wich.

Jedes Mal, wenn sich ihre Bahnen kreuzten, schaute Franz seiner Eleonore liebevoll in die von ausgelaufener Wimperntusche umrahmten Augen. Wäre er ein Arzt gewesen, so hätte er bei diesem Anblick sicherlich an ein Brillenhämatom denken müssen. Schließlich hielt Frau Zeisig den Augenblick für gekommen, wieder Land unter ihren Füßen zu gewinnen. Aufmerksam blickte sie von links nach rechts, um sicherzugehen, keiner Menschenseele ihre körperliche Blöße offenbaren zu müssen, bevor sie, mit ihrem Franz im Schlepptau, vorsichtig Schritt vor Schritt setzend das Ufer erklomm.

Dort schrie die Gute derart entsetzt auf, dass Herrn Zeisig senior beinahe das Herz stehen geblieben wäre, wenn er sich nicht geistesgegenwärtig einfach auf den Allerwertesten hätte fallen lassen, den zu diesem Zeitpunkt noch kein Hosenboden zierte.

Was war geschehen? Eleonore hatte just in dem Moment, als sie sich ihren Büstenhalter um die ehemals prallen Brüste anlegen wollte, das Ende eines Krokodilschwanzes erblickt, dessen Besitzerin sich durch die plötzliche Unruhe spontan entschieden hatte, den eigens zur Eiablage aufgesuchten sonnigen Uferplatz gegen den Schutz des Wassers einzutauschen. Die grubennistende Krokodildame wollte erst zurückkehren, wenn diese hysterisch gestikulierenden Gestalten wieder verschwunden wären, vorzugsweise mit der

Einsicht, dass sie als Spitzkrokodil, wenn überhaupt, jüngeres Fleisch bevorzugte.

Hieran lässt sich erkennen, dass Tiere klüger als gedacht sein müssen, auch wenn sie womöglich weniger in Worten als vielmehr in Bildern denken. Sie scheinen so allemal ihre eigenen Ansichten über das Leben, ihre Artgenossen und die Menschen zu gewinnen und deshalb kann es sicher nicht schaden, bei der nächsten Begegnung mit einem Vierbeiner den Hut zu ziehen und einen höflichen Gruß zu entbieten.

>Kannst du dir vorstellen, wie ich mich gefühlt habe, als die beiden mir davon erzählt haben?<, sagte der Zeisig. >Wie kann man nur so unvorsichtig sein? Das weiß doch jedes Kind, dass es da unten solch wilde Kreaturen gibt. Wenn ich mir überlege, was mein Vater beruflich gemacht hat, dann muss er einen richtigen Aussetzer gehabt haben<, schloss er die Erzählung. Die Erleichterung stand ihm noch immer ins Gesicht geschrieben.

Robert fühlte sich von der Freude des Zeisigs über den glücklichen Ausgang der Geschichte angesteckt. Die Stimmung schien zusätzlich von der unerwarteten Milde des Aprilabends zu profitieren. Die Luft bewegte nicht ein Blatt in den jungfräulichen Bäumen. Während ihre Schritte großzügig die Parkwege durchkreuzten, kam Robert auf das Brummen in seinen Ohren zu sprechen. Günter Zeisigs Meinung zum Thema *HAARP* interessierte ihn sehr.

>Insgesamt stehe ich den Berichten eher kritisch gegenüber. Sie erzeugen Angst und Panik und sind von daher in meinen Augen eher fragwürdig<, sagte Robert.

Günter schien einmal mehr außerordentlich gut informiert zu sein.

>Man mag darüber denken, was man will, aber mir ist bekannt, dass manche Leute es für möglich halten, dass die ELF-Technologie

auf die Schuhmannfrequenz der Erde aufmoduliert wird, um auf diesem Wege Gefühlsveränderungen bei den Menschen hervorzurufen. Depressionen zum Beispiel.<

Robert hatte irgendwo gelesen, dass ELF für *extreme low frequencies* stand.

>Wer sollte ein Interesse an diesen Dingen haben?<

>Keine Ahnung. Womöglich einige Schwerverdiener dieser Welt. Sie verkaufen sich als Gutmenschen, indem sie beispielsweise humanitäre Stiftungen gründen. In Wahrheit scheint es so zu sein, dass sie hinterrücks Spielchen treiben, um eigene Interessen zu verfolgen.<

Günter Zeisig richtete seinen Rücken auf. Das Thema übte eine anregende Wirkung auf seinen Körper aus.

>Worin bestehen diese Spielchen denn?<, fragte Robert interessiert, auch wenn er kurz überlegt hatte, ob das alles nicht womöglich nur üble Unterstellungen wären.

>Da gibt es beispielsweise Personen, die aus Gründen des eigenen Profits und ihrer Machtsteigerung versuchen, in die Geschicke der zukünftigen Weltgeschichte einzugreifen. Dies geht soweit, dass sie augenscheinlich eine Reduzierung der Weltbevölkerung unter dem Deckmäntelchen der Nächstenliebe von langer Hand zu planen scheinen.<

>Woher willst du das so genau wissen?<

Robert fühlte sich unwohl bei dem Gedanken, dass der Zeisig womöglich nicht genau zu sagen wusste, ob es sich hierbei lediglich um Verschwörungsideen handelte oder tatsächliche Fakten. Er war nämlich der Ansicht, dass Halbwissen sich nicht wirklich von Lügen unterschied und hätte es vorgezogen, ganz sicher die Wahrheit zu erfahren.

>Es gibt Videos im Netz darüber<, sagte Günter. >Schau sie dir einfach an und bilde dir deine eigene Meinung.<

Nun war der Zeisig beileibe kein Mensch, der mit derartigen Vorwürfen einfach so hausieren ging. Denn wenn man es recht bedenkt, so bedeuten diese schließlich nichts anderes, als dass eine neue Form der Eugenik im Entstehen begriffen sein könnte. Deren Auswüchse haben die Deutschen unter dem Deckmäntelchen, ihr Volkskörper müsse gesunden, bereits in der NS-Zeit zur Genüge kennen lernen dürfen. Es dürfte nicht wenige Schüler geben, die im ersten Moment sehr erstaunt sind, wenn sie im Geschichtsunterricht erfahren, dass hinter einem Eu-Wort, worunter gewöhnlich etwas sehr Schönes, Gutes oder Richtiges zu verstehen ist, plötzlich derart Grauen erregende Abscheulichkeiten verborgen sind.

>Sollte sich so etwas vor den Augen einer weltweit vernetzten Informationsgesellschaft in anderem Gewand einfach wiederholen können?<, dachte Robert.

Jedenfalls hatte sich Günter Zeisig mit dieser neuen Version menschlicher Auslese beschäftigt und war zu dem Schluss gelangt, dass durchaus etwas an diesen Geschichten wahr sein könnte. Er hatte schon häufig aus den Mündern ihm bekannter Personen vernommen, es gebe tatsächlich viel zu viele Erdbewohner und es sei doch nur recht und billig, dass endlich etwas dagegen unternommen werde. Doch der Zeisig war da anderer Ansicht. Er hatte nämlich im Zuge seiner Recherchen etwas herausgefunden.

>Es gibt Untersuchungen darüber<, sagte er, >dass unsere Erde unter geänderten Vorzeichen durchaus in der Lage sein könnte, an die vierzehn Milliarden Menschen zu ernähren und zu tragen. Eine Dezimierung müsste also nicht zwangsläufig erfolgen, obwohl es wirklich so scheint, als ob immer mehr Menschen dies für den einzigen Ausweg halten.<

>Ja, aber doch wohl nur, weil sie nicht akzeptieren wollen, dass ein globales Umdenken erfolgen muss, das ziemliche Auswirkungen auf unser aller Leben haben wird. Glaubst du wirklich, dass die Mehrheit der Bürger in unserer sogenannten Ersten Welt dazu bereit sein wird?<

Robert schlug vor, sich ein paar Minuten auf eine Bank zu setzen, weil ihm zum ersten Mal in diesem Jahr richtig warm war. Der Zeisig wusste, dass sich über all diese Dinge ein dickes Buch schreiben ließe, und er wusste auch, dass ihm dazu mit Sicherheit die Zeit fehlen würde.

>Wir Bewohner der reichen Industrienationen müssten natürlich komplett umdenken und unsere Lebensgewohnheiten völlig umstellen, also Verzicht üben<, sagte er.

>Nicht nur das, es wäre auch eine Umverteilung von Ressourcen notwendig, die sich gewaschen hat<, sagte Robert und beobachtete, wie sein Freund den Ärmel hochkrempelte, denn jetzt wurde auch dem Zahnarzt tüchtig warm. Das lag sicher nicht allein an der fast schon sommerlich anmutenden Luft.

>Warum sollte das nicht möglich sein? Schon einmal etwas von Visionen gehört? Wie wäre es mit einem schön geschnürten Paket, das *Die neue Erde* heißt?<, schlug Günter vor.

Robert war bass erstaunt, dass dieser bodenständige Mensch auf einmal das Wort Vision im Munde führte. Er selbst hielt viel von einer solchen Vision.

>Das heißt, du wärst dazu bereit, auf bestimmte Dinge zu verzichten?<, fragte Robert.

>Ja, durchaus, aber es müssten schon noch ein paar andere mitmachen.<

Der Zeisig drehte seinen Kopf zur Seite und boxte Robert mit wippendem Pferdeschwanz kumpelhaft in die Flanke. Das sollte lustig wirken, verfehlte seine Wirkung aber auf der ganzen Linie. Robert spürte nämlich bei Günters Worten eine leichte Verstimmung in sich aufsteigen und brummte vor sich hin, als wäre er ein Bär.

Es machte ihn traurig, dass sein Freund so zu denken schien wie die meisten Menschen. Sie folgen oft nicht ihrem Herzen, sondern sondieren erst einmal, was andere Leute über ihre Pläne denken. Erst wenn sie nicht mehr alleine im Boot sitzen, sind sie bereit, sich für eine gute Sache stark zu machen und dafür sogar auf lieb gewonnene Gewohnheiten zu verzichten.

Wenn allerdings kein anderer sich die Finger verbrennen mag und alle erst einmal abwarten wollen, wie sich die Sache entwickelt, dann entsteht so etwas wie ein heftiger Windhauch. Der löst den guten Willen wie ein milchiges Wölkchen am Himmel auf. Zurück bleibt die Hülse einer Idee.

>Also, worin bestehen diese Spielchen denn nun wirklich?<, fragte Robert.

>Man mime den Philanthropen und unter dem Vorwand, helfen zu wollen und zu retten, was gerettet werden muss, greife man geschickt in möglichst alle Bereiche des menschlichen Lebens ein, um sie zu seinen Gunsten zu beeinflussen.<

>Und wie soll das funktionieren?<, fragte Robert.

>Die dazu erforderliche weltweite Kontrolle erfolgt nicht nur über gentechnisch veränderte Nahrungsmittel, sondern auch über bestimmte Impfstoffe, Medikamente, Wettermanipulation und Fortpflanzungskontrolle, um nur ein paar Mittel zu nennen.<

>Erinnert mich irgendwie an die Einführung der Energiesparlampen. Da habe ich mich zum ersten Mal gefragt, was das für Leute sind, die so etwas entscheiden. Mit Quecksilber ist nun wirklich nicht zu spaßen. In meinen Augen ist das eine tickende Zeitbombe.<

Das seltsame Verhalten der Zeit machte Robert wirklich ratlos. Es war ihm bewusst, dass er sich als Mensch im Grunde genommen in jeder Sekunde neu erfand. Alles andere kam nur einer Aneinanderreihung von Geschichten gleich, die sich um seine Person rankten. Aber dieser Gedanke beruhigte ihn nicht. Ganz im Gegenteil, er hinterließ einen fahlen Beigeschmack, da er die tief in ihm verwurzelte und dennoch gefürchtete Sehnsucht nach Selbsterkenntnis in den Bereich des Unmöglichen verdrängte.

Robert gewöhnte sich an, abends noch einmal jedes Detail des Tages in seinem Geiste zu rekapitulieren, als wollte er sichergehen, dass trotz der Kürze der Stunden genügend passiert sei. An manchen Tagen erschien es ihm rückblickend freilich so, als habe er in dem durchschnittlich siebzehn Stunden betragenden Zeitraum zwischen Wachen und Schlafen wesentlich mehr vollbracht als an anderen Tagen.

Nun mag man meinen, dass dies nichts Besonderes sei, doch Roberts angeborener Wissensdurst wollte ausfindig machen, worin dieser Unterschied bestehen könnte. Tatsächlich fiel ihm irgendwann auf, dass die Tage, an denen er aufgrund günstiger Umstände wenig Stress verspürte, wesentlich erfüllter erschienen als diejenigen, an denen er sich – von seinem Terminkalender gehetzt – komplett aus den Augen verlor.

Er klebte sich einen Zettel auf seinen ausladenden Praxisschreibtisch. In Großbuchstaben geschrieben und mit mehreren Ausrufungszeichen versehen, sprangen ihm nun unzählige Male am Tag genau fünf Worte in die Augen.

>Erinnere dich an dich selbst!<

Tatsächlich konnte er binnen einer Woche erste Veränderungen wahrnehmen und in seinem Notizbuch festhalten. Auch die mit Terminen überfrachteten Tage erschienen auf einmal länger als zuvor.

Angesichts dieser Erkenntnis fühlte er sich ungewohnt beschwingt. Das können sicherlich alle Menschen gut verstehen, die ebenfalls darunter leiden, dass die Stunden des Tages einfach so dahinfliegen. Am Ende fragt man sich, fast ein bisschen enttäuscht, wo sie geblieben sind.

Robert beschloss, noch einen abendlichen Abstecher zu Frieda Rennstein zu machen. Die Großtante hatte sich bereits zu Bett gelegt, um zu lesen. Das zusätzliche Zimmer in ihrer neuen Bleibe gestattete den Einkauf neuer Bücher und die stapelten sich in Ermangelung eines noch zu erwerbenden Regals auf dem einzigen Tisch, der mitten im Raum stand. Andere Exemplare bildeten vor einer in pastellartigem Blaugrün gestrichenen Wand einen regelrechten Turm.

Das changierende Türkis übte auf Robert eine Faszination aus, die er sich nicht erklären konnte. Es musste daran liegen, dass das sanfte Ineinanderfließen der hellzarten Grundtöne ungewohnt lebendig wirkte. Frieda hatte sich nur ein kleines Jäckchen übergeworfen, nachdem sie sich zuvor durch die Gegensprechanlage von der Vertrauenswürdigkeit des späten Besuches überzeugt hatte. Vorher betätigte sie niemals den Türöffner. Selbst eine derart furchtlose Person wie sie wollte in einer Stadt wie Berlin Vorsicht walten lassen.

>Robert Zeitlos, wie lange kennen wir uns schon?<, lautete die Reaktion der Großtante, nachdem er ihr stolz vom Erfolg seines Schachzugs mit den fünf Worten berichtet hatte.

Robert erschrak und fühlte, wie sehr viel Blut in seinen Kopf schoss. Mit dem Tonfall einer Inquisitorin hatte er nicht gerechnet. Er ahnte sogleich, dass es womöglich unangenehm werden könnte, und entschloss sich, vorsorglich ein wenig zu grienen, um ihr den Wind aus den Segeln zu nehmen. Dabei wurde ihm zum ersten Mal richtig bewusst, wie lange er Frieda bereits kannte.

>Und? Was habe ich dir immer wieder gesagt? Das *Jetzt* ist der einzige Moment, der wirklich zählt. Alles andere ist Illusion. Ich freue mich, dass du dies endlich zu verstehen scheinst.<

Robert fühlte augenblicklich Ernüchterung. Ja, er erinnerte sich, sie hatten darüber gesprochen, aber er hatte es nicht verinnerlicht. Die Erkenntnis, wegen der er zu ihr gekommen war, hatte sich angefühlt, als wäre sie gerade erst in ihm geboren worden. Frieda bemerkte seine Verstimmung sofort.

>Wie wär's, wenn du dich einfach eine Zeit lang darin übst, den Geruch der unmöglichsten Dinge zu erspüren<, sagte sie versöhnlich. >Ist sozusagen eine kleine Übung in Synästhesie. Du weißt ja, manche Leute können Farben hören oder Töne sehen. Wenn es dir gelingt, den Duft der Gegenwärtigkeit wahrzunehmen, dann bist du einen Schritt weiter.<

Nun, Friedas Ratschläge mögen auf den ersten Blick seltsam erscheinen, denn wie soll man den Duft von etwas wahrnehmen, das so wenig riecht wie die Gegenwärtigkeit? Wenn man allerdings wie Robert zu gesunder Neugierde neigt, dann hat man Freude daran, es auszuprobieren, und nimmt dafür sogar in Kauf, dass *gut Ding Weile haben will.*

17

Ein kleiner, aber feiner Unterschied, ungebetene Gäste und ein bewusst in Kauf genommener Irrtum

Roberts Beruf brachte es mit sich, dass er viele Menschen sehr genau kennen lernen durfte, und das fand er schön. Er hatte nämlich bemerkt, dass jeder von ihnen auf seine Weise einzigartig war, und etwas Einzigartiges sollte man sich nicht entgehen lassen.

Die Anamnese war ihm wichtiger als alles andere und er verwendete wesentlich mehr Zeit darauf als die meisten Vertreter seiner Zunft. Deswegen erfuhr er fast immer, warum die Menschen in Wirklichkeit so krank, verstört, ängstlich oder depressiv waren. Weil er die Gründe nun aber wusste, fühlte er sich auch mehr für sie verantwortlich, als wenn sie nur eine Abfertigungsnummer gezogen hätten, wie das zur Optimierung des Ablaufs in einem Möbelhaus aus dem hohen Norden und bei verschiedenen Behörden üblich ist.

Gerne nahm Robert dafür in Kauf, dass die Terminvergabe in seiner Praxis nicht immer das Nonplusultra darstellte, weil es nämlich zu Verzögerungen kommen konnte, wenn ein Mensch extrem krank, verstört, ängstlich oder depressiv war. Aber es versteht sich von selbst, dass die anderen Patienten Verständnis dafür hatten, denn sie fühlten genau, dass Robert dies bei ihnen ebenso gemacht hätte. Nur hatten sie das große Glück, nicht extrem, sondern womöglich nur ein bisschen krank, verstört, ängstlich oder depressiv zu sein.

Dass Roberts Eingangsgespräche mit den Patienten von den Krankenkassen im Laufe der Jahre immer weniger honoriert wurden, störte ihn nicht.

>Ohne solide Basis keine vernünftige Diagnose<, lautete sein Motto und ließ ihn daran festhalten, obwohl dies an manchen Tagen zwölf Stunden Arbeit und mehr bedeutete. Die Karteikarten der Pati-

enten, für viele Ärzte mittlerweile längst Vergangenheit, füllte er in episch zu nennender Breite aus. Er wollte dieses Ventil für seine brachliegende Kreativität nutzen. Es lag ihm viel daran, die unvorsichtige Voraussage seiner kleinen Tempeltänzerin zu durchkreuzen, dass er sonst eines Tages explodieren würde.

An freien Tagen bereitete es ihm manchmal Spaß, die Karten hervorzukramen, um durch das Verfolgen wiederkehrender Muster einen roten Faden zu erkennen, der alle Geschichten einte. Zunächst fiel ihm auf, dass viele der Menschen, die den Weg in seine Praxis in der Kollwitzstraße fanden, das Bedürfnis nach Zuwendung hatten und einfach nur wahrgenommen werden wollten. Aber das war nichts wirklich Neues. Wer kennt nicht jemanden, für den der wöchentliche Besuch beim Arzt der einzige Kontakt ist, bei dem er einmal berührt wird, weil zu Hause niemand da ist, der ihn umarmen oder ihm ein Küsschen geben könnte. Kann man solch einem Menschen böse sein, wenn er gar nicht gesund werden will?

Wer hier einwendet, das belaste aber unser Gesundheitssystem und koste viel Geld, der hat wenig Phantasie. Es gibt schließlich noch eine andere Lösung. Man kaufe eine gute Flasche Wein, setze sich ins Auto, fahre zu einem solchen Menschen und überrasche ihn als Erstes an der Haustür damit, dass man ihn ganz fest in die Arme nimmt und erst wieder loslässt, wenn er darum bittet. Das kann allerdings dauern und wenn man nur ein Stündchen für den Besuch eingeplant hat, bleibt womöglich nicht mehr viel Zeit, um die Flasche Wein gemeinsam auf den Kopf zu hauen und von alten Zeiten zu reden. Bei der Verabschiedung bietet es sich an, dem Onkel oder der Oma zu versprechen, dass man bald wiederkäme. Sodann küsse man ihn oder sie so beherzt auf die Wange, dass es richtiggehend knallt.

Der behandelnde Arzt der auf diese unerwartete Weise beglückten Person wird sich bei deren nächstem Besuch garantiert umgucken, gesetzt den Fall, er bekommt sie überhaupt noch einmal zu Gesicht.

Es wird Sie vielleicht erstaunen, dass Robert ziemlich lange nach dem roten Faden suchen musste, aber schließlich gelangte er dann doch zu der Überzeugung, dass die größte Geißel der Menschheit den Namen Angst trug. Diese wurde durch permanente Ablenkung mehr schlecht als recht betäubt. Robert war nie ein Fan von Fassbinderdramen gewesen, aber der Titel des Films *Angst essen Seele auf* hatte eine tiefe Spur in seinem Gedächtnis hinterlassen.

Als Kind hatte es sich manchmal tatsächlich so angefühlt, als bliebe nichts mehr von ihm übrig, wenn die Angst sein ganzes Wesen beherrschte. Einmal war es besonders schlimm, denn er hatte ausnahmsweise eine schlechte Note mit nach Hause gebracht, und dies, obwohl Karl-Heinz Zeitlos ihm den Stoff an drei aufeinander folgenden Abenden im Vollbesitz geistiger Klarheit, unter Verzicht auf die 20-Uhr-Nachrichten, sein Bierchen und den Abendfilm erklärt hatte.

Frieda war im ersten Moment genauso bestürzt wie ihr Großneffe gewesen, denn der *starke Herrscher des Heims* hatte mehrfach betont, dass bei dieser hervorragenden Vorbereitung garantiert nichts schiefgehen könne. Sie ahnte natürlich, dass Gertruds Mann die schlechte Note als sein eigenes Versagen empfinden, dies aber niemals zugeben, sondern stattdessen auf den Sohn eindreschen würde.

Das konnte schon einmal geschehen, wenn er sehr wütend war und bereits drei Flaschen Bier und genauso viele Schnäpse getrunken hatte, um nach der langweiligen Arbeit in seinem stickigen Büro seine Lebensgeister auf diese zweifelhafte Weise wieder auf Vordermann zu bringen. Da er dem Vater noch nichts gesagt hatte, versuchte Frieda ihr Bestes, um Robert emotional zu wappnen.

>Kennst du den Unterschied zwischen Angst und Furcht?<

>Nein.<

Frieda blickte ihren Großneffen prüfend an, um zu durchschauen, wie weit sie in diesem Moment gehen konnte, ohne ihn zu verunsichern, denn das war wirklich das Letzte, wonach ihr in diesem Moment der Sinn stand.

>Angst ist diffus und Furcht ist konkret. Du fürchtest dich also vor der Reaktion deines Vaters. Es gibt nur eine Arznei dagegen.<

Robert schaute sie erwartungsvoll an und freute sich, dass es offenkundig nicht mehr als dieser einen Arznei bedurfte, damit alles wieder gut würde.

>Versuche ihn zu lieben.<

Dieser Satz sauste, wie von einem Hammer getrieben, mitten hinein in Roberts Verstand.

Frieda hatte längst erkannt, dass nur jene Form der Liebe, die auf Vergebung gründete, in derartigen Fällen half. Dies wiederum erforderte, dass ein Mensch zunächst sich selbst vergeben lernte, doch dafür war Robert noch zu jung.

Völlig verwirrt stand er von seinem Stuhl auf, um mit gesenktem Kopf zur Tür zu trotten. Frieda hatte diese Reaktion befürchtet, sie aber willentlich in Kauf genommen. Zum ersten Mal fühlte er sich von ihr zutiefst unverstanden. Das tat weh, denn von Frieda hätte er dies niemals erwartet. Das machte alles nur noch schlimmer.

>Bleib!< Ihr Tonfall war ungewöhnlich fest. Robert blieb tatsächlich stehen, ohne sich zu ihr umzudrehen. Er wollte ihr in diesem Moment nicht in die Augen sehen, weil er spürte, wie nah er den Tränen war.

>Wenn es dir gelingt, ihm zu verzeihen, dann bist du frei. Angst und Furcht sind nichts anderes als die Abwesenheit von Liebe.<

Er ging weiter, bis er die Tür erreicht hatte. Während er die Klinke langsam herunterdrückte, hörte sie seine flüsternde Stimme.

>Das schaffe ich nie. Will ich auch gar nicht.<

Nun, wie soll ein Kind verstehen, dass es jemanden lieb haben soll, der ihm nicht einmal das klitzekleinste Zipfelchen Glück gönnt und darüber hinaus noch nicht einmal *Danke* sagen kann, obwohl man ständig und ohne Verzug Befehle dieser Person ausführt? Das Ganze hat zwar den Vorteil, dass man schon als Siebenjähriger sämtliche Zigarettensorten im Automaten auswendig hersagen kann und vom vielen Bierholen aus dem Keller Oberarme sein eigen nennt, die den anderen Jungs in der Schule besorgte Blicke abnötigen, aber das ist auch schon alles.

Natürlich konnte Robert den ursächlichen Zusammenhang zwischen latenter Angst und den Ablenkungstaktiken seiner Patienten nur für den Großraum Berlin feststellen. Immerhin waren es genügend Vertreter beiderlei Geschlechts gewesen, um die empirische Stichhaltigkeit seiner kleinen Untersuchung sichergestellt zu wissen.

In zwei Excel-Tabellen unterschied er die verschiedenen Manöver zwischen *von außen wahrnehmbar* und *nur innerlich wahrnehmbar*. In einigen erkannte er sich selbst wieder, wenn auch die gängigsten für ihn nicht galten. Herr Zeitlos litt nicht unter dem Verlangen nach Alkohol, Drogen und exzessivem Medienkonsum. Er flüchtete sich auch nicht in Traumwelten, unvernünftige und maßlose Essgewohnheiten oder abstruse Sexualpraktiken, um seine Angst zu verdrängen. Er hatte nämlich früh gelernt, dass man der Angst am Besten mutig ins Auge sieht.

Da dies aber nicht ganz ungefährlich ist, sei an dieser Stelle verraten, dass er zudem Folgendes erkannt hatte: Angst kann lediglich dann existieren, wenn ihr Widerstand entgegengesetzt wird. Ansonsten zerstiebt sie bei näherer Betrachtung wie eine Pusteblume, in die ein Kind tüchtig hineinbläst. Sie ist dann in keinem Winkel der Seele länger aufzuspüren und das führt bisweilen dazu, dass man ganz laut lachen muss. Das Leben erscheint von einer Minute zur anderen als schön und längst nicht so schwierig, wie man morgens am Frühstückstisch gedacht hatte.

Robert interessierte sich auch für die medizinische Parasitologie. Dies erstaunt ein bisschen, weil man sich unter Parasiten gewöhnlich etwas sehr Unangenehmes vorstellt. Schließlich handelt es sich um Schmarotzer, auch wenn sich Flöhe, Läuse und Milben im Rasterelektronenmikroskop bekanntlich als durchaus possierlich erweisen können.

Aber Roberts Interesse galt weitaus mehr den fleißig im Blut, dem Gewebe und dem menschlichen Darm ihr Unwesen treibenden Endoparasiten. Er wollte nämlich wissen, wie man sich am besten von Rinder- und Fischbandwürmern befreien kann, die bis zu zwanzig Meter lang werden und nach einem kurzen Intermezzo in dem jeweils namengebenden Tier einen Menschen zum Hauptwirt erwählen. Sie wollen damit nämlich ihr Leben verlängern.

Robert erinnerte sich, dass er, kurz nachdem Ursula Jungblut seine neue Biologielehrerin geworden war, mit Frieda über Parasiten gesprochen hatte. Er hatte ihr gesagt, dass es erstaunlich sei, wie der Tollwuterreger das Wirtstier in seinem Verhalten zu manipulieren versteht.

>Du wirst schon noch erfahren, was einige dieser Zwitterwesen mit uns Menschen so alles anstellen. Was glaubst du, warum ich

keinen Zucker esse? Da sind die Schmarotzer ganz wild drauf. Ist sozusagen ihr Leibgericht.< Sie lächelte.

Mehr konnte er ihr an diesem Tag nicht entlocken und so begab er sich auf die Suche nach Hinweisen, die ihre These stützen würden. Er wusste aus der Vergangenheit, dass sie mit allem, was sie an unmöglich oder möglich Erscheinendem von sich gab, so gut wie immer ins Schwarze traf.

Nur einmal musste sie eine von ihr getätigte Aussage revidieren. Es handelte sich um die Fußballeuropameisterschaft 1992. Sie hatte Deutschland als Sieger vorausgesagt, obwohl sie sich weder dafür interessierte noch wirklich von diesem Ausgang überzeugt gewesen war. Sie wollte einfach ihren Neffen Karl-Heinz besänftigen, der an diesem Tag seiner Familie unleidlicher als gewohnt beiwohnte, weil ein Arbeitskollege ihn als *nörglerischen Pedanten* tituliert hatte.

Frieda hatte anlässlich der trotzigen Verlautbarung dieser >bodenlosen Ungehörigkeit< innerlich geschmunzelt, sich aber nicht über Karl-Heinz lustig gemacht, sondern mit ihrer Aussage ein freudiges Aufblitzen in seinen Augen provozieren wollen. Dies war ihr auch tatsächlich gelungen. Gerne nahm sie dafür in Kauf, dass die bis dahin hundertprozentige Treffsicherheit ihrer Vorhersagen diesen vernachlässigungswerten Makel erfuhr.

In der ersten Dekade des neuen Jahrtausends spielte das Schicksal Robert einen angelsächsischen Forschungsbericht in die Hände, durch den er die wahre Begründung für seine durch Frieda Rennstein geschürte Mutmaßung belegt fand: Parasiten haben tatsächlich für das Leben auf der Erde eine besondere Bedeutung. Der Beweis war gelungen, dass einige dieser Schmarotzer in der Lage sind, die Hirnchemie der nichts von ihrer Anwesenheit ahnenden Menschen zu verändern.

Auf seiner kopfinternen Friedaliste machte Robert einen Bestätigungshaken hinter die lang zurückliegende Behauptung der Großtante. Doch war die Sache für ihn damit nicht erledigt. Er verrannte sich in die Idee, dass es ein Parasitenmittel geben müsse, das die Betroffenen von diesen ungebetenen Gästen befreien würde. Unvermittelt besann er sich auf Hermann Rennsteins liebevoll geführtes Kräuterbuch, das die Quintessenz heimischer und fremdländischer Kräuter enthielt.

>Hast du dieses Kleinod mit nach Berlin gebracht?<, fragte er Frieda bei der nächsten Gelegenheit. Sie hatten sich in Berlin-Mitte getroffen und wollten noch einen Kaffee zusammen trinken, bevor ihre Wege sich wieder trennen würden.

>Ja. Aber ich habe noch etwas ganz anderes für dich herausgefunden, etwas, wonach du schon lange suchst.<

Robert war sofort ganz Ohr.

>Es hat etwas mit der Zeit zu tun und mit der Wirklichkeit, die womöglich gänzlich frei davon ist.<

Robert wusste sofort, dass sie von der *ersten* Wirklichkeit sprach.

>Hast du bei deinen ganzen Überlegungen schon einmal die Tatsache in Betracht gezogen, dass sich das Magnetfeld der Erde derzeit massiv verändert? Wusstest du, dass in Folge dieser Anomalien das Kilo zunehmend leichter wird?<

>Wie das?<

>Keine Ahnung, was ein Naturwissenschaftler dazu sagen würde. Aber es kursieren Theorien, dass die Erde immer mehr an Masse verliert und folglich leichter wird. Dieser Umstand soll sowohl die Beschleunigung der Zeit als auch der Schumann-Frequenz im Gepäck haben.<

>Ich denk, die ist eine Konstante?<

>Offensichtlich wohl doch nicht. Du kannst dir kaum vorstellen, wie viele Menschen sich im Internet den Kopf darüber zerbrechen, ob die Erde nun leichter oder schwerer wird.<

Robert mochte gar nicht glauben, was Frieda ihm da erzählte. Er war nämlich davon ausgegangen, dass die Erde durch Meteoriteneinschläge und Staub aus dem All zwangsläufig immer schwerer würde.

>Was würde sich aus einer Verringerung des Gewichts ergeben?<, fragte er und erinnerte sich daran, dass es – außerhalb der Chemie – keinen allgemeingültigen Erhaltungssatz für die Masse gab.

Frieda wiegte den Kopf hin und her.

>Wenn ich das genau wüsste. Ich denke, es wird so sein, dass die Menschen ihr Bewusstsein erweitern müssen, um sich an die äußeren Bedingungen anpassen zu können. Wer angesichts der Veränderungen des Erdmagnetfeldes an Altem festhält, verpasst womöglich den Zug. Ich hoffe, deiner Mutter wird es gelingen, noch im letzten Moment aufzuspringen.<

>Was geschieht mit den Menschen, die den Zug verpassen werden?<

>Was glaubst du?<

18

Der fremde Mann hinter dem Projektor und
die scheibchenweise Zerlegung der Tage

Kurz darauf wurde Robert bewusst, dass die Elektrizität einen radikalen Wandel im Zeitempfinden der Menschheit bewirkt haben musste. Mit der Einführung der Glühbirne war es auch im Winter möglich geworden, sich bis in die tiefe Nacht hinein in beleuchteten Räumen aufzuhalten. Er schlussfolgerte, dass sich das Zeitempfinden der Menschen in die so verlängerten Stunden des Tages hinein ausgedehnt haben musste.

>Das muss damals sehr aufregend für die Leute gewesen sein<, dachte er.

Nun, wenn man sich überlegt, wie lang früher eine Winternacht dauern konnte, dann fällt die Vorstellung leicht, dass sie die meiste Zeit davon gelangweilt im Bett verbracht haben. Weil sie zudem mit Wachs und Brennholz haushalten mussten, konnten sie – sofern sie des Lesens überhaupt mächtig waren – die vielen Stunden nicht einmal durch die Lektüre eines spannenden Buches verkürzen.

Doch das war noch nicht alles. Robert wusste nicht wirklich, was im Innern seines Computers vor sich ging. Deshalb erschien ihm die Entdeckung, dass die der Menschheit vertraute Zeit durch den Rechner womöglich radikal zusammengepresst wurde, wie das Durchbrechen eines Schleiers. War es nicht so, dass der Computer Milliarden ursprünglich voneinander getrennter Zeitsegmente innerhalb von Nanosekunden erkannte? Worum ging es nun wirklich? Dehnte die Zeit sich aus oder beschleunigte sie sich?

Carsten Dellmeyer schien Roberts Überlegungen ausnahmsweise nicht sonderlich voraus zu sein.

>Junge, Junge, das sind ja vielleicht ausgefuchste Fragen!<, sagte der Patissier und runzelte die Stirn, denn er hatte nicht sogleich eine Antwort parat. Robert wartete geduldig und schwieg.

>Wenn wir davon ausgehen, dass Einstein die derzeit noch plausibelste Erklärung im Hinblick auf die Zeit gegeben hat, dann hängt nun einmal alles von der Bewegungsgeschwindigkeit ab<, sagte Carsten schließlich.

>Hallo, schon vergessen? Er hat in den Kategorien der Lichtgeschwindigkeit gedacht. Wenn du morgens mit dem Schnellzug nach Paris und wieder zurück fährst, während ich mich genüsslich noch einmal im Bett umdrehe, nach dem Aufstehen stundenlang nahezu bewegungslos am Frühstückstisch verharre und danach einen faulen Sonntag auf dem Sofa verbringe, dann handelt es sich womöglich um gerade mal eine Sekunde, die du sozusagen in die Zukunft gereist bist, wenn du bei deiner Rückkehr abends die Datschentür öffnest.<

Fast wäre Robert bei seinen Ausführungen schwindelig im Kopf geworden.

>Aber du sagst doch sonst immer, dass die Zeit eher schneller vergeht als früher. Eine Sekunde merkt man nicht unbedingt in Relation zu einem ganzen Tag. Also muss es sich hier doch um etwas anderes handeln<, gab Carsten zu bedenken.

Er leckte sich über die Oberlippe, denn er hatte kurz zuvor eine neue Trüffelsorte kreiert und beim Probieren war die Schokolade noch feucht gewesen. Mittlerweile spannte die getrocknete Kuvertüre auf der Haut.

>Genau!<, sagte Robert. >Dem bin ich auf der Spur. Soweit ich weiß, hat Einstein später noch vermutet, dass der Dehnungseffekt eventuell mit dem Gravitationsfeld der Erde zusammenhängen könnte. Ich bin erst ganz am Anfang und für einen Laien ist das Ganze

nicht so einfach.<

Nun, das stimmt, liebe Leser. Wie soll man unter diesen Voraussetzungen erkennen, ob es einen kausalen Zusammenhang zwischen der Dehnung, also Verlangsamung, und der gefühlten Beschleunigung der Zeit gibt?

>Ich hab mal gehört, dass man die Zeit willentlich schrumpfen lassen kann. Hatte irgendetwas mit dem Nullpunkt zu tun<, sagte Carsten. >Das Thema hatten wir ja bereits. Der Nullpunkt soll die Vergangenheit, Gegenwart und Zukunft im *Jetzt* beinhalten. Könnte vielleicht ganz interessant für dich sein.<

>Darüber habe ich auch schon nachgedacht. Um im Nullpunkt sein zu können, müssen wir uns von unserer Vergangenheit befreien. Sie ist Ballast, der irgendwie verdaut werden muss. Ihren Wegfall nehmen wir womöglich als Zeitschrumpfung wahr.<

>Hört sich ziemlich schräg an, aber du magst Recht haben. Im Nullpunkt sind wir einfach nur noch. Die wichtigsten Dinge geschehen dann plötzlich von alleine. Immer zur richtigen Zeit, am richtigen Ort.<

Robert wusste nicht mehr, wann er zum ersten Mal das Gefühl gehabt hatte, dass die Empfindung und damit die Qualität der Zeit sich veränderte. An den Moment selbst konnte er sich beim besten Willen nicht erinnern, doch musste dies etwa Ende der neunziger Jahre gewesen sein. Seitdem waren die Rechner weltweit immer schneller geworden.

Fest stand, dass manche Tage wie im Fluge vergingen und zwar, als hätten sie maximal zwölf statt vierundzwanzig Stunden gedauert. Andere hingegen erschienen derart prall gefüllt, dass sie den Eindruck hinterließen, es wären sechsunddreißig Stunden verstrichen. Das Verfliegen der Zeit und ihre Dehnung schienen irgendwie miteinander verknüpft zu sein. Womöglich stellten sie zwei Seiten desselben Phänomens dar.

>Vielleicht hat das alles etwas mit den Taktgeberzellen der biologischen Uhr in einem Lebewesen zu tun?<, versuchte Carsten zu helfen.

>Ich weiß nicht<, sagte Robert, >irgendwie habe ich das Gefühl, dass es hier um mehr geht.<

Er hatte es aufgegeben, mit anderen Menschen lange darüber zu diskutieren, weil die Zeit nun einmal von jedem anders wahrgenommen wurde. Doch einmal fühlte Robert sich auf unerwartete Weise verstanden. Obwohl er im Auto gewöhnlich nur den CD-Player nutzte, hatte er ausnahmsweise das Radio eingeschaltet. Der Empfang war mäßig bis schlecht und einzelne Textpassagen konnte er nur mühsam verstehen, doch der Song mit dem Titel *In der Mitte der Sanduhr* fesselte seine ganze Aufmerksamkeit.

Die Sandkörner stellten für sich fest, dass es immer enger wurde, und fragten sich besorgt, was sie nach der Passage durch das Nadelöhr wohl erwarten würde. Je näher die Mitte des Stundenglases rückte, umso mehr gerieten sie in Aufregung. Die Passage – *...und man überlegt zu beten und man weiß nicht, wie das geht, weil doch jedes Wort verwischt wird, das in Sand geschrieben steht* – gefiel ihm besonders gut.

Er war sich seit Friedas Brief immer bewusst gewesen, dass die Mitte der Sanduhr ein Symbol für das *Jetzt* und damit für die sich hinter der Zeit verbergende Wirklichkeit darstellte. Etwas in ihm ahnte, dass das Lied in Wahrheit die mögliche Reaktion der Menschen im Angesicht jener Gegenwärtigkeit thematisierte, von der Carsten und er im Zusammenhang mit dem Nullpunkt gerade erst gesprochen hatten.

Sogleich vernahm er in seinem Innern eine wohlvertraute Stimme:
>Jetzt gehst du aber ein bisschen zu weit, als ob die Zeit plötzlich
aufhören könnte zu existieren! Wie schräg klingt denn das?<

Dieser unfreundliche Satz stammte von seinem Verstand, der
nichts mehr fürchtete, als dass er, Robert, tatsächlich im *Jetzt* leben
würde. Doch Dr. Zeitlos wollte zumindest darauf vorbereitet sein.

Sein bevorzugter Winkelzug bestand von nun an darin, seinen
Verstand darauf zu trainieren, inaktiv zu sein. So konnte er in den
Modus reiner Achtsamkeit wechseln, der automatisch das Gefühl von
Gegenwärtigkeit erzeugte. Es gelang ihm zwar selten über einen
längeren Zeitraum, diesen Zustand zu erzeugen, aber wenn er ihn
herannahen fühlte, schien der Himmel urplötzlich ganz nah zu sein.

Einmal dachte er darüber nach, wie er die Dinge in seiner Kindheit empfunden hatte. Im Rückblick hatte er den vagen Eindruck,
dass die Zeit nur so schnell zu erfassen war, wie das Auge mitkam.
Der gefühlte Zeitablauf schien damals vor allem davon abzuhängen,
wie oft die Situationen und Räume wechselten.

Robert dachte auch über die Zeitdehnung nach, die er als Kind –
von Vorfreude erfüllt – am Morgen des Heiligabends empfunden hatte. Dies hatte selbst der Umstand nicht verhindern können, dass er
hinter der geschlossenen Tür seines Kinderzimmers Karl-Heinz Zeitlos unter satten Flüchen eine bis an die Decke reichende nadelnde
Fichte durch den engen Eingangsflur zerren hörte. Der Vater hatte
wieder einmal nicht eingesehen, dass er für eine frisch geschlagene
Edeltanne sein mühsam verdientes Geld zum Fenster hinauswerfen
sollte.

Frieda Rennstein musste damals auf ihre unnachahmliche Art geahnt haben, dass ihn der Fluss der Zeit mehr als alles andere beschäftigte. Noch bevor er von sich aus Fragen dazu stellen konnte, schlug sie ihm deshalb einen Kinobesuch vor. Dabei tat sie sehr geheimnisvoll und deutete an, dass es eine Überraschung gebe, und wenn Frieda dieses Wort gebrauchte, wusste Robert, dass sie ihm etwas zeigen oder beibringen wollte.

Der Film handelte von einem reichen jungen Mann, der ständig Suizidversuche inszenierte und sich in eine etwa achtzigjährige Frau verliebte. Robert gelang es freilich nur schwer, sich auf die Handlung zu konzentrieren. Sein durch Friedas Äußerung vor Neugierde aufgewühlter Verstand lief ohne sein Wollen auf Hochtouren. Es fühlte sich an, als beabsichtige er eine Brennspur in seinem Gehirn zu hinterlassen.

Frieda hatte alles geplant. Als der letzte Besucher sich aus den engen Reihen befreit und den Saal verlassen hatte, winkte sie freudig einem Herrn mittleren Alters zu, der sich zügig auf sie zu bewegte.

>Ist er das?<, fragte der Herr und sah freundlich aus, obwohl er wegen Friedas Großneffen länger arbeiten musste.

Frieda nickte und schaute Robert erwartungsvoll an. Seltsam, dachte der, ich bin es doch, der hier nicht weiß, worum es geht. Er fühlte sich unwohl, weil er nicht wusste, was auf ihn zukommen würde.

>Los geht's. Schau auf deine Uhr<, sagte die Großtante und stupste seinen Unterarm an.

Es war genau 18.30 Uhr. Sie hatten die Vorstellung am späten Nachmittag gewählt. Plötzlich flackerte das Licht auf der Leinwand erneut auf und dann rasten die Bilder im Zeitraffer an ihnen vorbei. Es war anstrengend hinzuschauen und irgendwann reichte es Robert. Er schaute Frieda wütend an.

>Was soll dieser Blödsinn?<, sagte er. So unverblümt konnte er freilich nur mit Frieda reden, denn bei seinem Vater hätte es in diesem Moment die 3001. Kopfnuss gesetzt und seine Mutter hätte mit an Sicherheit grenzender Wahrscheinlichkeit doppelt so schnell wie sonst nach Luft gejapst und dabei hyperventiliert.

Frieda hingegen schien auf eine derartige Reaktion gewartet zu haben. Sie drehte sich um und machte eine eindeutige Handbewegung. Der Mann am Projektor stoppte augenblicklich die schnellen Bilder und in Roberts Kopf wurde es ruhiger.

Beim Hinausgehen schwiegen sie, bis sie in Gertruds altem Opel Kadett saßen, dessen Kupplung häufiger Reparaturen bedurfte. In den Augen ihres Gatten Karl-Heinz hatte Frau Zeitlos den Führerschein bedauerlicherweise in einem Alter erworben, in dem die ersten Beeinträchtigungen der für das Führen eines Automobils unabdingbaren und äußerst komplexen Verschaltungen im Gehirn die synchronen Ausführungen des Bewegungsapparates zu verhindern wussten. Seiner Ansicht nach ließen sie eigentlich nur noch das gefahrlose Erlernen feinmotorisch ausgefeilter Handarbeitstechniken zu. Lange Rede, kurzer Sinn: Herr Zeitlos senior hielt also seine Frau schlichtweg für zu blöd, um ein Auto zu führen, und das war traurig, denn nicht jeder Mensch kann nun einmal gleichzeitig in allen Dingen gut sein. Blöd war Gertrud deshalb noch lange nicht.

Während er den Gurt befestigte, konnte Robert nicht länger an sich halten.

>Was soll daran eine Überraschung gewesen sein?<

Er gab sich keinerlei Mühe, seine Enttäuschung zu verschleiern. Frieda ließ sich freilich nicht provozieren und schaltete ruhig in den zweiten Gang, wobei sie augenblicklich gewahr wurde, dass es wie immer zu sehr ruckelte, um von Karl Heinz Zeitlos auf Dauer nicht bemerkt zu werden. Der lieh sich Gertruds Wagen nämlich gerne einmal aus, um zum Fußballplatz zu fahren. Der Parkplatz dort war ungeteert und Schlammspuren hatten an einem Wagen, der so neu wie sein eigener war, nichts zu suchen.

>So ein Film besteht aus unzähligen einzelnen Fotos, die alle aneinandergereiht werden. Die Anzahl der Bilder ist immer identisch, doch je nachdem, wie schnell man den Film abspult, verändert sich die Dauer der Vorführung. Verstehst du, worauf ich hinauswill?<

Robert wusste nicht, was er davon halten sollte, da ihm dies längst bewusst war. Doch er kannte Frieda zu gut. Irgendetwas musste an der Geschichte dran sein, was er zu diesem Zeitpunkt nicht verstand. Nachfragen war sinnlos.

>Du wirst schon beizeiten dahinterkommen, was ich dir damit sagen will, mein Junge. Ach übrigens, es gibt etwas, das du unbedingt wissen solltest. Die Welt entsteht in unserem Innern und die Herausforderung besteht darin, das Innen und das Außen in Einklang zu bringen.<

Jetzt erinnerte sich Robert an diesen Kinobesuch, weil er zunehmend öfter das Phänomen beobachtete, dass er bestimmte Routinearbeiten, die in der Praxis anfielen, im Vorfeld bereits gedanklich komplett abgespult hatte, aber mit den damit verbundenen Handreichungen nicht nachkam.

Jedes Mal, wenn dies geschah, wurde er entgegen seiner sonst eher ruhigen Natur ungeduldig, weil der mentale Zeitraffer nicht mit dem Alltag Schritt halten konnte. Es schien, als käme die physische Welt einfach nicht schnell genug nach. Außerdem konnte es geschehen, dass er für den fußläufigen Nachhauseweg, für den er jahrelang fünfundzwanzig Minuten gebraucht hatte, an manchen Tagen nur mehr eine Viertelstunde benötigte, obwohl er sicher war, ganz gemütlich geschlendert zu sein. Das ist doch erstaunlich, nicht wahr?

Er kombinierte, dass dies im Grunde genommen nichts anderes bedeuten konnte, als dass in weniger Zeit mehr passierte. Nach dem dritten Mal stellte er sich die Frage, was außer der Gangart anders gewesen sein könnte.

Da gab es tatsächlich einen roten Faden. Es waren nämlich genau die Tage gewesen, an denen er nach getaner Arbeit nicht wie üblich mit einem dicken Brummschädel nach Hause gelaufen war, sondern genug Muße verspürt hatte, alles, was ihm begegnete, als Verknüpfung eines bildhaften Ganzen wahrzunehmen. Im gewöhnlichen Alltag betrachtete er alles, was ihm begegnete, als eine Abfolge fragmentarischer Einzelheiten, an deren Details er sich später selten erinnern konnte.

Und dann geschah etwas sehr Schönes, das man eigentlich jedem Menschen nur wünschen kann: Roberts Tage begannen, sich auf bedeutsame Weise in ihrer ureigentlichen Qualität zu unterscheiden. Die rein mengenmäßige Abfolge interessierte ihn immer weniger. Es kam vor, dass er morgens erwachte und beim besten Willen nicht sagen konnte, um welchen Wochentag es sich handelte, und er war überrascht, dass ihn das kein bisschen beunruhigte. Er hatte den Eindruck, dass ihm dieser Umstand dazu verhalf, sich auf das Wesentliche zu konzentrieren.

Welche Qualität ein Tag haben würde, entschied sich immer in den ersten Minuten nach dem Erwachen. Missmutigkeit war der denkbar ungünstigste Start in den Morgen. Wenn er es recht bedachte, gab es beim besten Willen keinen Grund für diese sich auf alle weiteren Stunden übertragende Stimmung. Nun, damit hatte er fraglos Recht, denn das Leben ist wirklich zu wertvoll, um ihm schon morgens am Frühstückstisch auf ruppige Weise zu begegnen.

Frieda brachte eine völlig andere Ebene ins Spiel.

>Dankbarkeit. Dankbarkeit ist ein Tor, das jeder von uns durchschreiten muss, um den Himmel auf die Erde zu holen.<

Dieser Satz war die einzige Aussage, die er der Großtante zu diesem Thema entlocken konnte. Robert gewöhnte sich bestimmte Rituale an, die den Tag sauber in Scheiben zerlegen halfen. Es waren einfache Verrichtungen, immer wiederkehrende Alltäglichkeiten wie die Nahrungsaufnahme, das Zubinden der Schuhe oder das Zähneputzen, die er mit mehr Aufmerksamkeit ausführte als zuvor.

Er fand darin eine gewisse Besänftigung seiner arbeitsbedingten Unruhe, aber da war noch etwas anderes, etwas, das ihn dazu bewegte, weiterzumachen. Wenn er bemerkte, dass ein Anflug von Hektik die morgendliche Rasur begleitete, konnte er dies nun als unangenehme Störung empfinden. Zuvor hatte die ungeliebte Tätigkeit ihn derart absorbiert, dass er sich darüber jedes Mal vollständig vergessen hatte.

Jetzt entschied er sich in diesen Momenten dazu, in einen anderen Modus zu wechseln. Als Nassrasierer führte er den Pinsel bewusst langsam über sein Gesicht und beobachtete, wie Pore um Pore seiner Haut unter dem an Eischnee erinnernden glänzenden Weiß verschwand. Bedächtig strich die Klinge über seine Wangen und das Kinn.

Robert war erstaunt. Plötzlich machte es Spaß, sich zu rasieren. Schlagartig erschien ihm diese täglich wiederkehrende Handlung nicht länger als eine mühevolle, seinem Geschlecht geschuldete Prozedur, sondern bereitete ihm Freude. Dies mag den ein oder anderen männlichen Leser erstaunen, entspricht aber vollkommen der Wahrheit.

>Jede Handlung, die nicht mit liebevoller Aufmerksamkeit ausgeführt wird<, schrieb Robert in sein Notizbuch, >erweist sich im Nach-

hinein so, als wäre sie lediglich in meinen Gedanken und nicht wirklich geschehen. Es fehlt die plastische Erinnerung und damit ein Stückchen Vergangenheit.<

Wenn es Robert gelang, im Augenblick zu verweilen, war der Moment zeitlos perfekt, egal wie er sich im Außen präsentierte. Nun bedeutet dies, recht betrachtet, nichts anderes, als dass Robert imstande war, seine Wirklichkeit zu formen. Er empfand dies als ein grandioses Geschenk der Evolution.

>Bedauerlicherweise haben die wenigsten Leute dieses Geschenk bis heute ausgepackt. Kann eigentlich nur daran liegen, dass sie es vor langer Zeit vergessen haben<, sagte er einmal zu Carsten. Der wusste sofort, worum es ging.

>Scheint so, als friste es in der hintersten Ecke des Schrankes oder aber auf einem zugigen Dachboden zwischen alten Kisten und Koffern ein verkanntes Dasein. Schade drum<, antwortete der Patissier und lächelte. Es war ein trauriges Lächeln.

>Wenn alle Menschen um dieses Geschenk wüssten, dann würden sie ihr Leben womöglich als phantastisches Abenteuer erleben<, sagte Robert.

>Jedenfalls nicht länger als eine Kette sinnloser und leidvoller Ereignisse.<

19
Schwierige Kinder gibt es nicht oder
ein brennender Schimmelreiter auf einem Berliner Hinterhof

Kinder lagen der selbst kinderlos gebliebenen Frieda Rennstein auch mit über achtzig Jahren noch genauso am Herzen, wie in den Jahren ihrer bis ins Detail von ihr erinnerten Jugend. Beunruhigt beobachtete sie um die Jahrtausendwende herum, dass ein merklicher Wandel eintrat. Irgendwann hielt sie es für angebracht, diesen Umstand in einem ihrer wöchentlichen Briefe an Robert zu erwähnen.

>Die Kinder werden pathologisiert, und du als Arzt solltest wissen, was es damit auf sich hat. Ich bin nicht dumm und lasse mich auch nicht dafür verkaufen. Ich beobachte, was um mich herum passiert. Da ist etwas im Busch und die Kinder sollten nicht immer für alles herhalten müssen. Sag mir nicht, du weißt nichts von diesen Drogen.<

Auf den ersten Blick mag es erstaunen, dass Frieda im Zusammenhang mit kleinen, unschuldigen Kindern so ein unschönes Wort im Munde führt. Sie hatte eine Liste mit möglichen Nebenwirkungen angefertigt, die nicht auf dem Beipackzettel der Medikamente aufgeführt waren, und sie dem Brief beigefügt. Sie war davon überzeugt, dass die Tabletten unzähligen verhaltensauffälligen Kindern verabreicht wurden, um sich eines Problems zu entledigen.

Robert wusste sofort, dass Frieda mit diesem Zettel vor seiner Nase herumgewedelt und dabei so etwas wie *Aufklärung tut not!* gebrummelt hätte, wenn sie persönlich da gewesen wäre. Aber zu dem Zeitpunkt bewohnte sie noch die Mansarde des kurhessischen Reihenhauses, in dem Liebe ein Fremdwort war. Etwas in seinem Innern gab Robert deutlich zu verstehen, dass sie Recht hatte. Er setzte sich, um weiterzulesen.

>Aber im Grunde muss sich unsere Gesellschaft endlich den Ursachen für diese Entwicklung stellen. Schwierige Kinder gibt es nicht, es gibt nur problematische Lebensumstände. Die Kinder spiegeln uns das solange, bis wir aufwachen und endlich etwas ändern.<

Als Robert sich über eine Dekade später an diesen Brief erinnerte, runzelte sich seine Stirn. Er wäre dieses ungeliebte Thema liebend gerne umgangen, doch es trat zunehmend häufiger in sein Leben. Es machte ihn wütend, dass er als Arzt Kollegen kannte, die ohne ausreichende Eingangsdiagnose Medikamente verschrieben, die sich in der chemischen Zusammensetzung nur um drei Moleküle von Kokain unterschieden. Es reichte häufig aus, dass ein Kind auffallend zappelig war.

Erst am Vortag waren eine aufgebrachte Mutter und ihr vermeintlich hyperaktiver Achtjähriger bei ihm vorstellig geworden.

>Da schmeißen wir ein paar Tabletten ein und dann wird das schon, hat dieser Schulpsychologe gesagt<, entrüstete sich die Mutter. >Ich hab gedacht, ich träume. Der Kerl hat meinen Jungen gerade mal eine knappe halbe Stunde während des Unterrichts beobachtet und nur weil er ein paar Mal mit dem Stuhl gekippt hat, soll er jetzt dieses Zeug schlucken.<

Der Gedanke an einen vierzehnjährigen Schüler, der sich drei Wochen zuvor das Leben genommen hatte, blitzte zum zigsten Male in Roberts Kopf auf. Benjamin Finke war einige Tage vor diesem tragischen Ereignis mit Verbrennungen zweiten Grades an der linken Hand zu ihm in die Praxis gekommen. Der Junge selbst war zu sehr damit beschäftigt, den kaum zu ertragenden Schmerzen standzuhalten, um selbst berichten zu können. Seine aufgeregte Mutter schien das Familienzepter unnachgiebig in der Hand zu halten.

>Stellen Sie sich vor, Herr Doktor, er hat einfach hinten im Hof den *Schimmelreiter* von Theodor Storm, oder wie der hieß, angezündet. Erst mit der Deospraydose drauf gehalten und dann angezündet!<

Es hatte eine kleine Explosion gegeben und das Feuer war auf die Hand übergesprungen. Die Mutter schien nicht besonders besorgt zu sein, eher verärgert.

>Nichts als Scherereien hat man mit dem Jungen. Seitdem er klein ist, immer nur Theater! In der Schule kommt er gar nicht klar, obwohl er eigentlich schlau ist. Aber die Lehrer rufen mich ständig an, weil er wieder irgendetwas angestellt hat.<

Sie schien in ihrem Element zu sein. Robert ahnte, dass er sie zu Ende reden lassen musste, damit er in Ruhe die Verletzung versorgen konnte. Sie hatte einen leicht sächselnden Akzent. Der Junge tat ihm leid.

>Wir geben ihm jetzt seit drei Jahren dieses Medikament und erst war es ja auch besser geworden, aber dann kamen die Schlafstörungen, und gegessen hat er plötzlich auch nichts mehr. Wir haben es zwischendurch abgesetzt, aber da ist uns die Schule aufs Dach gestiegen, weil er andauernd den Unterricht gestört hat. Ja, und dann haben wir wieder damit angefangen und seitdem ist er total aggressiv. Sie sehen ja selbst, Herr Doktor, nur weil er für die Schule dieses Buch lesen sollte, ist er so ausgerastet. Das grenzt doch an Selbstverstümmelung, oder? Und das Schönste ist, sein Freund hat noch ein Video davon drehen wollen..., ist aber wegen des Unfalls nichts draus geworden.<

Benjamin Finke ahnte, dass er etwas sagen musste, damit dieser Arzt ihn endlich versorgen konnte. Er hätte vor Schmerzen schreien können, aber den Triumph wollte er seiner Mutter nicht gönnen.

>Ich hatte einfach keine Lust, so einen Scheiß zu lesen.<

Auch Robert wusste, dass es höchste Zeit war, die Mutter loszuwerden, um sich vernünftig um die Wunden kümmern zu können.
Unter dem Vorwand, sie solle ihrem Sohn Wasser aus dem Spender
im Wartezimmer besorgen, schaffte er sich einen kurzen Freiraum.
Der Junge hatte etwas an sich, das ihn zutiefst berührte. Er spürte,
dass in dem jungen Menschen dieselbe Trauer vorherrschte, die
auch er in diesem Alter in sich getragen hatte. Der einzige Unterschied bestand darin, dass er damals durch Frieda unverhofft einen
Ankerplatz gefunden hatte, der Benjamin Finke offenkundig verwehrt
blieb. Trotz aller Empathie fühlte er sich bemüßigt, ein paar kluge
Worte zu dem Vorfall zu sagen.

>Hör zu, Benjamin, wir kriegen das hier schon irgendwie hin. Aber
Bücherverbrennungen sind insgesamt ziemlich fragwürdig, zumindest hier bei uns. Ist historisch bedingt, verstehst du? Waren sozusagen abschreckende Höhepunkte unserer Geschichte.<

Der Junge schwieg.

>Wenn du Glück hast, werden sich keine Narben bilden.<

Drei Tage später las Robert in der Zeitung von Benjamins Tod.
Über drei Ecken erfuhr er, dass es kein Unfall gewesen war. Der
Junge hatte sich spätabends auf dem Dachboden des mehrge-
schossigen Mietshauses erhängt und wurde erst am nächsten Morgen vermisst, als er nicht aus seinem Zimmer kam.

Zunächst nahm man an, er habe das Haus früher als gewöhnlich
verlassen, da er nie sein Bett machte und von daher kein Unterschied zu erkennen war. Seine Schwester Julia entdeckte ihn Stunden später, als sie Wäsche aufhängen sollte.

Robert machte sich Vorwürfe, obwohl er wusste, dass er sich
nichts zu Schulden kommen lassen hatte. Er dachte voller Mitgefühl
an das junge Mädchen, das nur ein Jahr älter als ihr Bruder gewesen

war, und wagte kaum sich auszumalen, wie das schaurige Bild die Schwester womöglich ihr Leben lang verfolgte.

Er versuchte einzuschätzen, ob die Mutter sich die Schuld am Tod ihres Sohnes geben würde, und kam zu der ernüchternden Schlussfolgerung, dass sie aller Voraussicht nach aufgrund ihrer Selbstbezogenheit gar nicht so weit denken konnte.

Am meisten dauerte ihn jedoch der Junge. Seit dem Tag der Berichterstattung verfolgte ihn der Gedanke, wie Benjamin sich kurz vor seinem Freitod gefühlt haben musste. Obwohl er eigentlich gar nicht so weit gehen wollte, sah er im Geiste, wie der Junge den Schemel bestieg, sich die Schlinge um den Hals legte, sie festzurrte und dann den Hocker mit den Füßen wegstieß.

Als er Frieda noch am selben Abend anrief, um von dem tragischen Ereignis zu berichten und sich die Absolution zu holen, erinnerte sie ihn daran, was sie ihm einmal erzählt hatte, als er noch ein Junge gewesen war.

>Das Leben auf Erden und der Tod sind zwei Seiten der gleichen Medaille. Letztendlich geht es jedoch um das Sein, und das ist nun einmal unsterblich. Da können dir die anderen erzählen, was sie wollen.<

Roberts Betroffenheit blieb davon unberührt. Dieser Benjamin hatte ihn zu sehr an ihn selbst erinnert, als dass er diesen Tod einfach wegschieben konnte. Es war vor allem die Tatsache, dass er so jung gewesen war, die ihn bedrückte. Sobald er an die flüchtige Begegnung in der Praxis zurückdachte, hatte Robert sogleich wieder das Bild von Mutter und Sohn vor Augen. Er fragte sich, ob Benjamin Finke während seines kurzen Aufenthalts auf Erden jemals glücklich gewesen sein konnte.

Noch Tage später fühlte sich Robert unwohl. Am darauffolgenden Mittwochabend berichtete er in der üblichen Runde, dass er eine Studie kenne, die eine Verknüpfung der Einnahme amphetaminhaltiger Präparate und einer erhöhten Suizidgefahr bekräftigte. Paul Bremer fand die Geschichte absurd.

>Darin einen ursächlichen Zusammenhang erkennen zu wollen, ist ja wohl hanebüchen.<

Robert ließ sich durch Bremers harsche Reaktion nicht beirren.

>Im Grunde ist jede Verabreichung ohne gründliche Eingangsdiagnose ein Grund, diese Leute strafrechtlich verfolgen zu lassen. Schließlich fällt das Zeug unter das Betäubungsmittelgesetz.<

Paul Bremer zuckte lediglich mit den Schultern. Er sah das lockerer.

>Wenn den Eltern damit geholfen ist, warum nicht? Ist doch eh alles für die Katz. Essen vergiftet, Wasser verschmutzt, wo man hinsieht, geht alles den Bach runter. Da macht so eine Aktion auch keinen Unterschied. Ist ja sonst keiner zu Schaden gekommen.<

Wenn jemand so denkt, drängt sich der Eindruck auf, dass es in uns Menschen ein phantomgleiches Wesen geben muss, das sich von Zeit zu Zeit in den Vordergrund schiebt. Ein weiser Mann hat einmal zum Besten gegeben, dass es sich wie ein psychischer Schmarotzer an unserem Unglück labt, denn dies scheint seine auserkorene Lieblingsspeise zu sein. Wenn dieses Phantom einen Menschen wie Paul dazu bringt, sich so zu vergessen, dass er förmlich nur noch aus negativen Gedanken zu bestehen scheint, dann reibt es sich den Bauch und freut sich seines Lebens.

Das freilich führt bei seinem Wirt, in diesem Fall also Paulchen Bremer, zu fragwürdigen Anschlusshandlungen, die alles nur noch schlimmer machen. Der bestellte nämlich gleich eine weitere Flasche

Rotwein. Das half immer. Er würde sich nicht unterkriegen lassen von diesem Universum, dem Gott offensichtlich den Rücken gekehrt hatte. Wie sollte man sich sonst erklären, dass es nichts anderes im Sinn hatte, als seine Bewohner zu drangsalieren und an ihrem eigenen Elend ersticken zu lassen? Er hatte für sich einen Schlussstrich gezogen. Noch ein paar Jährchen würde er es sich gut gehen lassen und dann ohne Traurigkeit abtreten. Was sollte ihn schon halten?

Nun, das sind Gedanken, die einen Mitmenschen wirklich traurig machen können, und wenn Frieda in diesen Momenten bei ihm gewesen wäre, dann hätte sie ihn sicherlich beherzt in den Arm genommen, ihm ein wenig den Rücken getätschelt und womöglich ein Wörtchen für den Schöpfer dieses Universums eingelegt.

Sie war geübter als andere Menschen darin, in den Spiegel jener Wirklichkeit zu schauen, die alle anderen Realitäten hervorbringt. Und so ging sie davon aus, dass der Urgrund allen Seins wie ein Generator hinter jedem Gedanken, jeder Emotion, jedem Klang, jeder Farbe und jeder Lebensform steht. Dieser Generator ist aber nicht etwa ein hoher Militär – was aufgrund der Ähnlichkeit mit dem Wort General ja zumindest eine Überlegung wert wäre – oder ein famoser Politiker mit Suggestivkräften, die sich sehen lassen können. Nein, er zieht es vor, stets im Hintergrund zu agieren, sich nie einzumischen und zu beobachten, wie ein Mensch die ihm zur Verfügung stehende Energie entweder in niedrige oder hohe Frequenzen umwandelt.

So in etwa dachte Frieda und deshalb hätte sie Paul Bremer wahrscheinlich für einen der Zeitgenossen gehalten, die ihren negativen Gedanken oder Emotionen freien Lauf ließen, anstatt herauszufinden, ob es vielleicht auch anders gehen könnte. Das ist aber nichts Ungewöhnliches und ganz bestimmt hätte sie Paul trotzdem gemocht. Menschen sind nun einmal Gewohnheitstiere. Wenn man sich erst einmal in einem Zustand eingelebt hat, richtet man es sich darin immer gemütlicher ein. Man vermisst nichts, weil die Erinnerung an das Gegenteil ganz tief ins Vergessen abgetaucht ist.

Robert hatte es bisher freilich versäumt, Frieda und Paul miteinander bekannt zu machen, und so musste dieser vorerst alleine klarkommen. Das war womöglich auch besser für ihn, denn sie hätte vielleicht gesagt, dass ein Mensch, der so auf seinen Schöpfer schimpfte, wie Paulchen Bremer, diesem im Grunde inniglich zugeneigt war. Wäre Gott ihm tatsächlich gleichgültig gewesen, dann hätte es ihn sicher überhaupt nicht berührt, dass dieser den Menschen nicht in ihren freien Willen hineinpfuschte und stattdessen in Kauf nahm, als uninteressiert und gleichgültig zu gelten.

20

Der lange Jammer abertausender Schweineseelen, das kleine Glück einer cocktailbeflügelten Vogelperspektive bei Nacht und der Beweis, wie klein die Welt doch sein kann

Eines Abends entschloss sich Robert, mit Günter Zeisig über sein gewandeltes Zeitempfinden zu sprechen, wenn Paul Bremer einmal verhindert wäre. Dies geschah immer öfter, weil der – trotz seiner depressiven Grundstimmung und den Furcht erregenden Schlussfolgerungen, von denen wir im vorigen Kapitel erfahren haben – sich Hals über Kopf verliebt hatte. Dies war ein Umstand, mit dem niemand gerechnet hatte, er selbst am allerwenigsten.

Immerhin ist hiermit der Beweis erbracht, dass selbst ein sarkastischer Nörgler im Grunde genommen ein warmherziger Bursche sein kann, der sich genauso nach Liebe sehnt wie andere Menschen auch. Jeder Sonnenstrahl, den das Herz eines weiblichen Wesens über diesen Mann ergießt, wird begierig von ihm aufgesogen und wie ein Schwamm, der seine Härte durch die Berührung mit Wasser augenblicklich in Geschmeidigkeit verwandelt, so wurde auch Paul Bremer plötzlich so biegsam wie eine junge Birke.

Es musste ihn offenkundig richtig erwischt haben, denn seine stets gräuliche Ausstrahlung wich nach und nach einer Farbe, die den Arzt in Robert beruhigte. Er vermutete, dass Paul nicht mehr regelmäßig zu viel Alkohol trank und offenkundig auch seine Schwermut langsam in den Griff bekam.

Aber es lag nicht nur an Paul, dass er Günter Zeisig jetzt öfter sah. Nach Jahren ausnahmslos in ihrer Stammkneipe verbrachter Abende besuchte Robert ihn immer öfter zu Hause. Der Zahnarzt hatte sich auf dem riesigen Gelände des ehemaligen Ostberliner Schlachthofes ein Loft gekauft. Robert konnte seinem Gesicht entnehmen, wie stolz er war, dem Freund zum ersten Mal seine neue Bleibe zu präsentieren.

>Ehemalige Gerberei. Hättest du vorher mal sehen sollen!<

Wer zu den älteren Bewohnern des Berliner Ostens zählt, weiß sicherlich, dass es auf dem Schlachthofgelände auch eine Fußgängerbrücke namens *Langer Jammer* gab. Manche Bürger beliebten sie damals die *Rue de Galopp* zu nennen, denn an eine Überquerung im gemächlichen Trab war an diesem furchteinflößenden Streckenabschnitt zwischen Friedrichshain und Lichtenberg nicht zu denken.

Robert vermutete sogleich, dass die Schweine auf ihrem Weg in die industrielle Verarbeitung ihrer Körper mit anschließender Nutzung aller verwertbaren Teile als Leder, Hundefutter oder Seife stets erbärmlich gequiekt haben müssen. Er fragte sich, ob der Klang entsetzter Tierseelen womöglich noch immer über den Gebäuden schwang, und fühlte sich trotz Zeisigs Euphorie nicht wirklich wohl.

Dennoch brachte es der vermehrte Kontakt zum Zeisig mit sich, dass Robert sich öfter auf dem Areal aufhielt. Mit der Zeit gewöhnte er sich ungeachtet des traurigen Hintergrundes an die letzten maroden Gebäude, die über kurz oder lang saniert sein würden. Wenn er das denkmalgeschützte Treppenhaus mit dem hellgrünen Charme altdeutscher Krankenhausflure betrat, freute er sich einfach nur auf eine schöne Zeit mit einem ihm über die Jahre lieb und vertraut gewordenen Zeitgenossen.

In einem Loft zu wohnen, war für Günter Zeisig die Erfüllung eines lang gehegten Traumes.

>Form follows function<, sagte der Zeisig gerne. Das Motto sprang Robert in Form ausgesuchter Designermöbel aus jedem Winkel des hellen und gestreckten Wohnbereiches entgegen. Selbst die Eieruhr auf der Dunstabzugshaube von Günters Kücheninsel

versprühte den kühlen Charme satinierten Edelstahls.

>Ich glaube, ich bin endlich angekommen.<

Dieser in einer stillen Minute auf dem Sofa geborene und bereitwillig dem Freund übermittelte Gedanke des Zahnarztes im Angesicht seiner industriell geprägten Unterkunft wurde von Robert wohlwollend zur Kenntnis genommen, wenngleich nicht geteilt. *Ankommen* war ein Wort, das hinterfragt werden wollte. Wer sollte, bitte schön, wo ankommen, wenn doch jede nähere Betrachtung ergab, dass im Grunde genommen, und für Robert bar jeglichen Zweifels, das wirklich Wesentliche die ganze Zeit gegenwärtig war?

Er war erst einen Tag zuvor zu dem endgültigen Schluss gekommen, dass es tatsächlich eine Welt hinter der Welt geben musste, die als erste und letzte Wirklichkeit zugleich die Welt der Eindrücke und Erscheinungen hervorbrachte. Das, was jeder Mensch auf individuelle Weise als Realität empfand, stellte demnach nichts anderes dar als die Illusion eines schattenhaften Abziehbildes. Gleich einem Echo versuchte es, die Essenz dieser dahinterliegenden Wirklichkeit zu kopieren, und gab sich selbst für diese aus.

Mit dieser Überlegung hätte er Günter Zeisig freilich nur verunsichert. Es stand außer Frage, dass der Freund ein vielseitig interessierter Zeitgenosse war, aber in Anbetracht der weniger materiellen Dinge des Lebens hörte sein Verständnis gewöhnlich bald auf. Robert zog es vor, zu schweigen.

Stattdessen überlegte er, ob die Empfindung, im Außen angekommen zu sein, zwangsläufig mit der Erinnerung an das längst Verlorengeglaubte einherging, das sich im tiefsten Innern eines Menschen verbarg. >Nur wer seinen wahren Platz vergessen hat, weiß nicht, wo er gerade ist und wohin er will<, dachte er und kratzte sich am Hinterkopf.

Es gab noch andere Ecken in Berlin, deren denkmalgeschützte Morbidität Robert gruselig fand. Egal ob er die Yorckbrücken von Kreuzberg nach Schöneberg oder von Schöneberg nach Kreuzberg durchquerte: Die Mischung aus Rost und Graffiti ließ ihn regelmäßig schlucken. Es war ihm völlig gleichgültig, dass viele Berliner diese Schattenseite Berlins offenkundig liebten. Er selbst hatte schon in der Kindheit schönere Orte bevorzugt.

>Nichts geht doch über einen Winkel mit Schinkel<, sagte er häufig, denn dank der Regelmäßigkeit seiner sonntäglichen Ausflüge kannte er die wenigen gut erhaltenen Höhepunkte preußischer Architektur wie seine Westentasche. Aber er betrachtete die Stadt auch gerne aus der Vogelperspektive.

Zusammen mit Günter besuchte Robert deshalb von Zeit zu Zeit die Bar im vierzehnten Stock des Tagungshotels schräg gegenüber des Zeisig'schen Lofts. Schon wenn man aus dem Lift trat, war der nächtliche Ausblick über das Lichtermeer Berlins grandios. Sie hatten schnell herausgefunden, dass sich diese Empfindung mit dem Genuss von Cocktails steigern ließ. Manchmal saßen sie bis in die späte Nacht in den tiefen Sesseln und fühlten den Anflug glückseliger Trunkenheit gemächlich ihre Sinne vereinnahmen.

Irgendwann stellten sie allerdings unisono fest, dass es dazu der schüttelnden Künste des Barkeepers gar nicht bedurft hätte, im Gegenteil. An diesem Ort zählte allein die Empfindung eines völlig von allem anderen losgelösten und durch nichts zu zerstörenden Augenblicks, der sich in jede Faser ihres Seins hineinzudehnen schien.

An einem Spätnachmittag Anfang April trafen sich Günter Zeisig und Robert ausnahmsweise in der *StäV*, einem Touristenmagneten, in dem kältebeschlagene Kölschstangen im Duett mit deftiger Rheinküche trotzig den provinziellen Charme der von Anfang an dem Tode geweihten provisorischen Hauptstadt Bonn reanimierten. Es galt zusammenzurücken. Die eng gestellten Tische waren allesamt besetzt und die Kellner lieferten mit hektischen Schritten und professioneller Freundlichkeit die Bestellungen ab.

Robert konnte mit derartigen Menschenmassen nicht viel anfangen. Er hätte einen anderen Ort vorgezogen, aber der Zeisig war aufgrund seiner ausgedehnten Studienjahre in Köln entschiedener Fan der im Rheinland gepflegten Brauart.

>Irgendwie muss das Ganze doch zu packen sein<, sagte Robert, um sich abzulenken.

Günter blickte ihn ruhig an.

>Als Arbeitshypothese sind deine bisherigen Ergebnisse sicher dienlich, aber ein Sprungbrett in den ultimativen Erkenntnis-Pool im Hinblick auf das Wesen der Zeit und der sich dahinter verbergenden Wirklichkeit sind sie wohl kaum.<

>Trotzdem würde es mich interessieren, was das für Auswirkungen auf den menschlichen Alterungsprozess haben könnte.<

Robert überlegte kurz, ob der Zeisig seine These womöglich lächerlich finden könnte. Er wusste, dass sie ziemlich gewagt war, doch das war ihm in diesem Moment egal.

>Ich meine, wenn es irgendeinem Zeitgenossen theoretisch gelingen würde, nur noch im Jetzt zu verweilen, dann hätte die Zeit doch womöglich keinerlei Zugriff mehr auf seinen Körper. Verstehst du, was ich meine?<

Robert blickte Günter Zeisig erwartungsvoll an.

>Klar. Kann ich ja mal drüber nachdenken.<

Obwohl diese Reaktion eher verhalten war, spürte Robert keine Enttäuschung in sich. Er hatte noch mehr Hypothesen auf Lager.

>Immerhin könnte es ja sein, dass diese Veränderung der Zeitwahrnehmung von einer Generation zur nächsten weitergetragen

würde. Dann hätte sie sich mittlerweile in das kollektive Bewusstsein eingespeist und dort verankert.<

Roberts wissenschaftlich geschulter Verstand bemühte sich nach Leibeskräften, zu vermitteln, dass dies wohl kaum des Pudels Kern sein könne. Doch Günter Zeisig bewegte seinen Kopf hin und her. Das bedeutete, dass er die Aussage zumindest reflektierte.

Anfangs hatte es Robert oft verwundert, dass der Freund für alles offen zu sein schien, was sich außerhalb des Massengeschmacks bewegte, solange es mit mindestens einem seiner fünf Sinne zu erfassen war. Mittlerweile fand er, dass dieser Umstand ihre Gespräche auf unkonventionelle Art belebte.

Paul Bremer fand die Ansichten des Zahnarztes über die mutmaßlichen Lügen im Hinblick auf den Anschlag vom 11. September und die Landung der Amerikaner auf dem Mond schlichtweg grotesk. Robert hingegen zog es vor, den Sachen selbst auf den Grund zu gehen und sich eine eigene Meinung zu bilden. Eine Sache gab es, die er auf jeden Fall für hinterfragenswert erachtete.

Er hatte nämlich den Eindruck gewonnen, dass der Himmel ständig von weißen Schleiern vernebelt wurde. Nun gab es aber einen berühmten Wetterfrosch und der hatte es mehrfach als lächerlich bezeichnet, dass dem Kerosin in den Bäuchen der Flugzeuge toxische Substanzen beigemischt wurden. Er hat sich vor lauter Lachen fast nicht mehr eingekriegt.

Es gibt nämlich Menschen, die behaupten, dass der Klimawandel durch Vernebelung der Sonne beeinflusst werden soll. Sie denken, dass dies in Gestalt von Pseudo-Kondensstreifen auf der Basis von Bariumsalzen, Titanium und anderen chemischen Stoffen geschieht. Also hat sich dieser Meteorologe regelrechte Schlachten in verschiedenen Foren geliefert, aber Robert hat er damit nicht überzeugen können. Der überlegte nämlich trotzdem, ob die schachbrettartigen

Muster am Brandenburger Himmel – weiter reichte sein Auge nicht – wirklich nur die kondensierten Spuren des gewöhnlichen Flugverkehrs sein konnten.

Aber die Geschichte mit den sogenannten *Chemtrails* geht noch weiter. Offenkundig reichte es nicht, dass die gesundheitlichen Auswirkungen dieser mutmaßlichen Ungeheuerlichkeit ein schales Gefühl ärztlicher Verwirrung in ihm hervorriefen. Robert hörte einige Zeit später noch von ganz anderen Verlautbarungen und die hielt er im ersten Moment für Wahnvorstellungen. Denn nur ein psychisch kranker Zeitgenosse kann doch wohl daran glauben, dass die dem Kerosin beigemischten Substanzen in Wahrheit die Weltbevölkerung in Schach halten sollen, oder?

Doch dann kehrte die Erinnerung an die Gutmenschen zurück und plötzlich wusste Robert nicht mehr genau, was er von der ganzen Sache halten sollte. Er spürte den kurzen Impuls, angesichts von so viel menschlicher Skrupellosigkeit eine unbändige Wut zu entwickeln. Wenn es nach ihm gegangen wäre, dann hätten nämlich alle Menschen friedlich zusammengelebt und wenn es zu viele wurden, dann galt es eben zusammenzurücken. Die Realität sah jedoch anders aus, und an manchen Tagen fühlte er Entsetzen beim Anblick ihrer Auswüchse.

Nun mag man einwenden, dass Robert doch bereits ahnt, dass diese Wirklichkeit womöglich gar nicht die Wirklichkeit ist und dass es in der einzig realen Wirklichkeit, frei von Illusion und Traum, so etwas Trauriges womöglich gar nicht gibt. Aber seltsamerweise half Robert dieser Gedanke nicht weiter. Gleichzeitig wusste er, dass mit einer Wut, die im stillen Kämmerlein gepflegt wurde, niemandem gedient war, ihm selbst am allerwenigsten.

Vielleicht sollte noch erwähnt werden, dass er von Zeit zu Zeit auch die Bekanntschaft ausgebuffter Andersdenker und Bessermacher machte, die sein Gemüt erfreuten. Ihr Engagement gewährte Ausblicke auf Neues, aber Robert schätzte sie noch aus einem anderen Grund: Sie schienen nie das Ganze aus den Augen zu verlieren. Das stimmte ihn versöhnlich, und so dachte er häufig über sie nach.

Er stellte sich vor, wie es sein würde, alle Widerstände zu überwinden, um eine wirklich großartige Erfindung zu machen, die vielen Menschen das Leben erleichtert. Doch da gab es eine Stimme in ihm, die ihm zuflüsterte, dass er dazu schlichtweg zu faul, zu dumm und zu arm wäre.

>Es braucht eine ordentliche Stange Geld<, ließ die Stimme verlauten, und sie klang sehr resolut, >um etwas Bahnbrechendes auf den Weg zu bringen. Wie willst du einen wirklich potenten Sponsor für etwas finden, das die Welt noch nie gesehen hat? Außerdem muss man dazu erst einmal eine Idee haben.<

Das war wirklich ernüchternd, und wenn man zudem wie Robert darüber nachdachte, warum es offenbar immer noch zum Ehrenkodex der meisten Journalisten gehört, dass nur schlechte Nachrichten gute Nachrichten seien, verbesserte das die eigene Laune nicht wirklich. Die Errungenschaften der Andersdenker und Bessermacher waren offenkundig zu positiv, um überhaupt erwähnt, und zu neuartig, um verwirklicht zu werden.

Kurze Zeit später verließen die Herren Zeitlos und Zeisig leicht beschwipst die *StäV* durch den Hintereingang. Robert musste zweimal aufstoßen, weil er Kölsch nicht gewohnt war, und dann grinsen. Auf einem der unzähligen Fotos an den Wänden lächelte ihn jener Wetterfrosch freundlich an. >Kleine Welt<, dachte er.

21
Der stille Beobachter hat Egon fest im Griff und
enthüllt einen Zipfel der anfangslosen Zärtlichkeit

Einmal, als Robert kurz vor dem Abschluss des Studiums gestanden hatte und zum ersten Mal in die alte Heimat gereist war, um Mutter Gertrud zuliebe nicht allein der Großtante, sondern auch dem Elternhaus einen offiziellen Besuch abzustatten, wollte er von Frieda Rennstein wissen, ob sie den Beobachter kennt. Sie schaute ihm tief in die Augen und sagte nur:

>Ja, natürlich.<

Robert wartete etwa zwei Minuten. Er trug eine warme Strickjacke aus Alpakawolle, doch die Ungeduld verbreitete Kälte in seinem Körper. Frieda schwieg.

>Und?<, fragte er schließlich.

>Was und?<

Frieda liebte es, Robert die Dinge selbst herausfinden zu lassen, aber diesmal kam sie ihm ausnahmsweise entgegen.

>Was weißt du darüber?<, fragte sie.

>Ich glaube, dass wir mehrere Instanzen in uns haben. Also ich meine, es gibt nicht nur *ein* Ich.<

>Damit hast du natürlich ganz Recht, mein Junge. Allerdings, solange du den Zeugen noch in dir wahrnimmst...<

Frieda wusste nämlich nur zu gut, dass der Beobachter und das Beobachtete in Wahrheit eins waren, genauso wie auch der göttliche Schöpfer und seine Schöpfung für sie unzweifelhaft ein ungeteiltes Ganzes verkörperten – auch wenn man im Falle des Urschöpfers das Wort *verkörpern* streng genommen nicht im Munde führen darf, da er das Formlose hinter aller Form ist.

Viele Wissenschaftler scheinen freilich zu glauben, dass durch das bloße Aufstellen von Formeln diesem Formlosen auf den Leib zu rücken sei. Sie denken offenbar, dass diese Formeln nur kompliziert genug sein müssen und, hast du's nicht gesehen, lässt sich damit die dem Universum innewohnende Mathematik nicht nur begreifen, sondern sogar meistern. Es versteht sich fast von selbst, dass die meisten dieser Wissenschaftler einer unpersönlichen Kosmologie ohne den lieben Gott den Vorzug geben.

Frieda fand, dass die Verfechter eines unpersönlichen Universums ein wenig zu bedauern sind, denn ihr tat es gut, Zwiesprache mit dem Schöpfer allen Seins zu halten. Sie schätzte es sehr, dass dieser, wie wir bereits erfahren durften, stets zu Hause ist. Nun, wer immer zu Hause ist, hat auch dann Zeit für einen, wenn der beste Freund es einmal mehr vorzieht, sich mit einer den Abend zuvor gemachten neuen Bekanntschaft den Tag zu versüßen und die beste Freundin das Wochenende mit ihrem neuen Lover genießt.

Frieda fand es wichtig, dass Robert dies alles selbst erkennen würde, und deswegen schwieg sie, wie so oft. Ihr Großneffe schaute sie unglücklich an.

>Weißt du, ich denke mir, wenn ich meinen Körper und meine Gedanken beobachten kann, dann muss ich ja eigentlich etwas anderes sein als mein Körper und mein Verstand.<

>Du sagst es, mein Junge, du sagst es. Das mit dem Beobachter ist allerdings so eine Sache. Den meisten Menschen gelingt es lediglich, dass Teile ihrer selbst sich gegenseitig wahrnehmen. Das hat mit wirklicher Selbstbeobachtung noch nicht wirklich etwas zu tun.<

>Warum?<

>Nun, wie soll ich sagen? Weil es dafür einer kompletten Loslösung vom Körper, von den Gedanken und den Gefühlen bedarf.<

Sie ließen es für diesen Tag dabei bewenden. Eine Woche nach diesem Gespräch wurde Robert, ohne dies wirklich in Worte fassen zu können, im Bruchteil eines Augenblicks bewusst, dass der Beobachter im Grunde nichts anderes tat, als in jedem Gedanken, jedem Gefühl und jeder Tat seine ununterbrochene Gegenwärtigkeit zu bezeugen. Die Erinnerung an diesen wichtigen Eindruck ließ ihn viele Jahre später in seiner ersten Kurzgeschichte dem Protagonisten in den Mund legen, dass der *in diesen Momenten der Jungfräulichkeit seines eigenen Seins begegnete.*

Von da an übte sich Robert einmal täglich darin, seiner selbst gewahr zu werden. Dies verhalf ihm mit der Zeit zu einer ansehnlichen Portion Abgeklärtheit im Hinblick auf Unordnung hervorrufende Details. Jeder Mensch neigt nun einmal dazu, sich trotz aller guten Vorsätze ab und an selbst im Weg zu stehen. Dies führt dann gewöhnlich dazu, dass unüberlegte Gedanken, Worte und Taten chaotische Zustände hervorbringen, mit denen man sich in der Folge herumzuschlagen hat.

Robert besaß in dieser Hinsicht einen gewissen Vorteil, denn Frieda Rennsteins im wahrsten Sinne des Wortes herzhafte Schule des Lebens hatte bewirkt, dass ihr Großneffe es äußerst geschickt verstand, das unnötige Setzen von Ursachen zu verhindern. Diese zeitigten nämlich häufig unerwünschte Folgen und ihm war bewusst, dass die sein Leben womöglich erst derart spät einholen würden, dass er den ursächlichen Zusammenhang nicht mehr erkennen konnte. Das wollte er unbedingt vermeiden.

Nun, noch bis vor wenigen Jahren verhielt es sich so, dass man als Mensch einen wirklich schäbigen Gedanken haben konnte und dieser sich erst Jahre später in Gestalt eines mindestens ebenso schäbigen Ereignisses auswirkte. Man tappte dann vollkommen im

Dunkeln, welche Verbindung zwischen Ursache und Folge bestand. Doch diese Zeitverzögerung befindet sich im Wandel, und was das bedeutet, erkannte Robert sehr schnell: Die Folgen sind den Ursachen immer häufiger direkt auf den Fersen.

Wie auch immer: Das Umgehen solch unerwünschter Folgen gelang Robert nicht durchgängig, weil er sich trotz seiner guten Vorsätze zwischenzeitlich immer wieder vergaß. Voller Bestürzung bemerkte er, wie viel Energie ihn dieses Vergessen kostete und dass er mit seinen unbeobachteten Gedanken wieder einmal Verwirrung in seinem Leben gestiftet hatte.

Carsten Dellmeyer schien sich mit dieser Materie bestens auszukennen.

>Hast du schon einmal darüber nachgedacht, dass du selbst zugleich der Architekt und der Regisseur deines Lebens bist? Alles ist eine Frage deiner Gedanken. Sie sind so etwas wie Gefäße, in die wir unsere Gefühle einfließen lassen. Das kann zu unserem Vorteil, aber auch Nachteil sein, je nachdem, ob du dir selbst als Feind oder Freund gegenüberstehst.<

>Ist mir alles bestens bekannt. Nur mit den Folgen daraus kann ich noch nicht so recht umgehen.<

>Als da wären?<, fragte Carsten. Er hatte in der Nacht schlecht geschlafen, was selten vorkam, und jetzt spürte er in seinem Kopf einen seltsamen Druck.

>Also ich meine, dass die unterlegten Gefühle jedem unserer Gedanken Substanz verleihen und irgendwann zur Form werden.<

>Richtig, die beiden sind wie Geschwister. Nur, früher hat diese Formwerdung lange gedauert, während sich heutzutage alles immer schneller manifestiert. Hat etwas mit dem Wandel zu tun, dem wir derzeit auf Erden beiwohnen.<

Dellmeyer schnäuzte sich und knüllte das Papiertaschentuch so geschickt zusammen, dass es kleiner als ein Tischtennisball in seine Hosentasche zurückwanderte. Er überprüfte, ob sich sein Kopf etwas freier anfühlte. Aber der war immer noch unangenehm schwer.

>Solange es positive Gedanken sind, ist alles in Ordnung. Kann ich aus eigener Erfahrung bestätigen. Aber nur positiv zu denken, reicht allein nicht aus<, sagte er und dachte, dass *matschig* das richtige Wort für seinen derzeitigen Zustand war.

>Ja, Fessler hatte Recht<, sagte Robert. >Der Gedanke ist tatsächlich der Vater aller Dinge, aber die wenigsten Leute kennen seine Zwillingsschwester, die Summe ihrer Gefühle. Wenn sie lediglich versuchen, allem und jedem positiv gegenüberzustehen, im Grunde genommen jedoch ihre Gedanken von einem negativen Gefühl begleiten lassen – und sei es nur ein kleiner Zweifel – können sie sich abmühen, soviel sie wollen. Es wird sich nicht viel in ihrem Leben verändern.<

Robert wusste, dass Carsten routinierter im Aufrechterhalten einer zielgerichteten Aufmerksamkeit war als er selbst. Er hütete sich allerdings davor, deshalb in die Fallstricke der Selbstverurteilung zu tappen. Jeder hatte hier offensichtlich sein eigenes Tempo, wie sich unschwer an Frieda Rennstein erkennen ließ, die im Hinblick auf ihre Gedanken bekanntlich an die Stelle der Pflicht die Kür des Nichtdenkens gesetzt hatte.

Doch die Großtante erwies sich nicht nur darin als wahre Meisterin. Sie verstand es zudem, äußerst geschickt Kausalketten zu durchtrennen und ihre Zwiebel zu schälen. Letzteres beschreibt ihre Angewohnheit, begrenzende Komponenten ihrer Persönlichkeit gleich welcher Art zu erkennen und sich getreu dem Motto *Gefahr erkannt, Gefahr gebannt* einer nach der anderen gezielt zu entledigen. Es erschien Robert, als würde sie mit einem scharfen Messer die durch hauchzarte Häutchen getrennten Zwiebelschichten solange voneinander abziehen, bis schließlich nur noch der Keim des Lauchgewächses übrig blieb.

Kurz nach der Sommersonnenwende 2010 fuhr Verena eine Woche lang zu ihren Eltern, die ihren Lebensabend unter südlicher Sonne verbringen wollten und deshalb vier Jahre zuvor in die Toskana gezogen waren. Alljährlich offerierten sie ihren drei Töchtern um dieselbe Zeit jeweils ein von diesen heiß begehrtes Flugticket. Es wäre ihnen ein Leichtes gewesen, den in den Augen von Vater Schmitthals durchaus standesgemäßen Lebengefährten seiner in beruflicher Hinsicht aus der Familientradition ausgescherten Verena in diese großzügige Geste mit einzuschließen. Doch wusste Robert immer wieder geschickt sommerliche Kreislaufprobleme und ähnliche Befindlichkeitsstörungen seiner Patienten vorzuschieben, um der Einladung höflich, aber entschieden auszuweichen.

Verena fand dies schade und war sich nicht sicher, ob es ihre äußerst lebhafte Mutter oder die im Sommer für Roberts kurhessischen Organismus unerträgliche Hitze war, die ihn das stickige, aber signifikant kühlere Berlin mit einem im Mittelwert acht Grad Celsius betragenden Temperaturunterschied vorziehen ließ. Sie selbst liebte die neue Heimat ihrer Eltern, freute sich auf den Pool im hinteren Teil des Anwesens und hätte es sich nicht verziehen, dem Lebensgefährten zuliebe auf den Besuch bei ihnen zu verzichten, obwohl sie Robert im Hinblick auf ihre beiden Schwestern gerne dabeigehabt hätte.

Mit denen verband sie das, was man als ein gestörtes Verhältnis bezeichnen kann, und dieses rührte, wie sollte es auch anders sein, aus längst vergangenen Kindertagen her. Es verhielt sich nämlich so, dass ihr Vater über grüne und ihre Mutter über blaue Augen verfügte und Verenas Schwestern sich genau auf der Mitte wieder getroffen hatten. Michaela war allerdings mit blaugrünen und Desirée mit eher grünblauen Nuancen gesegnet.

Nun mag man an dieser Stelle einwenden: >Meine Güte, wen interessieren denn schon derartige Feinheiten, als ob es nichts Wichtigeres auf der Welt gibt!< Aber dennoch waren es genau diese Details, die Verenas Verdacht nährten, dass die beiden zu unterschiedlichen Gemütslagen neigten und nur in einer Sache an einem Strang zogen: Sie liebten es, die jüngere Schwester zu piesacken, was das Zeug hielt, und ihr bevorzugter Schachzug bestand darin, dass sie Verena aufgrund ihrer braunen Augen bei jeder sich bietenden Gelegenheit zu verstehen gaben, dass sie adoptiert sein müsse.

Ihre halbe Kindheit sollte das arme Mädchen unter dieser Ungewissheit leiden, bis das Schicksal es wollte, dass sie ihrer sterbenskranken Großmutter, die nun keine Brille mehr benötigte, auf dem Totenbett zum ersten Mal bewusst in die Augen schaute. Da wurde die kleine Verena gewahr, dass dieser aufwühlend warme Blick einer den Augäpfeln der Enkelin ebenbürtig braunen Linse entsprang. Ihr kindliches Herz begann augenblicklich wie wild zu schlagen, und dann stellte sie der Großmama die Frage aller Fragen, eine Frage, die endlich Klarheit in dieses traurige Kapitel ihres jungen Lebens bringen sollte.

>Bist du auch adoptiert worden?<

Die Großmutter war schon sehr geschwächt, aber zu einem entgeisterten Blick reichte es allemal. Nach zwei kurzen Nachfragen verstand die alte Frau, in welch großer Not sich ihre kleine Enkelin befand. Sie hub mit letzter Kraft zu erzählen an, wie es sich zugetragen hatte, als die Mutter mit der jüngsten Tochter schwanger geworden war, und wie erfreut sich der Vater kurz nach der Geburt beim Anblick des formvollendet geschwungenen Hinterkopfes seiner jüngsten Tochter gezeigt hatte. Er glaubte diesem nämlich zu entnehmen, endlich eine würdige Nachfolgerin für seine Arztpraxis gezeugt zu haben.

Daraus lässt sich unschwer schließen, dass dieser Vater die Dummheit seiner beiden Töchter Michaela und Desirée, die der kleinen Schwester so viele schlaflose Nächte bereitet hatten, offenkundig schon früh an der Schädelform abzulesen in der Lage war. Da derartige Verallgemeinerungen freilich häufig zu Fehlschlüssen führen, sei an dieser Stelle hinzugefügt, dass Verenas Schwestern dennoch den Eid des Hippokrates geschworen haben. Daraus ergeben sich zwei Fragen.

Erstens: Wollten sie damit dem eigenen Vater nur eins auswischen und wären in Wahrheit lieber Bankfachangestellte oder Einzelhandelskauffrauen geworden?

Zweitens: Steht zu befürchten an, dass der Beruf des Arztes durch diese Berufswahl womöglich in Misskredit geraten könnte?

Denn es bliebe schließlich zu überprüfen, ob der Vater vielleicht doch nicht ganz falsch gelegen haben könnte. Gesetzt den Fall, die Volksweisheit *Einmal dumm gestellt reicht fürs ganze Leben* würde tatsächlich ein Fünkchen Wahrheit enthalten, dann hätte dies zur traurigen Folge, dass bedauernswerte Patienten die Berufswahl der zwei herzlosen Schwestern bis zum heutigen Tage ausbaden müssten.

Verena war jedenfalls nicht in der Lage, den beiden auf unbefangene Weise zu begegnen. Da war immer ein leichter Groll in ihr, der selbst ihr offenes, lautes Lachen verhinderte. Im Beisein ihrer Schwestern war Roberts kleine Tempeltänzerin ein anderer Mensch.

Etwas in ihr ahnte, dass Robert die Hitze nur vorschob, um nicht in die Toskana reisen zu müssen. Doch wäre sie niemals darauf gekommen, dass ein weiterer und womöglich wesentlicherer Grund für seine Zurückhaltung diesem Landstrich gegenüber darin lag, dass er bei ihrem einzigen gemeinsamen Aufenthalt im Hause Schmitthals eine Erfahrung gemacht hatte, die Jahre später immer noch sein Gedächtnis belasten sollte.

Es hatte sich lediglich um eine Bagatelle gehandelt. Aber diese wog trotz Roberts Toleranz in Bezug auf unvorhersehbare Geschehnisse offenkundig so schwer, dass ein weiterer Besuch, der sicher alles relativiert hätte, bisher keine Option gewesen war.

Die Geschichte war banal, derart banal, dass Robert sich selbst außer Stande sah, den Störfaktor nachzuvollziehen. Es musste eine tief liegende kindheitsinduzierte Verletzung sein, der er gedanklich nicht auf die Schliche kam. Das dahinter liegende Gefühl, das sein Gesamtempfinden für dieses Land dunkel färbte, verstand sich den von Vernunft getragenen Annäherungen seines Geistes immer wieder zu entziehen. Fast erschien es ihm, als würde diese Emotion es darauf anlegen, gänzlich ohne Worte in ihrem Sosein erfahren zu werden.

Selbst Frieda gegenüber hüllte Robert sich darüber in Schweigen, und dabei konnte man sich in deren Augen doch gar nicht wirklich lächerlich machen.

Verena und er waren nach einer stundenlangen Wanderung durch Siena und Umgebung auf der Piazza del Campo angelangt. Verschwitzt, aber glücklich sanken sie im Außenbereich eines Restaurants auf zwei Stühle in der vordersten Tischreihe.

>Wie hat dir der Dom gefallen?<, fragte Robert. >Hast du das Bodenbild am Eingang gesehen?< In seiner Stimme schwang immer noch der Ton aufrichtiger Begeisterung, doch Verena wirkte angestrengt. Ihre Augen blinzelten im Sekundentakt, um der gleißenden

Sonne standzuhalten. Sie trug nie eine Sonnenbrille, denn Licht war ihr genauso teuer wie den ausgewanderten Eltern.

>Ist mir gar nicht aufgefallen. Wieso?<

>Schade. Hätte ich dir gerne gezeigt, aber du warst gerade woanders.<

Er hatte sich redlich bemüht, sie trotz der Menschenmassen ausfindig zu machen, aber schließlich waren sie doch erst wieder vor dem Eingangsportal zusammengetroffen. Es war egal, ob es sich um eine Kathedrale in Italien oder ein Kaufhaus in Berlin handelte. Sobald man sich verlor, traf man sich später vor dem Eingang wieder.

Robert schob die Karte zur Seite, um den Kellnern zu signalisieren, dass sie gewählt hatten.

>Jedenfalls stellt es Hermes Trismegistos dar<, fuhr er fort, >du weißt schon, der *Dreimalgroße* mit den Personifikationen von Abendland und Morgenland. Carsten würde es bestimmt gefallen. Aber wahrscheinlich kennt er es längst. Der kennt so gut wie alles, was mit der Hermetik zu tun hat.<

Zunächst schoben Verena und Robert die Tatsache, dass die herumwirbelnden Kellner ihre immer heftiger werdenden Winke ignorierten, auf die Vielzahl einheimischer Gäste. Doch irgendwann wurde beiden bewusst, dass hier Absicht im Spiel war. Diese Erkenntnis führte dazu, dass sie mit an kindlichen Trotz erinnerndem Langmut solange ausharrten, bis sich einer der Kellner nach über einer Stunde dazu bequemte, mit einem gequälten Lächeln die Menükarte vorzulegen.

Robert vermutete zu Recht, dass der Ober auf Geheiß des Padrone dazu angehalten worden war, die begehrten und für alle Passanten gut sichtbaren Tische von diesen dem norditalienischen Modebewusstsein ins Gesicht schlagenden Touristen schnellstmöglich zu befreien. Angesichts dieser fragwürdigen Hintergründe verwunderte es Robert nicht im Geringsten, dass sich in seinem gekränkten Gemüt keine dem Triumph proportionale Genugtuung beobachten ließ. Stattdessen wurde er mit einem Schlag gewahr, dass ihm der Appetit vergangen war.

Während Verena ihre Bestellung aufgab, stand Robert unvermittelt auf und überquerte mit weit ausholenden Schritten die Piazza, um auf der anderen Seite unter den Augen seiner vollkommen konsternierten Freundin im Palazzo Pubblico zu verschwinden. Eine geschlagene halbe Stunde hielt er sich auf dem Turm auf.

Dann hatte die aus erhöhter Perspektive erfolgte Betrachtung der ihn irritierenden norditalienischen Wesensart alles insoweit relativiert, dass er – immer noch fassungslos über die Auswirkungen seiner im Unterbewusstsein schlingernden Mimositäten – sich in der Lage sah, gefasst die steinernen Treppenstufen hinunterzugehen, um Verena aus ihrer Ungewissheit zu erlösen und sie um Verzeihung zu bitten.

Die Mutter musste schallend lachen, als ihre Tochter am nächsten Morgen während des Frühstücks von diesem Vorfall berichtete.

>Das geht ja nun wirklich gar nicht<, sagte Helga Schmitthals, ohne zu ahnen, was sie mit diesem salopp dahingeworfenen Satz heraufbeschwor. Denn die bündige mütterliche Reaktion bewirkte ungewollt, sehr zum Bedauern des bereits in Ansätzen rehabilitierten Schwiegersohns in spe, den Groll ihrer Tochter für einen geschlagenen weiteren Tag zu reanimieren.

Verena hatte ein Taxi genommen, da der Flieger in aller Herrgottsfrühe starten sollte. Da es Samstag war, saß Robert – mit aufrechtem Oberkörper an die gepolsterte Rückwand gelehnt – länger als gewöhnlich in seinem Bett. Er bemühte sich, innerlich ruhig zu werden, doch die Gedanken in seinem Kopf schienen sich förmlich zu überschlagen. Robert wusste sich keinen anderen Rat: Er forderte seinen Verstand auf, endlich zu schweigen. >Sei still!<, erklang der Befehl in seinem Innern und es war eine Spur von Unmut darin zu spüren. Doch die Wirkung ließ nicht lange auf sich warten. Schon nach wenigen Augenblicken begann Roberts Verstand, seine Wellen gemächlicher zu schlagen.

Als Arzt war er es gewohnt, genau zu beobachten, und so auch jetzt: Er wollte sich nicht entgehen lassen, aus welcher Nische der nächste Gedanke auftauchen würde. Auf keinen Fall würde er ihm erlauben, sogleich eine Gefühlsregung in ihm wachzukitzeln. Die hatte für gewöhnlich nichts weiter im Sinn, als dem Gedanken ihren Stempel aufzudrücken. Doch plötzlich spürte er eine monströse Welle in sich aufsteigen, der es im Nu gelang, die bereits ruhige See aufzupeitschen und eine finstere Wand in ihm aufzubauen.

Robert wusste nur zu gut, dass er in diesem Moment bewusst bleiben, die Fassung bewahren und die Kontrolle aufrechterhalten musste. Etwas in ihm ahnte, dass er verloren war, sobald er sich der Angst, die dieser Gedanke erzeugte, ergeben würde. Solange er ruhig blieb, sie akzeptierte und einfach beobachtete, ohne sich in ihrer Furcht gebietenden Gewaltigkeit zu verlieren, würde ihre Macht schwinden. Erleichtert bemerkte er, dass sie im Licht seiner Aufmerksamkeit tatsächlich immer schwächer wurde, bis sich die schäumenden Kämme schließlich in eine spiegelglatte Wasseroberfläche verwandelten.

Nun, in uns Menschen gibt es sehr viel Wasser und das verhält sich von Zeit zu Zeit tatsächlich wie das Element in der äußeren Welt, nur dass wir nicht davor weglaufen können, weil es schließlich in uns ist. Das kann richtig ungemütlich werden und deswegen war Robert froh, dass sich alles wieder beruhigt hatte. Er war auch ein wenig stolz darauf, dass er das Ruder fest in der Hand gehalten hatte, ohne sich einschüchtern zu lassen.

Robert rückte das Kissen hinter seinem Rücken zurecht. Plötzlich erinnerte er sich an Friedas Worte, er solle sich darin üben, den Duft der Gegenwärtigkeit einzuatmen. Er wusste weder, wie man den Duft von etwas einatmen sollte, das so wenig greifbar ist, wie das Jetzt, noch, was es bedeutete, einfach nur zu sein. Dennoch gelang es ihm an diesem Morgen, sich der vollkommenen Stille in seinem tiefsten Innern anzunähern.

Der damit einhergehende Augenblick der Makellosigkeit, frei von Fehl, Wunsch oder Furcht, bewirkte in Roberts Herz ein Gefühl, das sich mit keiner Empfindung seines bisherigen Lebens vergleichen ließ. Es stieg in ihm auf, als hätte sich urplötzlich ein Ventil in seinem Innern geöffnet. Er konnte nicht anders: Er musste weinen. Er weinte so, wie er noch nie geweint hatte. Es schien, als stülpte sich sein Innerstes nach außen, und dann war sie plötzlich da: Eine ungeheure Zärtlichkeit erfüllte sein Bewusstsein, seinen Körper und die Welt um ihn herum. Es gab keine Trennung mehr, nur noch das Gefühl von Ganzheit, das Gefühl, eins zu sein mit einem größeren Ganzen, das ihn umfing. Diese Zärtlichkeit bedurfte keines Objektes, auf das sie sich richten konnte, nein, sie trat als vollkommen ungerichtete Kraft in sein Dasein. Sie war unvermittelt da und er wusste, dass sie immer schon da gewesen war und immer da sein würde. Er hatte sie einfach vergessen.

Außer ihm selbst schien es in diesem Moment nichts zu geben und es fühlte sich an, als existierte er an allen Orten und Zeiten zugleich, als Atem im Meer der großen Leere, als ein Teil des Nichts, das Alles war. Er hätte sie gerne festgehalten, diese immerwährende, anfanglose Zärtlichkeit, doch der Gedanke war erst im Entstehen, da war sie, so schnell wie gekommen, auch schon wieder verschwunden.

Was blieb, war die untrügliche Gewissheit, zum ersten Mal in seinem Leben die Teile seiner Selbst, die vordem wahllos in Raum und Zeit verstreut waren, für den Bruchteil eines Moments zusammengerufen und zu einem Mosaik zusammengelegt zu haben. Robert hatte in sein eigenes Inneres schauen wollen und stattdessen ein ganzes Universum erblickt.

Es ist schon etwas sehr Bewegendes, wenn ein Mensch am eigenen Leibe erfährt, dass sich das Universum gleichzeitig nach außen hin ausfaltet, während es sich nach innen ausbreitet. Der einzige Unterschied besteht womöglich darin, dass das äußere Universum Raum und Zeit unterworfen ist, während das innere Universum die Ewigkeit spiegelt.

Robert jedenfalls war geistreich genug, zu erkennen, dass dieses mit Worten nicht zu beschreibende Gefühl nur leben konnte, wenn der Kopf schwieg. Er begriff nicht allein mit dem Verstand, sondern mit jeder Faser seines Seins, dass es tatsächlich nichts zu suchen gab, da alles immerzu anwesend war. Der Zettel am Badezimmerspiegel, schoss es ihm durch den Kopf.

>Du kannst nicht etwas wiederfinden, was du nie verloren hast.<

Carsten musste ihm seinerzeit weit voraus gewesen sein. Auf einer anderen Ebene erschloss sich die Bedeutung dieser Worte nun auch für Robert. Seine Gedanken schalteten unmerklich auf Autopilot und ließen ihn über Carstens und sein Verhältnis nachdenken, das über die Jahre nichts von seiner Intensität eingebüßt hatte, auch wenn sie sich manchmal wochenlang nicht sahen. Das lange vergessen Geglaubte erwies sich von einem Moment zum anderen als taufrische Erinnerung, die sich wohlig in seinem Kopf entfaltete.

Robert wusste, dass er in der Vergangenheit schwelgte, aber da war so etwas wie kindlicher Trotz in ihm. Solange es diese Instanz in der vertrauten Form als Erinnerungen noch gab, solange würde er sich ihrer bei Bedarf auch bedienen.

>Da die Schöpfung einem geheimen Plan gehorcht und geordneten Prinzipien folgt, muss der Zeit, *Heropass* hin oder her, irgendeine Funktion innewohnen<, dachte er.

Nun, das war im Prinzip durchaus richtig überlegt, denn Egon, den wir ja bereits kennen gelernt haben, benötigt die Strukturen der Zeit, um seinen Dienst verrichten zu können. Ohne Zeit kann das Ego nicht existieren und dies weiß es nur zu gut. Deshalb lässt es uns gerne umso mehr über die Vergangenheit und Zukunft nachdenken, je mehr das Jetzt in unserem Leben Fuß fassen möchte.

22

Berggipfel unter dem Meeresspiegel,

eine oszillierende Opernsängerin und

eine derbe Verunglimpfung brandenburgischer Lebensart

Der Patissier Carsten Dellmayer feierte seinen fünfzigsten Geburtstag in einer ehemaligen Turnhalle in Friedrichshain. Die Heerscharen von Gästen, die vor dem im abendlichen Sonnenlicht badenden Gebäude in Loungesesseln auf den Gastgeber anstießen, erstaunten Robert.

Wo hatte Carsten die bloß alle kennen gelernt? Waren es allesamt Kunden? Der seiner Zunft treu Gebliebene hatte dem Freund immer wieder zu verstehen gegeben, dass er als Arzt wirklich hervorragend gewesen wäre, aber als Süßspeisenkoch unschlagbar sei. Womöglich erblickte er hier so etwas wie die Fans Dellmayer'scher Kunstfertigkeit, deren Leben durch die filigrane Arbeit seiner operationengewöhnten Hände buchstäblich versüßt wurde.

Robert hatte Carsten häufiger dabei beobachtet, wie dieser beim Aufbringen eines Schokoladenmantels genau denselben Gesichtsausdruck zeigte, wie bei einer Meniskus-OP oder einem komplizierten Bandscheibenvorfall. Der einzige Unterschied bestand darin, dass er nach getaner Arbeit einen wesentlich zufriedeneren Eindruck machte. Das kam wahrscheinlich, weil er, wenn alles fertig war, sich gerne genüsslich die Finger ableckte und dies nach einer Operation eher unappetitlich wäre.

Die vom Geburtstagskind dem Buffet beigesteuerten und bedauerlicherweise noch nicht zum Verzehr freigegebenen Köpenicker *Petits Fours* lächelten Roberts Gaumen rücksichtslos an. Es waren ihm nur zwei oder drei Gesichter bekannt, den Rest der Leute hatte er noch nie zuvor gesehen. Schlagartig wurde ihm bewusst, dass seine Gäste in einer Hundehütte Platz zum Feiern gefunden hätten. War er, Robert, womöglich ein Sozialphobiker? Immerhin hatte er im Vorfeld einmal mehr keinerlei Lust verspürt, zu diesem Fest zu gehen, obwohl sein bester Freund ein halbes Jahrhundert rundete. Der mit dieser Erkenntnis einhergehende Anflug unvermittelter Betroffenheit verlangte nach einem Ventil.

>Ist einfach eine Entscheidung, die jeder für sich treffen muss. Ich glaube nicht, dass ich das ständige Zusammensein mit anderen Menschen brauche<, sagte Robert zu Verena und nippte an seinem Glas, um die Ausflucht postwendend wieder hinunterzuspülen. Es schüttelte ihn, weil die Säure von Rieslingsekt in gekühlter Form stets ein Frösteln seiner spärlich behaarten und auch im Sommer ungewöhnlich hellen Haut hervorrief.

Verena empfand die beschönigende Beschreibung seines Hangs zu Bequemlichkeit und Einsiedlerei aus persönlichen Beweggründen als unpassend. Sie litt häufiger unter seiner selbst erwählten Isolation, als ihr lieb war und als Robert erahnen konnte.

>Leck mich doch am Muggel<, dachte sie jetzt. Die mittlerweile promovierte Musikwissenschaftlerin verfügte über einen bemerkenswert drastischen Wortschatz, der ihrem langjährigen Lebensgefährten freilich völlig unbekannt war, da in Roberts Gegenwart keiner dieser Ausdrücke jemals über ihre Lippen kam. So auch nicht an Carsten Dellmayers Ehrentag. Sie zog es vor, den Gedanken in gewohnter Manier zu überspielen.

>Bleib du ruhig auf deinem Berggipfel unter dem Meeresspiegel<, dachte sie als Nächstes.

Dieser geflügelte Satz war dem ungeheuren Wissensdurst Friedas zu verdanken, wie so vieles im Leben des Pärchens. Roberts Großtante hatte als Kind mit der Frage, was die wahre Natur einer

Insel sei, solange den in dieser Angelegenheit mit erschreckender Unwissenheit geschlagenen Vater gequält, bis der sich schließlich zu der Mutmaßung veranlasst sah, dass die Sache mit den Bergspitzen de facto für alle Eilande auf diesem Globus gelten müsse.

Die kleine Tempeltänzerin war es nach all den Jahren an Roberts Seite gewohnt, gute Miene zu jenem bösen Spiel zu machen, das in Gestalt eines von Wasser umzingelten Gipfels daherkam. Neben ihr, Carsten Dellmayer, den beiden Schwaben Paul und Günter sowie Frieda Rennstein durfte so gut wie niemand Roberts winzige Insel betreten. Verena freilich war eher nach den Weiten des Festlandes zumute, denn da war wesentlich mehr los. So lachte sie immer seltener laut.

Robert zog es aufgrund des Anlasses vor, in dieser Angelegenheit nicht weiter nachzuhaken. Aber er verstand urplötzlich, dass Verena genau wie er fühlen musste, dass sie über die Jahre immer weiter auseinanderdrifteten.

Carsten versuchte allen Gästen gerecht zu werden und wanderte von einem zum anderen, um unablässig die gleichen Sätze verlauten zu lassen. Am meisten beschäftigte ihn zu diesem Zeitpunkt der Bau des neuen Berliner Flughafens, dessen Einflugschneise genau über das Gebiet des Müggelsees führte, das kurz zuvor wegen seiner brütenden Vogelkolonien zum Naturschutzgebiet erklärt worden war. Zukünftig würde es deren stählern glänzende Brüder am Himmel zu verkraften haben.

>Was glaubt ihr, was die Leute in ihren neoklassizistischen Villen sagen werden, wenn das Kerosin in Strömen auf sie herabrieselt? Von dem entsetzlichen Lärm ganz zu schweigen.<

Verena hätte anlässlich des diese Worte begleitenden Gesichtsausdrucks fast geschmunzelt, aber sie empfand die Regung selbst als unangemessen. Stattdessen blickte sie Carsten treuherzig in die Augen.

>Meinst du nicht, dass andere Anwohner auch betroffen sein werden? Oder zählen die etwa nicht für dich?<

>Blödsinn, dieses Elend betrifft natürlich alle.<

Robert kannte die Tiraden längst, aber er verstand zutiefst, dass es dem Freund etwas ausmachen musste, sein Idyll am See in solcher Gefahr zu sehen. Carsten beugte sich weit zu ihm hinunter. Er schien ungewohnt weinselig zu sein. Robert war erstaunt, denn Carsten mied gewöhnlich jeden Alkohol, der nicht in Schokolade gehüllt auf seine feinen Geschmacksnerven wartete.

>Kommst du die Tage vorbei?<, fragte Carsten. Seine Worte flossen so bedächtig aus seinem Mund, als müsste er sich auf jedes einzelne konzentrieren.

>Dann können wir die Ruhe vor dem Sturm genießen. Nicht mehr lange und der Frieden ist passé.<

Plötzlich erblickte Robert ihren fülligen Körper. Er hatte schon eine ganze Weile nach Claudia Ruckriegel Ausschau gehalten, die unter dem Künstlernamen Lea Garbor Karriere an der Berliner Oper gemacht hatte und seit zwei Jahren mit Carsten das Bett teilte, den sie, rein gewichtsmäßig betrachtet, hinter sich ließ. Robert liebte ihre oszillierenden Sangeskünste. Die Koloraturen, zu denen ihr glutvoller Sopran fähig war, beleidigten seinen sensiblen Gehörsinn nie, sondern machten ihn förmlich trunken. Seitdem er die Garbor kannte, war er tatsächlich schon in drei Aufführungen gewesen. Verena war ihm beim ersten Mal dafür um den Hals gefallen.

>Na siehst du, geht doch<, hatte sie zwischen zwei Küssen gemurmelt.

Robert wusste aus Carstens Erzählungen, dass der Leadsänger einer bekannten DDR-Band die Runde später vervollständigen würde. Er war sicher, dass im Verlauf des Abends dank der konstanten Flüssigkeitszufuhr in Gestalt unverfälschten Gersten- und fachkundig gekelterten Traubensaftes die Stimmung irgendwann die musikalische Untermalung der Feier unumgänglich machen würde. Nach zwei Stunden hatte das Büffet die Aufmerksamkeit der Besucher lange genug in Anspruch genommen. Auch der letzte Gast saß mit wohlig gefülltem Bauch aufs Wärmste eingezwängt und im Einzelfall nervös mit den unteren Extremitäten scharrend an den an eine Hühnerleiter erinnernden Tischen. Alle harrten der Dinge, die da kommen sollten.

Verena begann, sich zunehmend in ihrem Element zu fühlen. Sie hatte aus dem Augenwinkel beobachtet, wie das Geburtstagskind zunächst die Gitarre aus der braunen Umhüllung genommen und sorgfältig gestimmt hatte, bevor es die im Vorfeld erstellten Kopien voller Freude an jeden Gast verteilte. Darauf lächelte bekanntes deutsches Liedgut die versammelten Stimmwunder freundlich an.

Robert hielt sich findig zurück, indem er durch gezielt eingesetzte Bewegungen seiner Lippen vorgab, mitzusingen. Claudia Ruckriegel alias Lea Garbor lehnte über der Schulter des mittlerweile eingetroffenen Ex-Leadsängers und drohte ihn unter der Last ihrer stattlichen Brüste ein ums andere Mal fast zu ersticken, während sie mit ihrem hellen Sopran, der aufgrund ihres Resonanzkörpers und jahrelanger Bühnenerfahrung nur in voller Lautstärke oder gar nicht erschallen konnte, ein Lied von Marianne Rosenberg schmetterte.

Robert wusste, dass Carsten dieses Lied häufig bei Schwulenfeten zu Gehör bekommen hatte. Er war der einzige Mensch, mit dem der Patissier jemals über seine gerecht verteilte Zuneigung zu beiden Geschlechtern gesprochen hatte.

>Vielleicht liegt es daran, dass bei mir die männlichen und weiblichen Energien in der Waage sind.<

>Scherzkeks. Wenn du mir versprichst, mich aus dieser Gewogenheit auszuklammern, sag ich dir, wie ich darüber denke.<

Carsten hatte anspornend genickt.

>Im Grunde genommen geht es doch nur darum, dass zwei Menschen sich lieben.<

Sie hatten beide gelacht und seitdem nie wieder darüber gesprochen. Claudia Ruckriegel schien seit zwei Jahren geschickt dafür Sorge zu tragen, dass der durch sie hervorgerufene Ausschlag des Pendels mitten hinein in den Pol üppiger Weiblichkeit bisher nicht zugunsten des Gegenpols zurückgeschwungen war.

Die Luft im Umkleideraum der ehemaligen Turnhalle wurde immer knapper, aber das tat den Sangeskünsten Lea Garbors keinen Abbruch. Sie schien den notwendigen Sauerstoff nicht von außen zu holen, sondern direkt aus ihren Eingeweiden zu pumpen, und wirkte damit in ihrem Bestreben, andere Menschen mit ihrer Begabung zu erfreuen, vollkommen autark.

Kurz nach Mitternacht kündigte der Gastgeber ein besonderes Lied an, für das er sich die gebührende Aufmerksamkeit erbat. Mit alkoholisierten Stimmen erklang die melancholische Mär von der Unsäglichkeit Brandenburgs, das außer seinem pulsierenden Herzen, Berlin, ein gar armseliger Körper zierte, in dessen Gliedern weniger als nichts passierte und auf dessen Terrain selbst die Neonazis niemanden zum Verprügeln fanden.

Wer auch immer dieses Lied kennen mag, der weiß wahrscheinlich, dass es Berliner geben soll, die ein wenig hochnäsig auf die sie umzingelnden Nachbarn blicken. Dabei müssten sie doch eigentlich wissen, dass Hochmut immer vor dem Fall kommt und es im Übrigen noch nie eine gute Idee gewesen ist, alle Menschen eines Dorfes, einer Stadt, eines Bundeslandes, einer Nation oder einer ganzen Rasse über einen Kamm zu scheren.

Aber dieses hochmütige Verhalten war ganz bestimmt nicht das der Sänger dieses Abends. Die waren nämlich im gewöhnlichen Leben tolerante und weltoffene Bürger der Millionenmetropole. Als solche setzten sie regelmäßig, ohne mit der Wimper zu zucken, den Fuß über die Stadtgrenze hinaus und hinein in das jetzt inbrünstig besungene Desaster.

Robert kannte das Lied bereits seit längerem und dachte an Paul Bremer, der es wahrscheinlich lieben würde, obwohl sich in dessen Leben die Ereignisse seit kurzem zu überschlagen schienen. Der Schwabe hatte einen Monat zuvor, ohne lange zu fackeln, seine erst mehrwöchige Schwarzwaldflamme Gabriele Schwertfeger zum Traualtar geführt. Paul trug nun einen Doppelnamen. Es sah alles danach aus, dass er, zumindest vorübergehend, von seiner Schwermut geheilt war. Aber als Erinnerung an alte Zeiten hätte Paulchen bestimmt in diesen melancholischen Klängen geschwelgt, dessen war sich Robert ganz sicher.

Unvermittelt fühlte er eine bleierne Müdigkeit von seinem Körper Besitz ergreifen und wäre gerne nach Hause gegangen, aber Verena stand immer noch neben Lea Garbor und schien den Hals nicht voll zu kriegen, wie es so schön heißt. Robert schielte häufig zu ihr hinüber, aber es ließ sich kein Blickkontakt aufbauen. Ihre Augen hatten sich in den Kopien, die Carsten ständig neu verteilte, verloren. Besonders der Song *Life is just a slow train, crawling up a hill* schien es ihr angetan zu haben. Sie schmetterte ihn lauter als alle anderen.

Zu Roberts Müdigkeit gesellte sich eine unerwartete Nachdenklichkeit. Der Titel widersprach gänzlich dem, was das Leben derzeit für ihn selbst bereithielt. Weder hatte er das Gefühl, dass der Zug langsam fuhr, noch dass er stets mühsam den Berg hinaufkroch. Das Gegenteil schien der Fall zu sein. Plötzlich wurde er gewahr, dass es augenscheinlich einer bewussten Entscheidung und eines starken Willens bedurfte, um nicht mit den immer ungestümer galoppierenden Stunden im täglichen Gepäck den Berg hinunterzurasen. Blumen während der Fahrt zu pflücken war trotz aller Bemühungen, sein Leben zu entschleunigen, ein Ding der Unmöglichkeit geworden.

Drei Stunden später lagen Robert und die kleine Tempeltänzerin nebeneinander im Bett. Friedas Großneffe spürte eine ungewohnte Unruhe in sich und schaute zu Verena hinüber. Die Dunkelheit ließ ihn ihre Umrisse lediglich erahnen. An den regelmäßigen Atemzügen konnte er erkennen, dass sie sofort eingeschlafen war. Er fühlte einen kurzen Impuls, ihre Wange sanft zu berühren, doch etwas in ihm hielt ihn davon ab. Plötzlich bemerkte er sie. Da war eine Wand zwischen ihm und Verena, der Frau, die seinen Lebensweg so viele Jahre begleitet hatte. Sie schien ihm immer mehr zu entgleiten. Zutiefst betrübt nahm Robert zur Kenntnis, dass er nicht mehr sicher wusste, ob sie im darauffolgenden Jahr noch einmal gemeinsam Carstens Geburtstag feiern würden.

23

Robert Zeitlos lernt seinen Schatten lieben und erkennt die wahre Bedeutung eines Spiegels

Seitdem Frieda in Berlin wohnte, kehrten viele Erinnerungen zurück, die Robert längst verloren geglaubt hatte. Es waren Gedankenfetzen, Bruchstücke ehemaliger Gespräche in seinem Kopf oder auch nur einzelne Wörter, die unvermittelt und wie aus dem Nichts auftauchten. Es schien, als habe die räumliche Nähe Friedas in ihm alte Wunden aufgerissen. Es gab da ein paar Punkte, vor denen er seit über drei Jahrzehnten die Augen fest verschlossen hatte und die ihn peu à peu einholten, indem andere Menschen ihm spiegelten, wovor er flüchtete.

Einmal erinnerte er sich an den Tag, an dem er seinen Führerschein bestanden und mit Frieda einen Ausflug nach Wiesbaden gemacht hatte. Sie mochte die ehemalige Seifenhauptstadt sehr.

>Man nennt Wiesbaden auch die *Diva am Rhein*. Wusstest du das? Was hältst du davon, wenn wir die Bahn auf den Neroberg nehmen und alles von oben anschauen?<

Robert hatte nichts dagegen gehabt, das technische Kulturdenkmal kennen zu lernen, das innerhalb von wenigen Minuten den Hausberg der hessischen Landeshauptstadt durch den Wasserballast der Gegenbahn erklomm und dabei über achtzig Höhenmeter bewältigte. Frieda Rennstein erhoffte angesichts der guten Wetterlage einen ungetrübten Blick auf die gegenüberliegende Rheinseite genießen zu können, mit der Wiesbaden in Gestalt der Stadt Mainz von alters her in inniger Feindschaft *verbändelt* war. Die beiden Städte erinnerten an ein altes Ehepaar, von dem jeder die Schwächen des anderen gründlich studiert hatte und ihm trotz ständiger Kabbeleien durchaus gewogen war.

>Wenn wir das nächste Mal hier sind, können wir uns Mainz vor-knöpfen. Ich hab' schon so viel von den grandiosen Chagallbildern in Sankt Stephan gehört. Bisher kenne ich sie nur von Fotos und Post-karten<, sagte Frieda. Robert konnte ihrem Gesicht ansehen, dass es tatsächlich zu diesem weiteren Ausflug kommen würde.

Die russisch-orthodoxe Kirche auf dem Neroberg, deren fünf ver-goldete Kuppeln im Sonnenlicht glänzten, übte einen magischen Charme auf Robert aus, obgleich er sonst mit Gotteshäusern wenig anzufangen wusste. Für einen Moment lang versetzte ihn das Bau-werk in eine andere Welt, die ihm fremd und vertraut zugleich er-schien. Dennoch war er nicht irritiert. Es kam häufig vor, dass er glaubte, Orte, Plätze oder Menschen bereits zu kennen, auch wenn dies schlechterdings unmöglich war.

Frieda drängte ausnahmsweise zur Eile. Talabwärts begegneten sie dem Gegenwagen, der brechend voll besetzt tapfer gegen die Schwerkraft ankämpfte.

>Wusstest du, dass wir durch unsere Talfahrt mit Hilfe des Bal-lastwassers unter dem Fahrgastraum den anderen Wagon aufwärts ziehen? Die Technik ist genial und seit 125 Jahren unverändert<, sagte Robert, denn er hatte sich oben auf dem Berg genauestens informiert.

Frieda nickte kurz und zeigte sich wenig beeindruckt. Sie wollte ihrem Großneffen unbedingt noch das Kurparkgelände zeigen, denn sie liebte ein gezähmtes Stück Natur genauso wie sein unberührtes Geschwister.

Robert war vor Schrecken zusammengezuckt, als sie ihren Fla-nierwunsch geäußert hatte. Der Gedanke an ältere Herrschaften, die, auf weißen Bänken dicht aneinander gedrängt, jedem ihrer Schritte mit kritischen Blicken folgen würden, bereitete ihm spontan Unbehagen. Robert war damals noch recht jung und konnte deshalb die Dinge nicht einfach so annehmen, wie sie sich darboten. Alles, was in seinem Innern auf Abneigung und Widerstand stieß, mied er wie Rotkohl. Den verabscheute er besonders dann, wenn er vor lauter Gänseschmalz derart triefte, dass der bloße Anblick ein unangenehmes Sättigungsgefühl erzeugte.

Nun, es kann wirklich unschön in dieser Welt zugehen, und so mag man denken, dass Robert gut daran tue, jedem unbequemen Ansinnen seiner Mitmenschen geschickt auszuweichen. Schließlich kann ihm auf diese Weise nichts und niemand etwas anhaben. Aber darüber sollten Sie einmal mit Frieda Rennstein diskutieren, denn die würde Ihnen etwas erzählen.

>Alles, was wir wie die Pest meiden<, würde sie sagen, >holt uns so lange immer wieder ein, bis wir unser Verhältnis dazu ins Reine bringen.<

Sie hatte nämlich schon als junge Frau begriffen, dass das, was sie erst überhaupt nicht gemocht oder vor dem sie sogar Angst hatte, sie erst dann in Ruhe lassen würde, wenn sie es akzeptieren lernte. Dann, und nur dann, schien es sich – wie an ein Wunder grenzend – nie wieder zu rühren.

Wie mag sich eine derartige Zauberei wohl anfühlen? Herr Meier oder Frau Müller erfahren sich urplötzlich im Frieden mit allem, was ihnen begegnet, und die ganze Welt lächelt freundlich zurück, anstatt ihnen wie gewöhnlich bei jeder sich bietenden Gelegenheit hämisch ins Gesicht zu schlagen. Zu schön, um wahr zu sein, und nichts weiter als eine verrückte Idee? Wer so denkt, wird wohl nie erfahren, warum es sich womöglich lohnen könnte, einmal über den eigenen Schatten zu springen und auszuprobieren, ob Frieda tatsächlich einen genialen Trick gefunden hat, der – gleich einer buttrigen Trüffel aus der Confiserie von Carsten Dellmayer – das Leben versüßen kann.

Am Fuß des Neroberges spuckte die Zahnstangenstandseilbahn alle Besucher aus, während ein Ventil dafür sorgte, dass sich der Tank automatisch entleerte. Ungewohnt schweigsam stapften die beiden in Richtung Kurpark. Am Eingang angelangt, konnte Robert sich seinen Unmut über Friedas unseligen Vorschlag nicht länger verkneifen.

>Meinst du nicht, dass ich noch ein bisschen jung für diese Art der Freizeitgestaltung bin?<

Frieda Rennstein lächelte unnachahmlich und um uns nicht zu wiederholen, beschränken wir uns auf Ihren Schlusssatz. Konklusionen sind häufig interessanter als alles, was ihnen vorausgeht, auch wenn es sich bei der folgenden um einen alten Hut handelt. Eingedenk seiner damals noch geringen Lebenserfahrung erwies sich Robert dennoch als unerwartet beeindruckt. In den folgenden Jahrzehnten dachte er häufig darüber nach und prüfte die Aussage auf ihre Stichhaltigkeit im Hinblick auf seine Person.

>Im Übrigen kann ich dir eins sagen, mein Junge<, lauteten Friedas Worte, >das Alter ist so mit das Relativste, was man sich vorstellen kann. Auch wenn der Körper altert, bleibt der Geist jung. Vom Gefühl her kann ein Mensch auch mit neunzig noch Bäume ausreißen.<

Beim Durchqueren des Eingangs betonte der Großneffe zweimal hintereinander, dass Frieda bloß nicht meinen sollte, dass er solche Spaziergänge von nun an öfter mit ihr machen würde. Irgendwann wurde er allerdings gewahr, dass ihre Silhouetten aufgrund der Lichtverhältnisse ungewöhnliche Schatten warfen, und plötzlich bereitete es ihm Spaß, diese Formen durch seine Bewegungen zu verfremden. Sie lachten über sich selbst und amüsierten sich über die Reaktionen der anderen. Die begegneten ihren seltsamen Verrenkungen entweder mit hochgezogenen Augenbrauen oder mit einem

Lächeln, je nach persönlicher Veranlagung und Tagesform. Ein Dazwischen gab es nicht.

>Ja, das mit dem Schatten ist tatsächlich so eine Sache.<

Der Tonfall in Friedas Stimme ließ Robert aufhorchen.

>Was meinst du damit?<

>Ich meine den inneren Schatten, der sich niemals vertreiben lässt, auch wenn wir uns dies permanent wünschen. Sonst hätten wir ihn ja nicht in die Versenkung unseres Unbewussten getrieben.<

Von weitem hatten sie die stählerne Verkörperung einer riesigen Eistüte entdeckt und ließen sich, matt von der nachmittäglichen Hitze, in die letzten freien Sessel sinken. Deren heiße Metallrahmen ließen Robert um den Bestand seiner Haut an den Ellbogen fürchten.

>Hier wäre ein bisschen Schatten Gold wert.<

>Ja, der Schatten hat durchaus seine Funktionen.<

Die Großtante schmunzelte und wischte sich in Ermangelung eines Taschentuchs mit dem Handrücken einen Schweißtropfen von der Stirn, der sonst in ihr linkes Auge gekullert wäre. Robert bemerkte erst jetzt seinen Durst. Durch das eifrige Studium der Eiskarte angeheizt, fühlte sich sein Appetitzentrum mehr herausgekitzelt, als ihm lieb war. Dies ließ die Auswahl zu einer Tour de Force werden.

>Mach hinne, mein Junge<, sagte Frieda.

Sie hatte Glück. Die Zeit, die ihr Großneffe vertrödelt hatte, wusste das geübte Personal mit einem rekordverdächtigen Tempo wettzumachen. Keine drei Minuten nach Roberts schwerfällig getroffener Entscheidung fuhren ihre langstieligen Löffel wendig durch die steife Sahne, wurden kurz durch die Konsistenz des fruchtigen Gefriergutes gebremst und drehten sich noch während der Ablage auf der Zunge um 180 Grad, um den Genuss löffelweise zu vervollkommnen. Dabei lächelten sie sich wie zwei Verbündete an, denn Frieda gönnte sich nur alle Jubeljahre eine raffinadegesüßte Ausnahme ihrer Essgewohnheiten.

>Der Schatten ist immer das, was wir partout nicht an uns mögen, geschweige denn haben wollen<, sagte die Großtante.

>Wie kriegt man ihn denn weg?<, wollte Robert wissen, denn es interessierte ihn sehr, was es mit diesem Schatten auf sich habe. Er schob die Erdbeereiskugel zur Seite, weil er das Beste immer bis zum Schluss aufbewahrte. Erst war Banane dran.

>Er kann weder bekämpft noch vernichtet werden. Das ist wahrscheinlich auch der Grund, warum er uns solche Angst macht.>

>Und woran merkt man, ob man einen hat?<, fragte Robert, während er den eingravierten Namen des Eiscafés auf dem Löffel begutachtete.

>Jeder Mensch hat einen. Bedauerlicherweise bemerken die meisten von uns seine Anwesenheit erst, wenn er sich zum Beispiel durch Krankheiten bemerkbar macht.<

>Das hört sich ganz danach an, dass es auch noch einen anderen Weg geben muss.<

>Na klar. Wenn du akzeptieren lernst, dass dir in jedem anderen Menschen deine Schattenanteile im Außen gespiegelt werden, und diese Fragmente deiner selbst annehmen kannst, dann kehrst du in deine Ganzheit zurück.<

Robert dachte einen kurzen Moment nach. Was sollte das bedeuten? Musste er von nun an jeden Menschen lieben, nur weil der womöglich als Spiegel seiner Schattenanteile diente?

>Der Schatten will also geliebt werden?<

>Ja, natürlich. Nur auf diesem Weg kann er erlöst werden. Und weißt du, was dann passiert?<

Robert ließ sich Zeit mit seiner Antwort.

>Ich schätze, dass mir unangenehme Verhaltensweisen anderer Menschen nicht länger auf dem Silbertablett serviert werden müs-

sen.<

>Kluger Junge, genau so ist es.<

Wie konnte er all dies bloß vergessen und einen so wertvollen Schlüssel die ganze Zeit über in der Versenkung gelassen haben? Eins war vollkommen klar. Zunächst einmal würde er bei sich selbst aufräumen müssen, um auf diesem Fundament seine Patienten besser unterstützen zu können. Er begann zu beobachten, wie andere Menschen sich in seinem Beisein verhielten, um herauszufinden, was diese Spiegelungen über ihn selbst aussagten.

Es gab offenkundig nur zwei Möglichkeiten: Entweder es wurde das gespiegelt, was er überhaupt nicht an sich ausstehen konnte, oder das, was er vernachlässigt hatte und was dringend gelebt werden wollte. Augenscheinlich war hier ein gesundes Maß an Unterscheidungsvermögen gefragt. Außerdem brauchte es Mut, denn was jetzt anstand, war Veränderung. Nichts würde mehr so sein wie bisher, wenn er tatsächlich alles integrierte, was ihn in Wahrheit ausmachte, und das, was er aus was für Gründen auch immer verschüttet hatte, ausleben würde.

Frieda begleitete ihn aus der Ferne. Sie nahm regen Anteil an seiner Bereitschaft, sich den dunklen Anteilen seiner Seele anzunähern.

>Du kannst nicht all deine Kraft dafür verwenden, dass alles beim Alten bleibt, und gleichzeitig darauf hoffen, dass sich etwas verändert.<

Es dauerte nicht lange und Robert wurde gewahr, dass der Schatten so etwas wie einen Wegweiser darzustellen schien. Seine beachtliche Erkenntnisfähigkeit ließ ihn erahnen, dass jeder Schatten einen Menschen tatsächlich durch seine eigene Dunkelheit hindurch ins Licht führte.

>Ich habe mal irgendwo gelesen, dass ein Schatten ein Loch im Licht ist. Wie findest du den Gedanken?<, sagte Robert.

>Und ich habe mal irgendwo gelesen, dass es auch ein Licht gänzlich ohne Schatten geben soll. Du siehst, es kommt wie immer auf den Standpunkt an. Aber mal im Ernst. Bereits C.G. Jung hat den Begriff des Schattens benutzt.<

>Ja, er war im Grunde genommen ein Bild für das, was Freud als Unbewusstes bezeichnet hat<, sagte Robert.

>Es gibt Leute, die sagen, dass unsere Vorstellung darüber, was wir sind, was uns ausmacht und was wir können, daher stammt, was unsere Mutter für eine Meinung über uns gehabt hat.<

>Dabei kann es sich doch bestimmt auch um jede beliebige andere Bezugsperson handeln<, gab der Großneffe zu bedenken.

>Ja, die Mütter müssen immer für alles herhalten. Fest steht allerdings, wenn die für uns wichtigen Erwachsenen uns in der Kindheit als stark erachten, dann wachsen wir auch zu starken Persönlichkeiten heran. Über das Gegenteil lohnt es sich eher nicht zu sprechen.<

Robert war froh, dass Frieda so dachte, denn er hatte keine Lust, sich den schönen Tag mit unschönen Gedanken an seinen Vater zu verderben, obwohl der doch eigentlich nur nicht aus seiner Haut herauskonnte.

>Besonders problematisch ist die Tatsache, dass wir schon früh lernen, was wir zu tun haben und was wir unterlassen müssen, um die Liebe dieser wichtigen Bezugspersonen zu erhalten.<

Da hat Frieda etwas Wichtiges gesagt. Wer den Mut zur Ehrlichkeit besitzt, wird sich eingestehen müssen, dass wir den lieben langen Tag über so gut wie alles, was wir sagen oder tun, genau aus diesem Grunde machen.

Frieda winkte der Kellnerin zu. Das süße Eis und die Hitze verlangten nach einem weiteren Glas Wasser.

>Möchtest du auch noch etwas trinken?<, fragte sie Robert.

Der nickte erfreut.

>Eine Saftschorle wäre gut.<

Die Kellnerin lächelte freundlich. Es war ein ehrliches Lächeln, eins, das nicht auf Kalkül beruhte. Auch ohne die Aussicht auf Trinkgeld hätte sie sicher genauso nett gelächelt.

>Jedes Mal, wenn Menschen, denen wir als kleine Kinder vollkommen vertraut haben, uns vermittelten, unser Verhalten sei nicht liebenswert, haben wir das ganz tief verinnerlicht<, fuhr Frieda fort. >Die meisten können sich irgendwann nicht einmal mehr daran erinnern, woher ihre Vorstellungen über sich selbst stammen, und dennoch prägen sie uns im schlimmsten Fall ein ganzes Leben lang und begrenzen uns in unserer Entfaltung.<

>Ja, aber müssen die Schattenseiten zwangsläufig negativ sein? Manchmal verdrängen wir doch auch einfach Anteile von uns, weil sie unser Selbstwertgefühl sabotieren oder weil wir uns womöglich ihretwegen schämen.<

>Klar, oder wir kehren einfach alles, was uns Angst macht, konsequent unter den Teppich. Auch ein ganz wichtiger Punkt. Wie auch immer, es ist immer besser, das Verborgene ins Licht zu holen, anzuschauen und zu akzeptieren, als ein Leben lang irgendwelche Leichen im Keller zu haben.<

>Ich schätze, du hast deine längst alle hervorgeholt<, sagte Robert und grinste breit. Das Gespräch gefiel ihm. Sein Unmut gegenüber diesem Park war gänzlich verflogen.

Frieda Rennstein lächelte.

>Damit könntest du allerdings Recht haben.<

Während der Rückfahrt beobachtete Frieda von Beifahrersitz aus, wie Robert mustergültig den Schulterblick anwandte. Sie musste sich eingestehen, in dieser Hinsicht mit den Jahren etwas nachlässig geworden zu sein. Während Robert den Blinker betätigte, um auf die Überholspur zu wechseln, hörte sie sein Räuspern.

>Frieda, kann es sein, dass der Spiegel, den andere Menschen uns vorhalten, nichts anderes bedeutet, als dass wir selbst diese Menschen sind? Würde das nicht bedeuten, dass es letztendlich immer nur um uns selbst geht?<

Robert merkte, wie er hinter dem Steuer ins Schwitzen geriet. Er musste aufpassen, dass er sich bei all diesen Überlegungen noch ausreichend auf das Fahren konzentrierte, denn von Gewohnheit kann bei einem Fahranfänger keine Rede sein.

>Ach weißt du, Robert, diese Dinge sind derart komplex und irgendwie auch so ungeheuerlich, dass es schwerfällt, angemessene Worte dafür zu finden. Ich glaube, dass du im Prinzip Recht hast, aber im Angesicht von Milliarden Erdbewohnern zu sagen, dass man selbst so etwas wie der Mittelpunkt des Universums ist, grenzt an Wahnsinn, nicht wahr?<

Robert gab sich alle Mühe, diese wichtigen Worte auf ihren Wahrheitsgehalt hin zu überprüfen und gleichzeitig auf den Verkehr zu achten.

>Und doch ist es legitim zu sagen, dass du der einzige Mensch bist, der aus deiner Perspektive im Hier und Jetzt wirklich zählt<, fuhr Frieda bereits fort.

>Die anderen sind lediglich dafür da, dass du dich erfahren und alles über dich lernen kannst, was du für deine Entwicklung benötigst. Das gilt aber für jeden anderen Menschen selbstredend genauso, und damit befinden wir uns mittendrin in einem Paradoxon, das sich gewaschen hat.<

Nun, so ein Paradoxon ist eine knifflige Sache. Man kann sich darüber jahrelang den Kopf zerbrechen, um schließlich frustriert feststellen zu müssen, keinen Schritt vorwärtsgekommen zu sein. Es lässt sich nun einmal nicht auflösen. Im günstigsten Fall lässt es uns einen völlig neuen Blickwinkel einnehmen.

Der Vollständigkeit halber sei erwähnt, dass die beiden von dieser Jungfernfahrt nach Wiesbaden heil wieder zurückgekehrt sind, obwohl der Fahranfänger Robert sich die ganze Zeit über in seinen Gedanken verloren hatte.

24

Schwarze Wolken über dem Vatikan, Profitgeier, wohin das Auge
blickt, und die Geburt des gläsernen Menschen
auf der Grundlage kartoffelfreier Chips

Regelmäßig stieg Frieda tapfer in die fast immer überfüllte U-Bahn, um in der alten Mitte Berlins auf einen Kaffee einzukehren. Sie liebte den Gendarmenmarkt und es war ihr vollkommen egal, dass sie auf dem Weg dorthin häufig von Touristen mit Rollkoffern angeschubst wurde, die schnellstmöglich in ihr Hotel wollten. Der Platz hatte es verstanden, den Charme ehemaliger Zeiten zu konservieren.

Der Ort besaß allerdings noch einen weiteren Vorteil. Er war sicher. Ungeachtet ihrer Tierliebe störte Frieda die vielerorts lauernde Gefahr, mit dem Absatz in weichen Hundekot zu tapsen. In den reinen Wohnvierteln war es extrem. Die Hunde trabten oder wuselten, vorzugsweise ohne gängelnde Leine, quirlig oder durch zu gutmeinende Besitzer auf bestürzende Weise phlegmatisiert, über die Berliner Gehsteige und legten ab und zu ein Häufchen auf den Steinen ab. Dabei hinterließen sie täglich bis zu 55 Tonnen Hundekot auf den Trottoirs. Selbst für eine Hundeliebhaberin wie Frieda waren das ein paar Tonnen zu viel des Guten.

Sehr zur Freude der Besitzer, jedoch zum Schrecken aller Einkäufer mit einer erst ansatzweise auskurierten Hundephobie, warteten die Vierbeiner sodann in geübter Sitzhaltung unangeleint vor den Geschäften. Roberts Großtante erfuhr recht schnell, dass es selten zu ernsten Zwischenfällen kam. Im Gegenteil, die Hunde erweckten häufig den Eindruck, besser sozialisiert zu sein als ihre Herrchen oder Frauchen.

Frieda schob das Verhalten der Großstädter, das merklich von den ihr vertrauten Gepflogenheiten der Kleinstadt abwich, auf den Lärm und die Hektik der Metropole. Sie selbst hätte niemals von sich geglaubt, derartig gefeit gegen den Wahnsinn zu sein, der einer Stadt wie Berlin innewohnte. Sie fühlte sich trotz der auf sie einprasselnden neuartigen Geräusche, Gerüche und Begegnungen unerwartet wohl. Wenn sie genügend Gendarmenluft geschnuppert hatte, kehrte sie gutgelaunt auf einen Espresso in eines der platzansässigen Lokale ein.

Sie liebte besonders diejenigen Gaststätten, in denen die Tische so nah beieinanderstanden, dass man in stillen Sekunden, wenn ausnahmsweise niemand sprach und keine Musik aus dem Hintergrund ertönte, seinen Sitznachbarn atmen hören konnte. Die Nähe brachte es gelegentlich mit sich, dass Frieda von einsam an einem Getränk nippenden Menschen in ein Gespräch verwickelt wurde. Sie entschied stets spontan, ob sie diesem Ansinnen entgegenkommen oder die mit jeder Unterhaltung verbundenen Beeinflussungen meiden wollte.

Bei einem ihrer ersten Aufenthalte hatte ein schlacksiger Sozialarbeiter, der sich höflich als Jürgen Pottebaum vorstellte und der in der Geronto-Psychatrie einer Berliner Tagesklinik arbeitete, ihre Aufmerksamkeit gesucht und gefunden. Frieda hatte Glück, denn Jürgen Pottebaum war an diesem Tag *gut drauf*, wie es so schön heißt. Das war aber nicht immer so, denn die alten Leutchen, um die er sich Tag für Tag aufopferungsvoll kümmerte, konnten manchmal auf dumme Gedanken kommen. Hieran lässt sich unschwer erkennen, dass eine Vielzahl an Jahren auf dem Buckel kein Garant dafür ist, dass man weise wird. Wenn nun ein Mensch nicht weise geworden ist, sondern alles in seiner Macht Stehende dafür getan hat, dass die Unwissenheit Wurzeln in ihm schlagen konnte, dann ist er gewöhnlich im tiefsten Innern sehr enttäuscht. Er hat dann das Gefühl, sein Leben vergeudet zu haben.

Deshalb musste Jürgen Pottebaum sich häufiger, als ihm lieb war, anhören, dass seine Patienten so unschöne Sachen wie Selbstmord begehen wollten. Jürgen war aber der Meinung, dass alte Menschen sich lieber über ihre letzten Tage freuen sollten, anstatt den Tod dazu zu zwingen, seinen Terminkalender durcheinanderzubringen, nur weil sie sich nicht in die Warteschlange einordnen wollten, wie es sich doch eigentlich gehört.

>Ich fühl mich permanent urlaubsreif, kann ich Ihnen sagen. Aber ich weiß irgendwie nie, welches Ziel mich wirklich reizen könnte. Australien vielleicht.<

Frieda nickte verständnisvoll.

>Wie wär's mit einer Reise in Ihr Inneres?<, schlug sie ihm spontan vor. >Ist vergleichbar mit einer Art Studienreise, um die Klaviatur des Herzens beherrschen zu lernen.<

Jürgen Pottebaum blickte sie entgeistert an. Frieda ahnte, dass er soeben hinterfragte, ob ihn sein erster Eindruck im Hinblick auf diese Frau womöglich doch getäuscht haben könnte. Vielleicht überlegte er gerade, ob es überhaupt noch etwas anderes als durchgeknallte Senioren auf dieser Welt gab. Sie jedoch erhoffte sich von dieser Unterredung die praxisnahe Klärung einer Frage, die ihr schon länger auf dem Herzen lag.

>Entspricht es der Wahrheit, dass Demenzerkrankungen durch verkapseltes Aluminium im Gehirn begünstigt werden?<

Frieda war sicher, mit dieser intelligenten Frage den Verdacht Pottebaums noch im Entstehen entkräften zu können.

>Diese These ist schon fast wieder überholt<, antwortete er, >doch soweit ich weiß, nicht widerlegt. Wollen Sie meine wirkliche

Meinung darüber hören?< Er wirkte nicht nur erleichtert, sondern plötzlich auch sehr engagiert.

Frieda wollte.

>Mir scheint es so zu sein, dass die Leute, bei denen Alzheimer und Co. sich noch nicht im Endstadium befinden, viel mehr als andere im Hier und Jetzt leben.<

Er schaute Frieda aufmerksam ins Gesicht, um sicherzugehen, dass sie ihm folgen würde. Er war bei Frauen zwischen sechzig und siebzig einiges gewöhnt. Wenn Pottebaum nur im Entferntesten ihr wahres Alter geahnt hätte, wäre er sicher beeindruckt gewesen.

>Wenn man sich an nichts mehr erinnern kann, dann nimmt man den Moment offenkundig wesentlich aufmerksamer wahr. Diese Menschen dämmern nur vor sich hin, wenn man sich nicht mit ihnen beschäftigt.<

Frieda hörte wie immer zu, ohne ihren Gesprächspartner zu unterbrechen.

>Ansonsten sind sie plötzlich hellwach und vollkommen präsent. Mehr als unsereins. Ist zumindest mein persönlicher Eindruck.<

Am Tonfall ließ sich erkennen, dass Jürgen Pottebaum mit seinen Ausführungen fertig war.

>Nun ja, Menschen, die aus anderen Gründen unter Amnesie leiden, können ein Liedchen davon singen, was es bedeutet, plötzlich ohne Erinnerungen zu sein. Sie erkennen dann schlagartig, dass sie nichts mehr an die vertrauten Menschen in ihrer Umgebung bindet. Sie stehen womöglich genauso verwundert und isoliert in der Ewigkeit des Jetzt wie Ihre Patienten.<

>Die in Einzelfällen weniger zu bedauern sind, als gemeinhin angenommen wird<, sagte Pottebaum und grinste.

Friedas Gesprächspartner war ein kritischer Zeitgeist, der allerdings das Schicksal vieler Großstädter teilte. Er war der Natur dermaßen entfremdet, dass sie ihm Angst bereitete. Frieda hatte ihn beiläufig gefragt, ob er Tiere möge. Sie überlegte nämlich seit mehreren Tagen, ob es sich lohnen könnte, ein Berliner Tierheim zu besuchen.

>Diese Angst gilt übrigens nicht für herumstreichende Füchse oder die kleinen Fledermäuse, die in warmen Sommernächten meinen Balkon umflattern. Ich meine eher die Auswüchse der Schöpfung, die ich nicht kontrollieren kann.<

Jürgen Pottebaum sprach ganz offen und Frieda versuchte zu erspüren, ob womöglich ein Anflug von Koketterie mitschwang. Doch die war ihm gänzlich fremd.

>Junger Mann, ich kenne Sie nicht und will Ihnen ganz bestimmt nicht zu nahe treten, aber könnte es vielleicht sein, dass es sich in Wahrheit um die Angst vor den Auswüchsen Ihrer inneren Natur handelt? Dann wäre Ihr furchtsames Verhalten nicht anders als ein Fingerzeig zu deuten.<

Jürgen Pottebaum runzelte die Stirn, erhob aber keinen Einspruch.

>Sie sind nicht nur der Natur entfremdet, sondern vor allem sich selbst. Sie fürchten sich vor dem Kontrollverlust, der Sie angesichts möglicher Beben, Orkane und Überschwemmungen in Ihrem Innern überfallen könnte. Aber nichts für ungut, damit stellen Sie beileibe keine Ausnahme dar.<

Pottebaum ging einfach darüber hinweg; Frieda wusste sofort, dass er das Gesagte nicht wirklich vernommen hatte. Es brauchte wohl noch etwas Zeit, bis er bereit sein würde, sich der Welt in sich selbst zu stellen. Immerhin rechnete sie ihm hoch an, dass er nicht sofort ihren Geisteszustand in Frage gestellt hatte. Bei dem Beruf...

>Meinen Jäger- und Sammlertrieb kann ich auch hier ausleben. Die Stadt ist mir Dschungel und Prärie zugleich<, hörte sie ihn sagen.

Er grinste kurz, während er an seinem Kragen nestelte. Der hatte sich verdreht, sodass die linke Ecke unsanft in seinen Hals stach.

>Meine Freunde nennen mich nicht umsonst einen Schnäppchenjäger. Natürlich gibt es in Berlin auch noch ganz andere Trophäen zu ergattern.<

Den letzten Satz hätte er sich in Friedas Augen getrost verkneifen können, aber da er ansonsten ein angenehmes Wesen zu haben schien, verzieh sie ihm diesen Anflug männlich verfremdeter Großherzigkeit. Das von Pottebaum angesichts seiner süffisanten Ausführungen erwartete Lächeln wollte sie ihm jedoch nicht gönnen, da es nicht von Herzen gekommen wäre. Er bemühte sich augenblicklich um mehr Ernsthaftigkeit.

>Im Übrigen versteht die Kultur in einer Stadt wie dieser die Natur mehr als recht zu ersetzen.<

Traurig, aber für viele Menschen offenkundig nur zu wahr, dachte Frieda und hatte plötzlich keine Lust mehr, das Gespräch fortzuführen. Dem Ober, der leicht stotterte und dabei so freundlich lächelte, dass er sofort ihr Herz erobert hatte, gab sie winkend zu verstehen, dass das Espressogeld auf dem Tischchen bereitlag. Sodann verabschiedete sie sich mit einem freundlichen Lächeln von Jürgen Pottebaum und versuchte, jeden Anflug von Mitgefühl darin zu vermeiden. Sie gönnte diesem jungen Menschen seine Einstellung. Sie war womöglich überlebenswichtig für ihn.

An diesem Tag, das Thema Schweinegrippe geisterte durch alle Medien und schien die Angst der Menschen fest im Griff zu haben, plante sie noch einen Abstecher in die Philologische Bibliothek der

FU zu machen, weil sie auf der Suche nach der deutschen Übersetzung des vergriffenen Werkes eines ungewöhnlichen Autors war. Der wesentlich ältere Heinrich Rennstein hatte vor der Begegnung mit seiner zukünftigen Gattin zum Kreis der Schüler dieses in Alexandropol gebürtigen armenischen Exilgriechen auf Schloss Prieuré bei Paris gehört. Deshalb war ihr dieser Autor besonders gut vertraut.

Nach der aufgrund widriger Umstände unfreiwilligen Rückkehr in die alte Heimat wäre Heinrich Rennstein womöglich in ein tiefes Loch gefallen, wenn die Vorsehung nicht ein Erbarmen gezeigt und ihn direkt nach seiner Ankunft in die Arme der zu diesem Zeitpunkt noch unberührten Frieda geführt hätte. Diese vermochte sich sogleich für die ungewöhnlichen Ansichten des von ihrem Heinrich bis zu seinem letzten Atemzuge geschätzten Lehrers zu erwärmen, von dem es heißt, er habe das *Enneagramm* in den Westen gebracht. Damit ergatterte sie nicht allein einen Stein im Herzen des jungen Rennstein, sondern gleich einen stattlichen Felsen, der in der Folge jeder noch so tosenden Brandung ihres stürmischen Ehelebens standzuhalten wusste. Sie können sich sicher vorstellen, dass eine Frau wie Frieda nicht nur in jungen Jahren auf ungewöhnliche Ideen verfallen konnte, um das Leben in seiner vollen Bandbreite zu erfahren, wie es so schön heißt. So blieb Heinrich Rennstein oftmals nichts anderes übrig, als über seinen Schatten zu springen, den geliebten Garten für ein paar Stunden zu vergessen und sich der ein oder anderen Unternehmung anzuschließen. Frieda war nämlich der Ansicht, dass man nicht heiraten müsse, wenn jeder Partner danach ausschließlich seiner eigenen Wege geht.

Das gesuchte Buch war seit Friedas Umzug nach Berlin unauffindbar. Im Internet wurde es zu horrenden Preisen gehandelt. Dies bestärkte ihren Eindruck, dass die Trommeln der Profitgier von Jahr zu Jahr lauter erklangen. Da sie bereits eine Vielzahl Geburtstage in eigener Sache gefeiert hatte, ist davon auszugehen, dass diese Feststellung einer gewissen Stichhaltigkeit nicht entbehrt.

Was dieses spezielle Buch anbelangte, so war Frieda der Meinung, dass es mehr als fair gewesen wäre, es für die wenigen Interessenten bezahlbar zu machen. Aber so konnte nur jemand denken, der in den Augen der anderen als verrückt oder dement galt. *Normale* Menschen wissen natürlich sofort, dass gerade das, was rar ist, besonders gute Preise erzielt und ein Verkäufer sich vom vielen Händereiben schon einmal Hautabschürfungen zuziehen kann.

Da Frieda stets – der geistigen Frische halber – gegen den Strom schwamm, hielt sie sich selbst freilich keineswegs für verrückt, sondern bedauerte alle Schlafenden dieser Welt, die von der Wiege bis ins Grab stets die gleichen Vorlieben, Interessen und Abneigungen in sich trugen. Sie war ziemlich sicher, dass ihnen dies ein stabiles Ich-Gefühl und Sicherheit vermittelte. Ein Buch wie das von ihr gesuchte hätte nur unnötig an diesen Festen gerüttelt. Doch wäre Frieda nicht Frieda gewesen, wenn sie sich angesichts dieser in ihren Augen ungehörigen Profitgier nicht mit dem Gedanken getröstet hätte, dass die emsigen Trommler es offenkundig nicht besser wussten.

Diese an christliche Nächstenliebe erinnernde Regung entsprang nicht etwa der Heiligen Schrift. Der gegenüber hegte Frieda eine seit den Tagen ihrer Kindheit beständig gewachsene Scheu. Zu oft hatte es der zornige und nach Rache dürstende Gott des Alten Testaments verstanden, ihren Glauben an den barmherzig liebenden und einzigen Schöpfer allen Lebens einzutrüben.

Friedas Gott kannte keine Vergeltungsgelüste. Er liebte es, mit seinen Menschenkindern zu spielen und ihnen damit zu offenbaren, dass er existierte. Bereits als kleines Mädchen hatte Roberts Großtante geahnt, dass das einzige Problem der Erwachsenen darin bestand, dass sie Gott diesen Wunsch verweigerten. So blieb ihm nichts anderes übrig, als wenigstens ein wenig mit ihnen Versteck zu spielen.

Nun stellt sich natürlich die Frage, was das denn wohl für ein Gott sein soll, der mit seinen Geschöpfen Verstecken spielt, anstatt sich darum zu kümmern, dass alles in der Welt mit rechten Dingen zugeht. Womöglich erklärt sich dadurch auf einen Schlag, warum auf der Erde so viel im Argen ist. Frieda wusste freilich schon als Kind intuitiv, dass Gott sich nur deshalb so gut versteckte, weil er den freien Willen der Menschen respektierte. Da die Menschen ihren freien Willen aber gewöhnlich darauf verwenden, genau das zu glauben, was man ihnen tagein, tagaus so alles auf die Nase bindet, verlernen sie im Laufe ihres Lebens sogar, mit ihm Verstecken zu spielen.

Robert hatte seine Großtante als kleiner Junge einmal gefragt, warum sie nicht in der Bibel lese. Frieda hatte ihm kindgerecht geantwortet, dass die meisten Texte kaum noch dem ursprünglichen Original ähnelten, weil die unterschiedlichsten Menschen aus den unterschiedlichsten Gründen daran herumgebastelt hätten, um sie in ein geeignetes Machtinstrument im Hinblick auf die vielen Schäfchen dieser Welt umzuformen.

>Wer möchte die Menschen denn in Schafe verwandeln und warum?<, hatte Robert wissen wollen.

>So einfach geht das nicht, mein Junge. Auf die Suche nach dieser Antwort musst du dich schon selbst begeben<, hatte sie lächelnd geantwortet.

Es sollten viele Jahre vergehen, bis der Großneffe sich in dieser Sache eine eigene Meinung gebildet hatte. Jahrzehnte später stieß Robert in der ersten Dekade des neuen Jahrtausends auf Fotos, die den Himmel über dem Vatikan zeigten, der von einer schwarzen Wolke komplett verdunkelt wurde. Die Ursache war ein erstaunliches Phänomen: Es handelte sich um Tausende von Staren, die über der Residenz des katholischen Stellvertreters Gottes kreisten. Robert hatte noch nie an Zufälle geglaubt und in diesem besonderen Fall war er so gut wie sicher, dass es sich nur um ein Sinnbild handeln konnte. Daraufhin fiel ihm sogleich die Sache mit den Schafen wieder ein. Was auch immer man davon halten will: Dieses Bild hinterließ einen bleibenden Eindruck in seinem Gemüt.

Als Frieda die Eingangshalle der Philologischen Bibliothek betrat, war sie erstaunt, wie gut das Atrium des *Berlin Brain* es verstand, die Kühle des Futurismus mit der Sanftheit des Ästhetizismus in Gestalt sich nach oben hin verjüngender Etagen zu vereinen. Das Buch war schnell gefunden und Frieda sehr zufrieden, da sie bis auf die Besichtigung des Doms alle Ziele dieses Tages aufgesucht hatte. Am Ausgang wäre sie fast mit Günter Zeisig zusammengestoßen. Obwohl sie sich erst einmal begegnet waren, erkannten sie einander auf Anhieb.

>Das ist aber eine Überraschung.<

Der Zahnarzt klang ehrlich erfreut. Er hatte schon viel über die alte Dame gehört, die auch an diesem Tage so wirkte, als hätte sie soeben einen Baum ausgerissen, drei Pferde gestohlen und die Weisheit mit Löffeln gefressen. Letzteres konnte er freilich nur erahnen, und wenn man es recht bedenkt, handelte es sich um eine Projektion, weil Robert ihm schon viel von der phänomenalen Klugheit seiner Großtante erzählt hatte.

Die wiederum hatte auch schon einiges über Günter erfahren, denn Robert schätzte dessen Integrität sehr. Er hatte irgendwo gelesen, dass es Zahnärzte gab, die beim Bohren immer einen kleinen

Rest Karies stehen ließen, damit die Patienten schon recht bald wiederkämen. Sie wussten sich häufig auch ein schönes Zusatzeinkommen zu sichern, indem sie Goldkronen entfernten und diese steuerfrei in ihrem Safe zwischenlagerten, anstatt sie den rechtmäßigen Besitzern zurückzugeben. So einer war der Zeisig aber nicht und deswegen hatte Frieda schon darüber nachgedacht, sich einen Vorsorgetermin bei ihm geben zu lassen.

>Wenn Sie noch ein Sekündchen warten wollen, dann bringe ich Sie nach Hause<, sagte Günter Zeisig. >Wir wohnen ja nicht weit voneinander entfernt. Ich bin ausnahmsweise mit dem Auto unterwegs. So haben Sie gleich eine kleine Sightseeingtour.<

Frieda hätte es interessiert, warum ein Zahnarzt um diese Zeit an diesem Ort weilte, aber sie wollte nicht taktlos sein und zog es vor zu schweigen. Als sie die Parkhausschranke passiert hatten, hielt sie den Moment für gekommen, angesichts der gerade grassierenden Schweinegrippe ein wenig forscher zu werden.

>Ich habe gehört, dass Sie sich auch für Sachverhalte außerhalb des Mainstreams interessieren. Was halten Sie denn von diesen Massenimpfungen?<

Sie hatte in ein Wespennest gestoßen. Günter Zeisig lief augenblicklich zu Hochform auf, wie immer, wenn er erwarten konnte, mit seinem Wissen andere Menschen beeindrucken zu können. Unübersehbar rötete sich sein Kopf im Bereich der Wangen.

>Wenn Sie mich fragen, dann könnte durchaus etwas an den Mutmaßungen dran sein, die im Internet kursieren. Man munkelt, es wären Mikrochips in die Spritzen implementiert worden, die den gläsernen Menschen ermöglichen sollen. Gläserne Hunde und Rinder gibt es ja schon lange.<

Frieda nickte. Sie hatte ebenfalls davon gehört. James Bond jedenfalls war so ein Chip unter die Haut injiziert worden, um ihn jederzeit ausfindig machen zu können. Sie warf Günter Zeisig einen ermunternden Blick zu.

>Die Chips sollen per Funk ansteuerbar sein. Es handelt sich offenkundig um sogenannte Peilsender.<

>Erinnert ein bisschen an *Big Brother*.<

>*Ein bisschen* ist gut. Ich hab' mir noch kein abschließendes Urteil darüber gebildet, aber ich würde mir das Zeug auf gar keinen Fall freiwillig verabreichen lassen.<

Während er in den dritten Gang schaltete, schaute Günter Zeisig kurz nach rechts auf den Beifahrersitz, um zu sehen, ob es ihm gelungen war, Frieda Rennstein zu beeindrucken, denn er war auch nur ein Mensch. Bedauerlicherweise ließ sich nichts an ihrem Gesichtsausdruck erkennen. Sie dachte nämlich ausnahmsweise gerade nach. Bei jemandem, der wie Frieda das Nichtdenken zur Kür erhoben hat, ist dies zumindest erwähnenswert.

>Es ist schon erstaunlich, wie aufgebauscht diese Tiergrippen durch die Medien wandern. Alles scheint darauf ausgelegt zu sein, die Leute in Angst und Schrecken zu versetzen, obwohl es meines Wissens derzeit keine wirklich stichfest dokumentierten Beweise für einen ursächlichen Zusammenhang zwischen Erkrankung und Erreger gibt<, sagte sie unvermittelt.

>So ist es.<

Den Rest der Fahrt verbrachte jeder in seine eigenen Gedanken versunken, wobei Frieda sorgfältig darauf achtete, was ihr so alles in den Sinn kam, um nicht unbeabsichtigt in einem mentalen Hagelschauer zu stehen, für den sie keinen Rettungsschirm besaß. Den hatten die Banken gerade für sich entdeckt und wissen ihn bis zum heutigen Tage gut zu nutzen.

Während sie sich etwas ungelenk mit der linken Hand einen Fussel nach dem anderen von Ihrer Wolljacke zupfte und in der Tasche verschwinden ließ, klammerte sich ihre Rechte krampfhaft am Griff über dem Beifahrerfenster fest. Der Zeisig liebte es, seinen Oberklasseschlitten in den Kurven schön schräg zu legen, was man im Stadtverkehr erst einmal hinkriegen muss.

>Du alte Ratte, du!<, sagte der Zahnarzt jetzt, denn das hatte er von einem waschechten Berliner Taxifahrer gelernt, der ihn abends vom *Brel* am Savignyplatz nach Hause ins Berliner Schwabenländle chauffiert hatte. Die alte Ratte saß in einem alten Fiat Panda und sah recht menschlich aus, als Frieda beim Überholen genauer hinschaute.

Robert hatte ihr am Vorabend erzählt, dass er zu der unverbrüchlichen Überzeugung gelangt war, dass die ihn umgebene Welt stets eine absolut zuverlässige und getreue Replik seiner Erwartungen, Glaubenssätze und Gedanken war. Daran musste Frieda jetzt denken, während der Zeisig eifrig am Lenkrad kurbelte, um es noch ein bisschen spannender zu machen.

>Auch wenn die Bibel dadurch Lügen gestraft wird und Kleriker sämtlicher Couleur sich die Haare raufen<, hatte der Großneffe gesagt, >bin ich davon überzeugt, dass Himmel und Hölle keinesfalls Orte sind, zu denen man erst nach dem Ableben Zutritt erhält.<

>Natürlich nicht<, hatte Frieda geantwortet, >sie umgeben uns Menschen bereits auf der Erde, sozusagen als tägliche Erfahrungshorizonte, wobei die Hölle das Sinnbild für eine überzogene Anhaftung an das Ego und die materielle Welt darstellt...<

>...während der Himmel die begünstigten Lebensumstände umschreibt, die einem Mensch zuteil werden, der sich im Einklang mit allem Leben befindet.<

Robert liebte es, der Großtante zuvorzukommen. Meistens hatte sie das letzte Wort.

Er war sich sicher, dass sie es tatsächlich geschafft hatte, im Laufe der Jahrzehnte für sich selbst diesen Himmel auf Erden zu realisieren. Aber in diesem Moment fühlte sich Frieda seit langem zum ersten Mal so, als wäre dieser plötzlich nicht mehr existent.

>Können wir bitte ein wenig langsamer fahren?<, bat sie höflich, aber bestimmt. Günter Zeisig nahm sofort den Fuß vom Gaspedal und Frieda atmete erleichtert durch. Sie hatte keine Angst verspürt, lediglich ein ungutes Gefühl in der Magengegend.

Robert hatte noch erzählt, dass er sich als Kind häufig gefragt habe, wo denn das Böse wohne. Frieda hatte ihm gegenüber immer wieder betont, dass es keine Hölle gebe.

>Kein Wunder, bei den vielen Verbrechen und Gräueltaten, die täglich auf der Erde geschehen<, hatte er gemeint, >da muss man ja denken, dass dahinter das Böse in Person steht.<

>Soso, und da hast du dir gedacht, wenn schon der alte Aristoteles wusste, dass Kosmos nichts anderes als Ordnung bedeutet und alles seinen Platz darin hat, dann muss das Böse schließlich irgendwo residieren.<

>Ja, als Kind gab es für mich so etwas wie eine Gegenmacht zu Gott. Im Grunde haben uns das ja die Religionen jahrtausendelang glauben lassen.<

>Ja, das alles ist fest im Bewusstsein der Menschen verankert. Erinnerst du dich noch daran, was ich dir damals erzählt habe?<

>Na klar, du hast mir eine Frage gestellt, die ich bis heute nicht vergessen habe. Sie lautete...<

>... was wäre, wenn das Böse in der Welt nichts anderes bedeuten würde als die vollkommene Abwesenheit von Mitgefühl und damit von Liebe?<

Frieda hatte spitzbübisch gelächelt und kurz darauf war Robert aufgebrochen, denn er hatte Verena versprochen, sich mit ihr ein neues Sofa anzuschauen, obwohl er das alte vollkommen in Ordnung fand. Aber sie hatte die Farbe plötzlich nicht mehr gemocht.

Jetzt näherte sich Günter Zeisigs Karosse endlich bekannten Gefilden. Er hatte es tatsächlich geschafft, die letzten zwei Kilometer so zu fahren, dass Friedas Finger den Haltegriff nur noch lose berührten. Sie hatte auch keine Wollfussel mehr abreißen müssen, um sich abzulenken. Während Roberts Großtante zügig die Treppen erklomm, erinnerte sie sich erneut an das Gespräch vom Vorabend. Sie hatten über Menschen gesprochen, die für Geld mordeten oder andere derart ausbeuteten, dass sie vor ihren Augen an Leib und Seele verbluteten.

>Kaum zu glauben, dass dies nicht wenigstens einen Funken von Mitgefühl in ihnen auszulösen vermag<, hatte Robert gemeint.

>Ach, weißt du, mein Junge, überleg doch einmal, was wäre, wenn es all dies nicht gäbe? Welche Bedeutung hätte das menschliche Herz, wenn es sich nicht immer wieder zwischen Gut und Böse entscheiden könnte?<

25

Der Abschied der kleinen Tempeltänzerin oder

böse Onkels haben Süßigkeiten in der Tasche

In der zweiten Dekade des neuen Jahrtausends erklärte Robert Zeitlos die moderne Quantenphysik zu seinem neuen Steckenpferd. Und das kam so: Seine kleine Tempeltänzerin Verena und er hatten sich einvernehmlich nach über zwanzig Jahren des Zusammenlebens getrennt. Der Schritt war für beide schmerzvoll, aber sie waren sich vollkommen einig, dass ein Weitermachen nicht in Frage kam.

Es war nicht so, dass sie sich nicht mehr miteinander wohlfühlen konnten. Eher war es zu einem Dauerzustand geworden, dass eine lähmende Langeweile durch ihr gemeinsames Leben mäanderte. Der damit einhergehende fahle Beigeschmack ließ sich weder durch Gespräche noch hilflose Rettungsmanöver übertünchen. Robert war klug genug, um zu ahnen, dass es sicherlich nicht förderlich für sie beide war, dass er vor Verena keine feste Beziehung gehabt hatte. Die wenigen Gelegenheiten, bei denen er sich vor ihrem Zusammentreffen die Hörner ansatzweise abgestoßen hatte, wogen offenkundig nicht schwer genug, um für ein dauerhaftes Zusammenleben genügend Erfahrungen gesammelt zu haben. Dennoch wollte er von einer neuen Beziehung zunächst einmal nichts wissen.

Als er mit Frieda darüber sprach, war diese taktvoll genug, ihm keine Vorwürfe zu machen. In gewisser Hinsicht konnte sie ihren Großneffen verstehen, denn ihr ausgeprägtes Feingefühl hatte ihr längst den Eindruck vermittelt, dass Verena zwar ein ausgesprochen liebes Mädchen war, jedoch irgendetwas eine wirkliche Nähe zwischen den beiden verhinderte. Fast schien es Frieda, als hätte sich die Lücke zwischen den jungen Leuten im Laufe der Jahre zu einer veritablen Kluft ausgewachsen und veritabel ist ein Wort, das andeutet, dass da nicht mehr viel zu machen war.

Nun mag man sich fragen, wieso ein so kluger Mensch wie Robert nicht einfach eine Brücke zwischen sich und Verena bauen konnte, denn mit ein wenig Toleranz und Geschick sollte das doch kein Problem sein. Dies war aber im Fall der kleinen Tempeltänzerin gar nicht so einfach, denn Toleranz und guter Wille genügten einfach nicht, um darüber hinwegzutäuschen, dass die beiden, abgesehen von ihren gemeinsamen Essgewohnheiten, in fast allen Lebensfragen Welten trennten. Verena verstand nicht wirklich, was Robert bewegte, und Robert musste sich häufig am Kopf kratzen, um dahinterzukommen, was seine Freundin nun schon wieder umtreiben könnte.

Manchmal überlegte Robert, ob der wahre Grund für ihr Scheitern womöglich in der Unterschiedlichkeit ihres Bewusstseins liegen könnte. Das ist eine schwerwiegende Fragestellung und dessen war er sich bewusst. Er hatte auch noch nie von Scheidungsfällen gehört, bei denen als Grund *Bewusstseinsdiskrepanzen* genannt wurden. Jedenfalls glaubte er erkannt zu haben, dass das gewöhnliche Tagesbewusstsein eines Menschen nur einen Abklatsch dessen darstellt, was es potenziell beinhalten kann. Für ihn stand fest, dass der Erde mitsamt ihren Bewohnern etwas Grandioses bevorsteht, wenn die Menschen es verstehen, die Weichen richtig zu stellen.

Davon wollte Verena nichts hören. Sie fand, dass die Musik ein Allheilmittel sei. Auf den Gedanken, dass das Universum über Bewusstsein verfügt, wäre sie nie gekommen. Sterne waren in ihren Augen nichts weiter als überdimensionierte Glühbirnen und sie war heilfroh, dass es sie gab. Sie fürchtete sich vor der Dunkelheit.

Roberts Überlegungen gingen weit darüber hinaus. Er hielt es für möglich, dass Teile der menschlichen Spezies sich in naher Zukunft aus den kuscheligen Kissen ihrer Unwissenheit und Verblendung erheben würden. Außerdem war er davon überzeugt, dass mit diesem Erwachen eine neue, bisher unbekannte Welt einhergehen musste. Diese war für ihn Sehnsucht und Verheißung zugleich.

Nun, dies ist sicherlich harter Tobak in den Ohren von Verstandesmenschen.

>Wacher als wach geht nun wirklich nicht<, hört man sie skandieren.

Doch gibt es Menschen, die glauben, dass sie lange genug geschlafen haben und es nun wirklich Zeit für eine schöne Tasse heißen Kaffees und ein knuspriges Frühstücksbrötchen unter der Ägide eines neuen Morgen geworden ist. Sie zeichnen sich durch den zunehmenden Willen aus, die tieferen Gründe ihrer Existenz zu verstehen. Robert war einer von ihnen, Verena nicht.

Als Frieda erfuhr, dass die beiden jungen Leute sich trennen würden, konnte sie sich den Hinweis nicht verkneifen, dass beide, rein beziehungstechnisch betrachtet, so lange immer wieder dieselben Erfahrungen machen würden, bis sie die durch den Partner gespiegelten Lektionen verstanden und beherzigt hätten.

>Wenn man es geschickt anstellt, dann kann man durchaus sein ganzes Leben lang mit einem einzigen Menschen glücklich sein<, sagte sie, während sie Robert tief in die Augen schaute. So wie Frieda diese Worte aussprach, fiel es ihm schwer, ihr keinen Glauben zu schenken. Doch der Entschluss, das Ganze auch auszuprobieren, stand auf einem anderen Blatt und das hatte der Großneffe verlegt. So konnte es dazu kommen, dass er spontan entschied, es könne ganz bestimmt nicht schaden, für eine gewisse Zeit alleine zu bleiben und dann neue Erfahrungen zu suchen, selbst wenn diese in Wahrheit nur in einem anderen Gewand daherkamen.

Verena hatte bereits nach drei Monaten einen neuen Freund, den sie Robert anlässlich seines Geburtstages, an dem sie aus alter Gewohnheit erschien, unsicher vorstellte. Rolf Tapfermann verbrachte viel Zeit an der Spinnerbrücke. Für alle Nichtberliner sei klar gestellt, dass damit keinesfalls angedeutet werden soll, dass er ähnlich wie Frieda tickte. Die war bekanntlich in dieser Hinsicht durch einen allzu beflissenen Amtsarzt stigmatisiert worden. Er war ein bisschen älter als sein Vorgänger und Architekt mit einer Passion für schwere Motorräder.

Robert wusste nicht, ob es aus Liebe geschah oder um sich einen alten Traum zu erfüllen, dass seine schöngeistige Tempeltänzerin nicht damit zufrieden war, auf dem Sozius als Tapfermanns Rückendeckung die brandenburgische Landschaft an sich vorbeifliegen zu sehen. Ohne Wissen des Architekten, sozusagen aus der Hinterhand geplant, drückte sie seit geraumer Zeit die Fahrschulbank.

Verena hatte Robert fragend angeblickt, als sie ihm von dieser Kehrtwende in ihrem Leben berichtete. Der zog es vor, nichts dazu zu sagen. Schließlich war es von nun an ausschließlich ihr Leben, auch wenn sie ihm nach wie vor wöchentliche Einblicke gewährte. Die beiden Biker hatten ihre schnittigen Helme über die in schwarzes Leder gehüllten Arme gestülpt und bewegten sich mit ausholenden Schritten in Roberts Richtung. Der beobachtete genau, wer da auf ihn zukam. So ein Nachfolger bleibt trotz allen Wohlwollens immer ein Rivale, und da ist es besser, wenn man weiß, mit wem man es zu tun hat. Bisher wusste Robert freilich herzlich wenig von diesem Mann, außer dass er in der ganzen Republik Erdhäuser baute und ihm in dieser Hinsicht ein ziemlich guter Ruf vorauseilte.

Verenas Gesichtsausdruck wirkte ungewohnt verschlossen. War sie verkrampft, weil ihr die Begegnung der Begleiter ihrer verflossenen und zukünftigen Tage unangenehm war?

>Warum sollte sie das sein?<, dachte Robert, denn er war viel zu sehr in die Angelegenheit verstrickt, um erkennen zu können, dass er in Rolf Tapfermann tatsächlich einen Rivalen sah. Theoretisch hätte er es wissen müssen, denn er war ja Arzt und Ärzte wissen im Allgemeinen eine ganze Menge. Aber dies gilt offensichtlich nur für die Dinge, die nichts mit einem selbst zu tun haben.

Lag es womöglich an der ungewohnten Farbe ihrer neuen Erscheinung? Noch bevor eine Antwort aus seinem Innern aufsteigen konnte, erinnerte er sich zu seinem eigenen Erstaunen daran, vor langer Zeit einmal mit Verena im Tiergarten gewesen zu sein. Kurz vor der Löwenbrücke hatte sie angehalten und lächelnd verlauten lassen, dass sie es vorzöge, nicht dort hinüberzugehen. Robert wohnte damals zwar schon eine ganze Weile in Berlin, aber dass kleine Berliner Mädchen davor gewarnt wurden, wegen der bösen Onkels mit Süßigkeiten in der Tasche diesen Ort tunlichst zu meiden, war neu für ihn. Es fiel freilich auf, dass sich außergewöhnlich viele Männer dort aufhielten. Als er Carsten Dellmayer von diesem Vorfall berichtete, lachte der lauthals auf.

>Das war einmal ein beliebter Schwulentreff. Die Brücke selbst ist, soweit ich weiß, mittlerweile wegen Einsturzgefahr gesperrt.<

Robert fragte sich tatsächlich, ob diese assoziative Erinnerung bedeutete, dass Tapfermann ebenfalls homosexuell sein könnte. Nun, nicht ganz zu Unrecht lässt sich an dieser Stelle einwerfen, dass er in diesem Moment ein ziemliches Brett vor dem Kopf gehabt haben musste. Das ist nichts Ungewöhnliches, wenn man einem Rivalen begegnet, dessen Haupt einen überragt.

Zu Roberts Ehrenrettung sei jedoch erwähnt, dass seine Verunsicherung nur Sekunden andauerte. Dann bemerkte er zu seiner Erleichterung eine gewisse Freude darüber, dass dieser hochgewachsene Biker Verena über die von ihr im Vorfeld der Trennung befürchteten Stunden der Einsamkeit hinweghelfen konnte. Es war nämlich so eine Sache für sich, wenn das Gefühl ungewohnten Alleinseins sein Zepter zu schwingen begann.

Robert selbst vermisste Verena ebenfalls von Zeit zu Zeit, insbesondere dann, wenn er in der Bio-LPG in der Nähe des Kollwitzplatzes seine Lebensmitteleinkäufe für die gesamte Woche tätigte und die kleine Tempeltänzerin nicht automatisch die Leckereien in den Einkaufswagen legte, auf die er gerade Appetit hatte. Jedes Mal, wenn er einen Artikel aus dem Regal nahm, den sie beide besonders gerne gemocht hatten, überfiel ihn ein kurzes Gefühl der Wehmut - freilich nur ein ganz kurzes, sozusagen nur das Fitzelchen eines Gefühls der Wehmut.

Der Gedanke, dass dieser Umstand allein der Gewohnheit geschuldet war und mit der Zeit vergehen würde, beruhigte Robert. Im Übrigen genoss er das Gefühl, die Tage, an denen er nicht in die Praxis musste, nach eigenem Dafürhalten einrichten zu können. Er bestellte sich unzählige Bücher, die er eins nach dem anderen in dem Bewusstsein verschlang, dass die Quantenphysik sich anschickte, als erste Disziplin den Spagat zwischen Wissenschaft und Mysterium unter einen Hut zu bringen. Das befriedigte seinen durch Frieda metaphysisch orientierten Geist mehr als jede Begegnung mit einer noch so attraktiven und womöglich klugen Vertreterin des weiblichen Geschlechts, die ihn womöglich vom Lesen abgehalten hätte.

Heisenberg war ihm bereits während des Studiums begegnet, aber damals hatte er das Gefühl gehabt, dass die Beschäftigung mit diesem Quergeist – ja wirklich, so hat er diesen Physiker einmal bezeichnet, denn Robert hätte es vorgezogen, wenn alles ein wenig klarer gewesen wäre und nicht so unscharf – ihn von der Vorbereitung seines Physikums abhalten würde. So hatte er das Buch, ohne es wirklich gelesen zu haben, in die Unibibliothek zurückgebracht.

Jetzt verstand er, dass dieser gedankliche Vorreiter seiner Zunft bereits Mitte des vorigen Jahrhunderts erkannt hatte, dass Atome keine Objekte, sondern Tendenzen, genauer gesagt Möglichkeiten des menschlichen Bewusstseins sind. Ein grandioser Gedanke.

Nach zwei Jahrzehnten Suche im Innern fand Robert Zeitlos in der modernen Quantentheorie den Beobachter endlich im Äußeren bestätigt und begriff immer mehr, dass es tatsächlich subatomare Ereignisse waren, die jegliche vermeintliche Realität bestimmten. Nun, wenn man ehrlich ist, dann liest man diesen Satz, aber verstanden hat man ihn nur bedingt oder gar nicht. Wie soll ein Mensch sich unter dem Wort subatomar etwas vorstellen können, wenn selbst ein ungleich größeres Atom seine Imaginationskraft bei Weitem übersteigt?

Wie dem auch sei. Nach und nach stellte sich in Robert die unverbrüchliche Gewissheit ein, dass es immer mehr wissenschaftlich untermauerte Beweise für die Nichtexistenz einer wie auch immer gearteten objektiven Realität gab. Alles war demnach tatsächlich von unserem Bewusstsein und seinen Erfahrungen abhängig.

Seinen Patienten versuchte Robert in einfachen Worten zu vermitteln, dass die Untrennbarkeit von Geist und Materie auch ihren Körpern, ja ihrem gesamten Leben zu Grunde lag und somit jeder Mensch allein für die ihn umgebende Wirklichkeit verantwortlich war. Wenn die Augen seiner Zuhörer ihn gar zu fragend anblickten, griff er auf eine kleine Geschichte aus einem alten Sanskrittext zurück.

Es steht außer Frage, dass alles, was in Sanskrit geschrieben wurde, ziemlich schwer zu lesen ist, dafür aber mehr Weisheit als ein Kochbuch oder ein Kriminalroman enthält. So dürfte das Auge Gottes wohlwollend auf dem sanskritkundigen Leser ruhen.

Nun, in einem dieser Texte ist ein Bild entworfen, das Robert zu Beginn seines Studiums geholfen hatte, seinen Standpunkt in der Welt besser zu verstehen. Wenn einem etwas hilft, seinen Standpunkt in der Welt besser zu verstehen, dann ist man ihm zumeist bis an sein Lebensende dankbar und will, dass es die anderen auch kennen. Die darauf fußende Überzeugung, dass eine kurz gefasste Wiedergabe seinen Patienten helfen könnte, ihren Standpunkt in der Welt ebenfalls besser zu erkennen, begann jedoch bereits nach kurzer Zeit zu bröckeln.

>Stellen Sie sich bitte einmal eine Kutsche mit fünf Pferden vor<, sagte Robert, als er noch guter Hoffnung war.

Wenn er sicher sein konnte, dass das Visualisierungsvermögen seines Zuhörers gleich welchen Geschlechts dieses nicht immer einfache Unterfangen geschultert hatte, machte er weiter.

>Die Pferde entsprechen Ihren fünf Sinnen, der Kutscher ist Ihr Geist, die Kutsche Ihr Körper und Ihre Seele sitzt mehr oder weniger bequem als Fahrgast in der Droschke. Das Bild erklärt übrigens ganz gut den Begriff Yoga. Er bedeutet nämlich Geschirr.<

Eigentlich ganz einfach zu verstehen, nicht wahr? Aber je häufiger er die Geschichte zum Besten gab, desto mehr drängte sich ein unangenehmer Verdacht in ihm auf. War es in Wahrheit nicht so, dass der Fahrgast in der Kutsche mit den durch dichte Vorhänge verdunkelten Fenstern nur dazu da zu sein schien, alles über sich ergehen zu lassen? Tatsächlich wurde der Seele (wer oder was war das eigentlich?) einiges abverlangt: Da gab es zum einen die trotz ihres Geschirrs häufig durchgehenden Pferde, dann die durch unebenes Gelände preschende, wackelige Karosse und zu guter Letzt den wie durch eine geheimnisvolle Mauer rigoros von seinem Fahrgast abgetrennten Geist auf dem Kutschbock.

Irgendwann kam Robert zu dem Schluss, dass es sich allenfalls um den niederen Geist des Menschen handeln konnte, den Gehirnverstand, wenn man so wollte, der da auf Teufel komm raus mit der Peitsche knallte. Er war sicher, dass es noch eine höhere Intelligenz, den wahren Geist, geben musste, der die fünf Sinne niemals mit dermaßen lockeren Zügeln führen würde.

Um keine Halbwahrheiten in die Welt zu setzen, entschied er sich kurz entschlossen, die Geschichte fürs Erste nicht mehr als Krücke zu nutzen. Er würde Frieda fragen, ob es der Seele theoretisch möglich war, bis zum Kutscher vorzudringen, um diesen durch einen klaren Befehl dazu aufzufordern, die Richtung zu ändern.

>Kann es sein, dass der Typ auf dem Bock womöglich unser niederes Verstandesselbst verkörpert?<, fragte er. >Und wenn ja, warum ist es dem höheren Geist, oder nenn' es meinethalben auch höheren Verstand, nicht möglich, die Führung zu übernehmen? Wieso hat er keine Handhabe?<

Frieda war sich vollkommen bewusst darüber, dass die Dinge im Hinblick auf den allergrößten Teil der Menschheit nicht so standen, wie es hätte sein sollen. Statt eine Antwort zu geben, winkte sie lächelnd ab.

>Sorry, mein Lieber, aber das musst du schon alleine herausfinden.<

Nun, da stand Robert dumm da. Er wusste im ersten Moment gar nicht recht, wie er es anfangen sollte. Er war sich ziemlich sicher, dass die Sache irgendetwas mit der inneren Einstellung eines Menschen zu Gott (oder dessen unpersönlicher Variante) zu tun haben musste, aber dieser Gedanke war zu abstrakt, um daraus etwas Brauchbares abzuleiten.

Es dauerte einige Monate, bis er im Bruchteil einer Sekunde etwas wirklich Wichtiges erkannte. Die einzigen Patienten, denen er weder mit Worten, Taten noch Bildern wie diesen helfen konnte, waren ausnahmslos diejenigen, die an keine wie auch immer geartete höhere Macht glaubten. Ihnen blieb trotz all seiner ärztlichen Bemühungen jede tiefere Heilung verwehrt. Das war wirklich traurig, denn Robert verstand auf Anhieb, wie es in ihnen aussehen musste.

26

Das Joch passionierter Freizeitkapitäne im Berliner Schleusenmilieu
und ein fast schon unangemessener
Heißhunger auf das Leben

Es bedurfte einiger Wochen, bis Robert sich gänzlich und, wie er meinte, unumstößlich an den Zustand der Beziehungslosigkeit gewöhnt hatte. Eines sonnigen Morgens erwachte er mit dem Wissen, dass dies ein besonderer Tag werden würde. Sofort nach dem Frühstück begann er, die erforderlichen Weichen zur Erfüllung eines lang gehegten Plans zu stellen.

Verena und er hatten während der Zeit ihrer Lebensgemeinschaft nur wenige Besitztümer erworben, da dies die Enge ihrer Wohnung nicht erlaubte. Dieser Umstand ließ die Trennung nun einfacher bewerkstelligen. Es ist nämlich gewöhnlich so, dass viel Ballast im Falle des Auseinandergehens auch viel Kopfzerbrechen bedeutet, und wenn man vom vielen Kopfzerbrechen Kopfschmerzen bekommt, dann ist man unleidlich. Man zankt sich über jedes Haus und jedes Auto, das geteilt werden muss. Zwar ist man daraufhin noch sicherer, dass es die richtige Entscheidung war, auseinander zu gehen, aber andererseits ist man traurig darüber. Davon bekommt man noch mehr Kopfschmerzen, weil der andere ja nicht sehen soll, dass man am liebsten weinen würde. In einem solchen Moment ist für viele Menschen häufig Aspirin der einzige Ausweg, auch wenn die Nachfrage beim Arzt oder Apotheker ergeben würde, dass Kopfschmerzen selbst zu den möglichen Nebenwirkungen dieses Medikamentes zählen.

Robert war sich sicher, dass sein Willenszentrum ohne den Umstand der Trennung kaum die notwendige Durchsetzungskraft besessen hätte, seinen Plan endlich in die Tat umzusetzen. Zu oft hatte seine Scheu im Hinblick auf unbekanntes Terrain bereits obsiegt. Doch worin bestand denn dieser Plan eigentlich?

Ganz einfach. Robert liebte das Wasser und davon stand ihm in Berlin nach der Wende mehr als genug zur Verfügung, da es nirgendwo länger als Grenze diente. Die Konsistenz und Farbe der Wasseradern behagte ihm allerdings nicht wirklich, zumal er sich bei ihrem Anblick an die Bilder des Japaners Masaru Emoto erinnerte, dessen Forschungen in einschlägigen Kreisen weltweit Aufsehen erregten. Alles, was viel Aufsehen erregt, ist meist umstritten. So war es auch in diesem Fall.

Herrn Emoto und seinem Team war es mit Hilfe eines bildgebenden Verfahrens gelungen, das Wesen des Wassers als atemberaubenden Informationsträgers sichtbar zu machen. Sie kennen ja vielleicht diese Fotos, auf denen Kristalle zu sehen sind, die schöner als die schönste Schneeflocke ausschauen. Aber diese Fotos sieht man nur, wenn das Wasser vorher mit genauso schönen Wörtern oder wohlklingender Musik in Berührung gekommen ist.

Und jetzt stellen Sie sich bitte einmal vor, was die Wissenschaftler in ihrem unermüdlichen Forschungsdrang noch so angestellt haben. Die haben doch tatsächlich dem Wasser die Beschallung mit Tönen zugemutet, die von Musikern stammten, die ihre Haut aus den verschiedensten Gründen mit Totenköpfen tätowiert haben.

Es fällt nicht schwer, sich auszumalen, was passiert ist, als die Boxen so laut zu dröhnen begannen, dass den armen *nipponesischen* Wissenschaftlern fast das Trommelfell geplatzt wäre. Statt der Geburt eines neuen Kristalls war da plötzlich ein unbeschreibliches Etwas zu sehen, für das einem die Worte fehlen, so unappetitlich sah es aus. Nun ist es sehr schade, wenn durch Zersetzung aus etwas grandios Schönem plötzlich etwas Unappetitliches wird. Man fragt sich dann unwillkürlich, ob das wirklich nötig war.

Doch das ist noch nicht alles: Da Wasser lebendig ist, kann es aus diesem widrigen Zustand wieder erlöst werden. Wer dies anzweifelt, sollte sich überlegen, wie es ohne Leben im Wasser möglich sein kann, dass allein die zwei Worte *Liebe* und *Dankbarkeit* ausreichen, um es in herrliche Kristallstrukturen zu versetzen. Also wenn das kein wahres Wunder ist, was dann?

Einmal sprach Robert mit Günter Zeisig darüber, der die Bücher des Physikers aus dem Land der aufgehenden Sonne längst kannte.

>Hast du dir schon einmal überlegt, was es bedeutet, dass sich nicht allein das Wasser im Außen, sondern auch jede Flüssigkeit im Innern des menschlichen Körpers *informieren* und damit verändern lässt? Bin mal gespannt, was die sogenannte Informationsmedizin in den nächsten Jahren so alles auf die Beine stellen wird<, sagte der Zahnarzt.

Obwohl Robert jeglicher Form von Manipulation skeptisch gegenüberstand, erschienen ihm die damit einhergehenden Aussichten aus Sicht des Arztes vielversprechend zu sein. Er war ein Doktor, der den menschlichen Körper nicht als Maschine ansah, die man mit Hilfe von Schrauben, Draht, Prothesen, Stents und Herzschrittmachern bei Bedarf reparieren konnte, auch wenn sein Uhrentick diese Vermutung nahelegt.

Für ihn war er ein wahres Wunderwerk der Schöpfung, ein heiliges Instrument, dem eine besondere Form der Intelligenz innewohnt, die eigentlich dazu vorgesehen ist, dass er sich immer wieder selbst zu heilen imstande ist. Aber dies wissen die erwachsenen Menschen geschickt zu verhindern, weil ihnen ihre Vernünftigkeit über alles geht und sie davon überzeugt sind, dass man, ohne *vernünftig* zu sein, irgendwie nicht richtig erwachsen ist.

An dieser Stelle sei ein kleiner Einwurf erlaubt: Sollte die kleine Elisabeth Tausendschön, als potentes Beispiel für eine *restitutio ad integrum* wider jede Vernünftigkeit, noch leben und diese Zeilen lesen, dann möge sie sich doch bitte melden. Sicher hätten viele Leser gerne gewusst, ob sie tatsächlich einen Mann gefunden hat, dem sie eine gute Ehefrau, Mutter und Hausfrau geworden ist.

Die Vorbereitung auf den Sportbootführerschein kostete überraschend viel Zeit. Robert konnte sich eines gewissen Stolzes nicht erwehren, als die Erlaubnis zur Führung eines Motorbootes in Binnengewässern in die Falz seiner Brieftasche wanderte. Auch wenn er ahnte, dass die bräunliche Brühe der spätfrühlingshaften Spree bei Anwendung des japanischen Eiskristall-Verfahrens ernüchternde Ergebnisse zu Tage bringen würde, vermochte dieser Gedanke seine Stimmung nicht zu trüben. Noch lieber wäre er gesegelt, doch damit hätte er auf der Spree und dem Landwehrkanal nicht allein die nautischen Vorschriften missachtet, sondern womöglich sein Leben riskiert.

Vornehmlich am Paul-Linke-Ufer schätzte Robert den Kanal aufgrund seines besonderen Charmes. Wenn man die Geschwindigkeit ausreichend drosselte, ließen sich die Zeitgenossen am Ufer ausgiebig studieren. Bei manchen hatte er den Eindruck, dass die Promenade mit den Bänken ihre einzige Wohnstatt war. Einmal ertappte er sich dabei, dass er diesen Menschen besonders freundlich zuwinkte, als wolle er damit den Anflug eines schlechten Gewissens im Keim ersticken: die gefühlskonsequente Folge eines wahrhaft guten Herzens. Menschen, bei denen dies nicht der Fall ist, und diese sollen sich rasant vermehren, freuen sich freilich über diesen traurigen Anblick, weil sie nämlich flugs erkennen, dass sie ungleich besser dastehen.

Ansonsten hing es von der Jahreszeit ab, ob er sich bei diesen Exkursionen erholen konnte. Häufig war es so, dass er dem in Köpenick seiner Rückkehr harrenden Bootsverleiher die Schlüssel angespannt lächelnd in die Hand drückte, weil er wieder einmal unter dem Mangel an Stille und akzeptabler Atemluft gelitten hatte. Einmal war seine Frustrationsgrenze dermaßen überschritten, dass er sich allen Ernstes fragte, ob bei vorheriger Kenntnis dieser Umstände das Projekt nicht bereits im Vorfeld geplatzt wäre.

Die Antwort entbehrte einer gewissen Sicherheit. Er hatte schon zu oft in seinem Leben wider besseres Wissen Entscheidungen gefällt, für die er im Nachhinein Lehrgeld bezahlen musste, auch wenn dieses – im Nachhinein betrachtet – zumeist auf einem anderen Konto wieder gutgeschrieben wurde.

In den Sommermonaten reihten sich mit Touristen beladene Ausflugsschiffe auf sämtlichen Wasserwegen in und um Berlin aneinander und schmiegten sich zur Überwindung etlicher Höhenmeter mit laufenden Dieselmotoren an die Wände der zahlreichen dem ursprünglichen Wasserlauf aufgezwungenen Schleusen. Fast schien es, als gelte es, die Menschen auf den offenen Freizeitbooten jämmerlich an den Abgaswolken ersticken zu lassen. Robert fühlte sich manches Mal so benommen nach einer dieser seinen feinen Geruchssinn ungebührlich strafenden Operationen, dass er sich außerordentlich konzentrieren musste, um das Boot wieder aus den Fängen der engen Schleusenmauern zu befreien.

Einmal, als Robert seine Fahrt nach frischer Luft ringend in gebührendem Abstand zu den mit unvermindertem Abgasausstoß davontuckernden Ausflugsbooten fortsetzte, konnte er sich des Eindrucks nicht erwehren, dass deren Rußpartikel einzig und allein darauf abzielten, dem deutschen Emissionshandel auf die Sprünge zu helfen.

Es gab aber auch geruchsneutrale Tage, an denen er am Abend ermüdet und aller gedanklichen Querschüsse entledigt auf besondere Art entspannt in seine neue Behausung zurückkehrte. Der sah man auf Anhieb an, dass hier keine Frau die Entscheidungsgewalt innehatte.

>Eins lässt sich mit Fug und Recht sagen<, dachte Robert einmal an einem solchen Tag. >Es fühlt sich erfrischend anders und allemal besser an, Berlin auf seinen Wasserwegen zu erkunden, als die nach überhitzten Gummireifen riechende U-Bahn zu benutzen.<

Einmal lud er seine Großtante ein, mit ihm die Museumsinsel, den *Tränenpalast* und die *Waschmaschine* im Regierungsviertel vom Boot aus zu besichtigen. Es muss irgendein Gen im Menschen geben, welches dazu führt, dass er alles, was er liebt und schön findet, oder was ihm Respekt abnötigt (beispielsweise ein Kanzleramt) mit besonderen Namen versieht. Diese müssen nicht immer originell sein.

Ein sehr schönes Beispiel hierfür sind die vielen Tierchen, die ungeachtet ihrer körperlichen Größe und Beschaffenheit im deutschsprachigen Raum ein nahezu flächendeckendes Dasein fristen. Es ist ein alter Hut, dass gestandene Männer augenblicklich ihren besten Freund stehen lassen und mit gesenktem Kopf nach Hause trotten, nur weil ihre Frauen laut genug *Bärchen* gerufen haben. Auch kann man bisweilen Zeuge werden, wie füllige Mittfünfzigerinnen freudig lächeln, wenn ihre Liebsten sie *Häschen* rufen, obwohl sie doch eigentlich *Elefantchen* heißen müssten.

Es hatte ein wenig gedauert, bis ein warmer Frühsommertag die Temperaturen hergeben sollte, die Robert für Frieda angenehm und zuträglich fand. Er hatte vorgeschlagen, sie solle die U-Bahn bis zur

Station Warschauer Straße nehmen und die wenigen Meter bis zur Oberbaum-Brücke zu Fuß laufen. Von dort aus ließ sich tatsächlich wunderbar auf das Boot warten, das aus Köpenick herannahend schon von weitem unverkennbar von Robert navigiert wurde. Er hatte Frieda instruiert, dass es kurz nach der Unterquerung der doppelstöckigen Brücke eine Möglichkeit gab, am Ufer anzulegen. Von oben konnte sie genau erkennen, welche Stelle gemeint war. Vorsorglich hatte Robert um festes Schuhwerk gebeten, damit Frieda mit seiner Hilfe die steile Böschung bewältigen könnte, doch seine ihr dargebotene Hand lehnte sie entschlossen ab.

>Wenn ich das nicht mehr alleine schaffe, dann weiß ich wirklich nicht... <

Auch der Einstieg ins Boot war Ehrensache für sie. Danach konnte er ihrem Gesichtsausdruck ansehen, dass sie zufrieden mit sich selbst war. Die Trümpfe ihrer spät gewählten Heimat, die saniert, neu errichtet oder völlig marode hoheitsvoll das bedächtig strömende Wasser flankierten, gefielen der Großtante zumeist, wenngleich nicht immer. Sie überlegte kurz, ob es den Wasservögeln lieber gewesen wäre, wenn manche Gebäude nicht existiert hätten.

Robert erklärte bei jeder sich bietenden Gelegenheit, wo sie sich gerade befanden. Im Regierungsviertel entbehrte die *Obere Beamtenlaufbahn* wegen des Wochenendes jeglicher Bewegung. Die *Waschmaschine* glänzte im Sonnenlicht, von der *Beamtenschlange* hatte Frieda bereits gehört.

Nach zweieinhalb kurzweiligen Stunden spürte die Großtante eine ihr bekannte Regung in den Eingeweiden. Die Freude über den Ausflug und die üppige Freiluft schienen in ihrem Körper Kilokalorien zu verschlingen und so registrierte sie, inzwischen auf dem Landwehrkanal, frohen Mutes, dass Robert das Herannahen der *Ankerklause* an der Kottbusser Brücke ankündigte. Erst durch ihren Hinweis bemerkte er, wie viele Brücken es tatsächlich in Berlin gab.

>Ca. 1600, mein Junge. Wenn man die hinzuzieht, die bereits aus der Statistik herausgefallen sind, dann sind es meines Wissens sogar 2100. Hätte ich auch nie gedacht.<

Während sie auf ihr Essen warteten, konnte Robert sich vergewissern, wie gründlich Frieda sich auf ihre neue Heimat vorbereitet hatte. Am meisten schien sie die Jungfernbrücke zu interessieren, direkt gefolgt von der Abteibrücke, die als Übergang von Alt-Treptow zur Insel der Jugend alte DDR-Fotos zierte. Mit der Zeit wurde sie freilich immer schweigsamer. Robert kannte den Grund und versprach ihr flugs einen weiteren Ausflug, um sie von den Nöten in ihren Eingeweiden abzulenken, denn aufgrund des Wochenendes warteten sie bereits eine halbe Ewigkeit auf die von ihr in diesem Moment dringend benötigte Mahlzeit. Sie lächelte selig, als sie endlich die Bedienung auf sich zukommen sah. Schon nach dem zweiten Bissen kehrten ihre Lebensgeister zurück.

>Was weißt du über die Jungfernbrücke?<

Wenn sie unter sich waren, konnte es schon einmal vorkommen, dass Frieda zwischen zwei Kaubewegungen einfach drauflossprach. An diesem gut besuchten Ort riss sie sich jedoch zusammen, um niemanden durch ungebührliches Benehmen zu brüskieren. Diese Überreste der Sozialisationsbemühungen ihres Elternhauses verstanden sich in ihren Augen ganz von selbst. Sie war der Ansicht, dass die Menschen auf Erden gegenseitige Rücksicht walten lassen sollten.

Robert war bereits auf der Jungfernbrücke gewesen. Ohne zu zögern, erzählte er Frieda alles, was er über diesen Ort der öffentlichen Schmach heiratswilliger Berlinerinnen wusste.

>Im Falle eines deutlich vernehmbaren Knarzens der Bohlen

während der Überquerung war eine Frau zweifelsfrei überführt, vor der Eheschließung dem Charme eines anderen Burschen erlegen zu sein<, schloss er schließlich die Erzählung.

Robert wollte gerade anheben, die Großtante etwas Wichtiges zu fragen, als der Kaffee auf dem Tablett einer flinken Kellnerin herbeigerauscht kam und scheppernd auf dem Tisch abgesetzt wurde. Sogleich wandte sich die patente Frau wieder den übrigen Gästen zu, denn plötzlich wollten alle bezahlen.

Robert musste kurz überlegen, aber dann hatte er den Faden wieder gefunden.

>Was ich dich schon immer fragen wollte: Betest du eigentlich regelmäßig?< Er sprach leise und blickte sich bei seinen Worten um. Niemand schien Notiz von ihrem Gespräch zu nehmen. Er fand die Frage zu intim, um sie alle Welt hören zu lassen. Frieda pustete mehrmals, weil der Cappuccino sehr heiß war. Vorsichtig führte sie die Tasse an die Lippen.

>Was für eine Frage!<, sagte sie schmunzelnd. >Mein ganzes Leben ist ein einziges Gebet. Aber damit meine ich natürlich nicht die heruntergeleierten Worthülsen, die man in der Kirche lernt.<

Robert hatte nichts anderes erwartet, hätte aber gerne gewusst, wie man es anstellte, das ganze Leben zu einem einzigen Gebet werden zu lassen.

>Weißt du, mein Junge, die meisten Menschen beten bekanntlich nur, wenn sie in Not sind. Um das Schlimmste zu verhindern, schicken sie dann schnell ein Vaterunser zum Himmel, von dem allerdings oft die Hälfte fehlt, weil sie nicht in Übung sind.<

>Genau. Und dann gibt es ja auch noch jene Zeitgenossen, die sich vor dem Einkaufsbummel beim Universum einen Parkplatz bestellen.<

Frieda bewegte den Kopf hin und her. Sie machte sich häufig einen Spaß daraus, die Dinge, rein perspektivisch gesehen, von einer höheren Warte aus zu betrachten. Sie konnte sich beim besten Willen nicht vorstellen, dass Parkplatzsorgen für den Schöpfer allen Lebens von Interesse waren. Im Übrigen hegte sie keinen Zweifel daran, dass Gott weder einen Führerschein besaß noch stinkende Abgase in seinen Gefilden guthieß.

Um es kurz zu machen: Sie war sicher, dass es sich im Hinblick auf das Verhältnis des göttlichen Schöpfers und all seiner Geschöpfe zueinander um ein gegenseitiges Geben und Nehmen handelte. Gott schenkte einem Menschen das Sein und dafür machte dieser als materielle Verkörperung an seiner Stelle alle denkbaren Erfahrungen in der Welt der Erscheinungen. Womöglich war es dem Urschöpfer dabei vollkommen egal, ob diese schön oder hässlich, traurig oder freudvoll waren, Hauptsache, ein Mensch erfühlte sie.

Über diese Dinge konnte sie lediglich mutmaßen, doch einmal weihte sie Robert in ihre Überlegungen ein.

>Hast du schon einmal darüber nachgedacht, dass du womöglich ein Erfahrungsselbst deines Schöpfers verkörperst?<

>Ein was?< Robert verdrehte die Augen. Erstens war ihm dieser Gedanke völlig fremd und zweitens hätte er es angesichts der bereits seit Tagen andauernden schwülen Wetterlage vorgezogen, über alltägliche Belanglosigkeiten zu sprechen, die ihn weder innerlich aufwühlen konnten noch tagelang zum Grübeln verführten.

>Du machst sozusagen stellvertretend für ihn selbst Erfahrungen in der Welt der Formen. Aber ich rede jetzt nicht von dem Gott der Religionen, ich rede von deinem Schöpfer selbst.<

>Die Religionen reden doch aber auch alle von einem Schöpfergott.<

>Ja, mag sein, aber das muss noch lange nicht bedeuten, dass beide auch tatsächlich identisch sind.<

Frieda hielt es für besser, das Gespräch an dieser Stelle abzubrechen, aber es sei noch hinzugefügt, dass dieses Stellvertreterprinzip für alle Menschen gilt, nicht nur für die Priester, Mönche, Asketen, Yogis oder Gurus auf diesem Planeten. Jeder Mensch macht seine Erfahrungen und jede einzelne wird sorgfältig aufgezeichnet.

Für diese Erkenntnis muss man weder ein Philosoph noch ein Theologe sein, obgleich es sicher vorteilhaft ist, mindestens drei Semester Philosophie studiert oder eine in diesen Dingen versierte Großtante in seiner Reichweite zu haben. Aber es scheint selbst unter solch günstigen Bedingungen fraglich zu sein, ob ein Mensch sich in Gedanken oder Worten dem Urgrund allen Seins anzunähern vermag.

Obwohl die vielfältigsten Vorstellungen darüber kursieren, wie sich das mit dem Universum im Hinblick auf uns Menschen verhält, hatte Robert offenbar nichts Besseres zu tun, als sich in eine eher unbequeme Idee zu verrennen. Er ist nämlich zu der Überzeugung gelangt, dass sich das Universum in Wahrheit vollkommen indifferent verhält und dass es aufgrund dieser seiner Gleichgültigkeit einzig und allein davon abhängt, ob jemand *ja* oder *nein* zu ihm sagt und zwar jeden Augenblick aufs Neue.

Nun, was mag das für ihn und seine Mitmenschen bedeuten? Ein gehöriges Stückchen Arbeit, denn wer einmal versehentlich die Wahl für das längere dieser Wörtchen trifft, dem zeigt sich das Leben plötzlich und ohne Pardon von seiner schäbigen Seite. Robert glaubte, das komme daher, weil die Welt der Erscheinungen ganz offensichtlich vom Willen und der Vorstellungskraft jedes einzelnen Menschen abhängt.

Vielleicht mochte Robert deshalb die Idee der Großtante gut leiden, dass ein Gebet diese Vorstellungskraft beflügeln half.

>Wie auch immer<, sagte Frieda jetzt, >solche Parkplatzgeschichten würden mir nicht im Traum einfallen. Für mich bedeutet ein Gebet das Gespräch zwischen mir und der Ur-Quelle, zu der die meisten Menschen Gott sagen würden. Ich bespreche mit dieser Instanz alles, was mir auf dem Herzen liegt, und erhalte auf unterschiedlichem Wege immer eine Antwort. Es gehört vielleicht ein bisschen Übung dazu, aber es funktioniert einwandfrei.<

>Es gibt viele Menschen<, sagte Robert, >die das Wort Gott nie verwenden und trotzdem von einer höchsten Intelligenz ausgehen, die alles im Blick hat.<

>Dagegen ist prinzipiell nichts einzuwenden, nur ist mir die persönliche Variante die liebere. Aber solange ein Mensch überhaupt davon ausgeht, dass es da draußen<, Frieda zeigt durch das Fenster in den Großstadthimmel, der an diesem Tag von Federwolken bevölkert war, >etwas gibt, das allem zugrunde liegt, für Ordnung sorgt und alles lenkt, ist er womöglich gläubiger als ein bekennender Katholik, der aus Gewohnheit sonntags in die Kirche geht und ansonsten seine Mitmenschen schikaniert oder ausnutzt, wo er nur kann.<

>Kein Wunder, wenn doch der Glaube das Wissen des Gefühls ist<, sagte der Großneffe. Er nahm an, dass nicht alle Menschen Zugang zu ihren Gefühlen hatten.

Robert war ein Mensch, der spätestens zur Mittagsstunde genau einschätzen konnte, ob ein Tag sich anschicken würde, das zu werden, was man gelungen nennt, oder aber in einem Fiasko enden würde. Er liebte Tage wie diesen, an denen er zur Kaffeezeit bereits sehr zufrieden mit dem Ergebnis sein konnte. Im Übrigen schätzte er sich glücklich, Frieda in dieser Verfassung vorzufinden. Sie schien genauso unternehmungslustig wie eh und je zu sein. Es sah ganz so aus, als hätten all die Jahre es nicht vermocht, Ermüdungserscheinungen in ihrem stets quirligen Körper zu zeitigen.

Die üppige Mahlzeit aus der Ankerklause hielt keine drei Stunden vor. Dann zeitigte die frische Luft erneut jähe Folgen in Friedas Leib und sie brauchte Nachschub, um ihre gute Laune zu bewahren. Dieser Umstand behagte ihr nicht, denn sie wäre gerne frei von dieser Form der Abhängigkeit gewesen. Aber sie hatte einen in ihren Augen durchaus überzeugenden Ausweg aus dem Dilemma gefunden.

>Solange ich diesen Körper zu meiner Verfügung habe, solange will ich ihn nutzen, um meine Sinne zu erfreuen und deswegen bin ich bestimmt kein schlechterer Mensch<, hatte sie Robert Jahre zuvor verraten.

>Wenn wir das Boot zurückgebracht haben<, sagte sie jetzt, >lad' ich dich in mein neues Stammlokal am Kollwitzplatz ein. Du wirst sehen, der Flammkuchen zusammen mit einem kleinen Gläschen Gewürztraminer ist eine Wucht.<

Sie liebte die elsässische Küche, in der aufgrund der wechselvollen Geschicke dieser Region der deutsche Reichsadler mit dem galloromanischen Hahn eine wohlschmeckende Verbindung eingegangen ist. Einigermaßen passables Wetter vorausgesetzt, war sie abends häufig bereit, mutterseelenallein und in freudiger Erwartung eines kulinarischen Feldzuges durch die ihrem Appetit gehörig die Stirn bietende Menükarte die erforderlichen drei Straßenzüge zu Fuß zu absolvieren, um Stunden später mit vollem Magen in ihr Bett zu sinken. Wenn Robert einen Wesenszug an Frieda besonders schätzte, dann sicherlich ihre über die Jahre niemals schwankende Einstellung, das Leben außergewöhnlich oft und ohne viel Aufwand nach Leibeskräften zu genießen.

27
Warum ein Zahnarzt Leitungswasser wie Beelzebub
das Weihwasser meidet und sich als Schaf auf den Weg begibt,
endlich ein Wolf zu werden

Robert beobachtete monatelang erstaunt den die Trennung von Verena begleitenden Zuwachs an Freizeit. Den Erwerb des Binnenführerscheins wertete er als Indiz dafür, dass die aus diesem Schritt resultierende Instabilität eine große Chance bedeutete. Hierauf hatte Frieda Rennstein wie immer mit Bedacht reagiert.

>Harmonie ist gut und schön, aber die darin enthaltene Gefahr der Stagnation ist nicht zu unterschätzen. So ein Auflösungsprozess kann wie ein Symmetriebruch viel Wandel bewirken. Du wirst sehen. Sehr vieles wird nicht mehr so sein, wie es war.<

Robert hatte tief in sich hineingefühlt, ob ihm diese Aussage Angst bereitete. Aber es sah auch bei näherer Betrachtung danach aus, als habe er lange genug am Kelch der Ruhe und Ausgeglichenheit genippt. Das Wort Veränderung wirkte eher verheißungsvoll denn Furcht erregend auf ihn. Allerdings verbrachte Robert die ersten Monate viel in der überraschend ruhigen Seitenstraße, die ihn nach dem Auszug aus der gemeinsamen Wohnung in eine seinen Bedürfnissen mehr als zureichende Dreizimmerwohnung aufgenommen hatte. An warmen Tagen atmete er großzügig die durch das weit geöffnete Fenster hereinströmende platanengefilterte Berliner Luft ein, die bei ihrer Ankunft im Raum manchmal seinen Nacken kitzelte. Das fühlte sich befremdlich an, weil er im ersten Moment glaubte, er sei nicht allein.

Er wusste, dass regelmäßige Bewegung in seinem Alter ein absolutes Muss bedeutete, und besänftigte sein schlechtes Gewissen mit der Beschönigung, dass Sauerstoff mindestens genauso wichtig sei.

Irgendwann wurde es langweilig. Er beschloss vor die Tür zu gehen und sich einfach treiben zu lassen. Sich in einer Großstadt treiben lassen, bedeutet, einfach loszulaufen, die U-Bahn ohne Zielvorgabe zu benutzen, dem Gefühl folgend irgendwo auszusteigen und womöglich einen Kaffee zu trinken. Robert war überrascht, als er sich plötzlich vis-à-vis des *Bierpinsels* befand. Die von Melancholie getragene Hitze der sommertrunkenen Stadt schwang feucht über dem Ort. Er hatte das Objekt seit der Bemalung noch nicht gesehen und fand seine Mauserung beachtlich, ohne es deshalb schön zu finden. Für ihn war nur schön, was sich harmonisch in ein Ganzes einfügte.

Als er am Abend zurückkehrte, saß Günter Zeisig vor seiner Tür.

>Wie lange bist du schon da?<

>Bin gerade erst gekommen. Muss mal mit dir reden.<

Sie blieben gleich unten. Robert hatte nichts zu trinken im Haus, nicht einmal Mineralwasser. Er wusste, dass der Zeisig Leitungswasser mied wie Beelzebub das Weihwasser. Die Gründe nannte er bei jeder sich bietenden Gelegenheit. Es schien ihn nicht zu interessieren, ob sein Gegenüber darüber etwas wissen wollte.

>Die groben Stoffe mögen ja herausgefiltert sein, aber die ganzen Informationen bleiben munter darin erhalten. Geh mir bloß weg mit dem Zeug. Oder meinst du, ich hab' Lust auf Antibiotika, obwohl ich nicht krank bin? Angst vor einer Schwangerschaft habe ich auch nicht.<

Günter grinste bei dieser süffisanten Anspielung wie ein Honigkuchenpferd. Einmal hatte der Zahnarzt allerdings einen heißen Tee bei Robert getrunken und erklärt, warum dieses Zugeständnis gerade noch im Toleranzbereich lag.

>Wenigstens das Chlordioxid ist dann raus. Braucht nur 60 Grad Celsius dafür.<

Robert schaute kurz dorthin, wo seit Wochen ein roter Ford

Mondeo parkte, dessen Fenster nachts regelmäßig verhängt wurden. Er hätte sich nicht dafür verbürgt, aber er war ziemlich sicher, dass es sich bei diesem Wagen um eine Behelfsbehausung handelte, obgleich er den Bewohner gleich welchen Geschlechts noch nie hatte erspähen können. Weil Robert eine gesunde Neugierde eigen war, frustrierte es ihn ein wenig, dass auch an diesem Abend sein täglicher Blick über die linke Schulter kein Ergebnis er- brachte.

Er spürte deutlich seine Füße, denn das Pflaster in Berlin ist genauso hart wie in anderen Städten und Robert hatte große Strecken zu Fuß zurückgelegt. Doch wollte er dem Zeisig seinen Wunsch nach einem kleinen Spaziergang nicht abschlagen. Nach ein paar Minuten standen sie vor einer kleinen Kneipe an der Grenze Friedrichshain - Prenzlauer Berg. Robert war schon öfter hier gewesen, aber nur eingekehrt, wenn gerade kein Fußball lief. Sein Verhältnis zu dieser Sportart ließ sich als abgeklärt bezeichnen.

>Auch wenn es im Grunde an Massenhysterie grenzt, was während der großen Fußballereignisse so alles abläuft, haben wir den Welt- und Europameisterschaften viel zu verdanken...<, hatte Robert einmal zu Frieda gesagt. Die Großtante hatte ihn fragend angeschaut, aber geschwiegen. Sie saßen bei einem seiner kurzen Besuche in der alten Heimat wie gewohnt in ihrem Stammcafé auf dem üppigen Sofa aus der Gründerzeit und fanden es erstaunlich, dass der kleine runde Tisch davor mit ihren zwei Gedecken bereits überlastet wirkte.

>Hast ja Recht, ich hätte die zwei Stücke auch nacheinander bestellen können. Wer ahnt denn, dass die hier nicht alles auf einen Teller packen?<, sagte Robert. Sie liebten diesen Ort, weil es immer so gut nach frisch gemahlenen Kaffeebohnen und der gebräunten Süßrahmbutter frischgebackenen Mürbteigs duftete.

>... Wenn wir diese unserem Nationalbewusstsein gehörig einhei-

zenden Ereignisse nicht als Aggressionsventil hätten, wer weiß, wie es in der Welt aussähe.<

>Ich hätte dich für etwas kritischer gehalten, mein Junge.<

Mit einem solchen Schlag vor den Bug hatte Robert nicht gerechnet. Er bemerkte, dass er errötete, wie immer, wenn er beschämt war.

>Für mich fällt das Ganze unter die Rubrik *Brot und Spiele*. Fußball und die meisten der übrigen Fernsehsendungen lenken auf einfache Weise von den wesentlichen Dingen ab und verhindern, dass irgendwelche Fragen oder gar Kritik an bestehenden Verhältnissen seitens der Herde aufkommen kann. Der Geist ist prima beschäftigt und kann sich nicht um andere Dinge kümmern.<

>Die womöglich bestimmten Leuten und ihren Machenschaften das Wasser abgraben würden?<

>Ja, bist doch ein schlauer Junge.<

Günter Zeisig kannte die an einen Pub erinnernde Gaststätte noch nicht, obwohl sie gleich bei ihm um die Ecke lag. Er tat sich ein bisschen schwer damit, Robert einen Vorschlag zu unterbreiten, von dem er annehmen musste, dass der Freund aufgrund einer im Hinblick auf sein Alter unnatürlich anmutenden Scheu vor jeglicher Öffentlichkeit nicht viel halten würde.

>Was hältst du davon, wenn wir eine Bürgerbewegung gegen digitales Fernsehen gründen? So wie diese Ärztin aus Bamberg, die mögliche Gesundheitsschäden unter dem Einfluss hochfrequenter elektromagnetischer Felder dokumentiert hat. Du weißt schon, Mobilfunkanlagen, DECT, W-LAN und so. Ich glaube, die Leute reagieren immer sensibler auf diese Thematik, und wir als Ärzte könnten etwas bewegen.<

Robert überschlug im Kopf die ungefähre Anzahl von Patienten, die eindeutig unter den Folgen von Elektrosmog litten und nach einer Odyssee durch verschiedene Arztpraxen schließlich bei ihm gelandet waren. Die Symptome waren vielfältig und die Hilfsmöglichkeiten begrenzt. Künstlich erzeugte elektro-magnetische Felder waren nicht einfach so abzuwehren, allenfalls die DECT-Telefone konnte man aus den eigenen vier Wänden wieder rauswerfen und W-Lan nach der Benutzung ausschalten.

Dazu muss man allerdings wissen, dass vielen Menschen derartige Ratschläge ihres Arztes eher lästig sind. Die wenigsten entwickeln die Bereitschaft, sich aufgrund des Elektrosmogs regelmäßig aus dem warmen Sessel zu erheben und den Stecker aus der Dose herauszuziehen, da diese sich gerade in solchen Fällen gerne in der hintersten Ecke des Zimmers unterhalb des Schrankes befindet.

Robert fand Günter Zeisigs Idee, die Leute besser aufzuklären, nicht schlecht, denn manchmal muss man die Dinge einfach nur oft genug wiederholen, um am Ende das gewünschte Resultat zu erzielen. Aber es grauste ihm tatsächlich vor der damit verbundenen Öffentlichkeit. Vorträge hatte er bisher stets vermieden, obwohl er sich nur zu gut daran erinnerte, dass Frieda immer von der Notwendigkeit gesprochen hatte, erworbenes Wissen so weit wie möglich zu streuen.

>Mit dem Wissen verhält es sich wie mit dem Geld. Letztendlich sind beide Formen von Energie und die muss nun einmal fließen<, hatte sie gesagt.

Er entschied sich, das Ansinnen des Zeisigs nicht gleich abzuschmettern. Darüber zu reden, konnte schließlich nicht schaden.

>Hallo? Dir ist schon klar, dass man nicht *gegen* etwas kämpfen, sondern sich lieber *für* etwas einsetzen sollte, oder? Weil du sonst nämlich riskierst, dass nur unnötige Energie in etwas gesetzt wird, was du gar nicht willst. Von wegen Gesetz der Anziehung und so.<

Er nippte an seinem Pils und fand es angenehm, dass es auch nach ein paar Minuten wie gerade gezapft schmeckte. Es ging doch nichts über ein gutes Bier vom Fass. Den Bamberger Appell kannte er schon. Er hatte eine Zeit lang alles aus dem Internet gezogen, von dem er sich Hilfe bei undifferenzierten Symptomen wie Herzrasen, ständigen Kopfschmerzen, Schlafstörungen, Nervosität, Schwäche in den Beinen, Gereiztheit oder Vergesslichkeit versprach, und war dabei auf das Stichwort DVB-T-Empfang gestoßen. Das Kürzel stand für *Digital Video Broadcasting Terrestrial*. Günter Zeisig kannte freilich auch die technischen Details, die er herunterratterte, als habe er sie auswendig gelernt.

>Im Grunde ist das wesentliche Prinzip bei diesem Verfahren die Verteilung der Information auf mehrere Tausend Trägerfrequenzen, die direkt nebeneinander liegen. Die Bandbreite eines Kanals beträgt 7,8 MHz, wobei die Amplitude ständig wechselt. Man nennt das *Orthogonal Frequency Division Multiplex Modulation*.<

Robert kratzte sich am Hinterkopf.

>Hör auf, das kann ich mir sowieso nicht merken.<

Er kannte seinen Freund gut genug, um zu wissen, dass der mit seinen Ausführungen gerade erst in Fahrt kam. Freiwillig würde er sie nicht beenden. Aber Robert wollte ihn auch nicht gänzlich abwürgen. Eine kurze Unterbrechung half gewöhnlich.

>So wie du dich damit auszukennen scheinst, stehst du ja bereits in den Startlöchern. Aber glaubst du wirklich, dass die Leute bereit sein werden, sich so etwas anzuhören?<

Er schüttelte den Kopf, um seine eigenen Worte zu bekräftigen. Der Zeisig stellte sein Glas entschlossen auf den Deckel zurück und leckte sich den Schaum von der Oberlippe.

>Anhören schon, aber ob sie irgendwann aufwachen und erkennen, dass sie nicht länger wie Schafe jeder technischen Errungen-

schaft nachlaufen, sondern ihrer Gesundheit zuliebe auch mal Stellung beziehen sollten, das bezweifle ich.<

Robert dachte eine Weile nach. Er fragte sich, ob Vorträge im Berliner Raum für sich allein wirklich etwas bewirken konnten.

>Im Grunde genommen geht es darum, dass wir endlich die zuständigen Behörden in diesem Land dazu bewegen, der Sache auf den Grund zu gehen. Es scheint doch ganz offensichtlich ein Interessenkonflikt zu bestehen. Offenkundig werden unsere im Grundgesetz verbrieften Grundrechte systematisch missachtet.<

Günter Zeisig überlegte kurz, ob er etwas zur sogenannten BRD-Lüge sagen sollte, aber er ließ es bleiben. Das Thema Digitalfernsehen allein war abendfüllend. Die seines Wissens nachgewiesene Nichtexistenz der BRD und damit die Nichtigkeit des Grundgesetzes würde nur ablenken.

Robert war mit seinen Gedanken bereits wieder ganz woanders. Er hatte schon früh begriffen, dass diese Welt irgendwann aus dem unseligen Schlaf des Vergessens erwachen musste. Die Menschheit hatte schon zu lange geschlafen und darüber den ureigentlichen Sinn ihres Daseins verloren. Er erinnerte sich noch gut an ein Gespräch mit Frieda, das lange zurücklag. Sein Lebensweg hatte ihn damals noch nicht nach Berlin verschlagen.

>Weißt du, Robert, das Tragische daran ist, dass eine Lebensform, die ihren Zweck vergessen hat, der Schöpfung sozusagen ins Gesicht schlägt. Schau dir die Menschheit an: So gut wie niemand weiß, warum er hier ist.<

>Was hat die Menschheit denn vergessen?<

Schon die Traurigkeit in Friedas Augen hatte verunsichernd auf ihn gewirkt. Die unverzügliche Antwort trug ihr Übriges dazu bei.

>Ihren Ursprung und damit ihr Erbe, mein Junge.<

Es erschien Robert im Nachhinein, als hätte sie damals wie immer Recht gehabt. Die Dinge spitzten sich seit Beginn des Jahrtausends derart dramatisch zu, dass man tatsächlich manchmal das Gefühl bekam, die Menschheit liefe schlafend ihrem Untergang entgegen. Die meisten Zeitgenossen schienen nichts weiter als Schauspieler auf der Bühne des Lebens zu sein. Dabei hatten sie allesamt das Zeug zu richtig guten Regisseuren.

Unvermittelt gab er einem inneren Impuls nach.

>Ich bin dabei.<

Der Zeisig grinste zufrieden. Robert war sich bewusst, dass die Entscheidung jeder vernünftigen Hinterfragung nicht standhalten würde. Aber das war ihm ausnahmsweise egal. Sie war eine Antwort des Herzens. Na schön. So ein Vortrag vor vielen Leuten musste doch gewiss zu schaffen sein. Und das mit den Behörden würde sich auch irgendwie machen lassen. Warum sollte der Zeisig alleine seine Wolfsnatur entdecken? Schafe waren sie schließlich beide lange genug gewesen.

28

Robert vermeint, sein Leben hinterlasse keine Spuren, und er versucht einen Mann namens Backofen dazu zu bewegen, auf sein Liebstes zu verzichten

An einem klimatisch verzärtelten Spätsommertag traf Robert sich mit Carsten Dellmayer in Berlin-Mitte, weil der ihm gesimst hatte, dass er etwas Wichtiges zu erzählen habe.

>Na, alter Schwede!<

Der Patissier umarmte Robert gründlich. Der fragte sogleich nach dem Befinden von Lea Garbor.

>Claudia geht es soweit gut. Uns geht es gut. Wir sind demnächst zu dritt.<

Robert hatte mit allem gerechnet, aber nicht mit dieser irritierenden Verlautbarung. Er überschlug kurz im Kopf, wie alt die beiden waren und ob es aus ärztlicher Sicht überhaupt noch möglich war, sich verantwortungsbewusst fortzupflanzen. Dann siegte sein Gefühl über den Verstand. Es fühlte sich an, als sei der Gedanke vielleicht doch dazu geeignet, ihm Freude zu bereiten, und Robert fand einmal mehr bestätigt, dass man mit dem Herzen nicht nur besser sehen, sondern auch besser denken konnte. Die beiden waren schließlich ein Superpaar, das Kind würde es gut haben, würde ja nicht hier in der City wohnen, sondern im Grünen.

>Wow, alter Junge!<

Nun, Sie ahnen womöglich, dass Robert sich ein bisschen zu diesen Worten überwinden musste, und das dürfte er wohl auch selbst gespürt haben, denn er prüfte umgehend, ob sie ehrlich klangen. Beruhigt über das Ergebnis grinste er Carsten Dellmayer an. Der wollte seinen neuen Familienstand gleich begießen, doch Robert hatte trotz der Tatsache, dass Mittwoch sein freier Nachmittag war, am Frühabend noch einen Termin in der Praxis. Sie beließen es bei Kaffee und Selters. Carsten sprang ausnahmsweise über seinen Konditorschatten und aß ein Stück fremdgebackenen Käsekuchen dazu. Robert wollte ein paar Details wissen.

>Wie stellst du dir das vor? Einer von euch muss dann doch wohl kürzer treten. Kann mir gar nicht vorstellen, wer das bei euch beiden sein soll.<

>Ist noch nicht raus.<

Der Käsekuchen war staubtrocken und klebte am Gaumen. Der angehende Vater war jedoch zu euphorisch, um sich darüber aufzuregen, dass er zudem entsetzlich süß schmeckte.

>Wir sind ja erst in der siebten Woche.<

Er trank einen Schluck Wasser, um die Krümel aus seinem Mund in die Speiseröhre zu lenken. Während Robert ihn dabei beobachtete, spürte er plötzlich etwas an sich nagen. Er wusste nicht sogleich, was es war. Es kroch als Ahnung heran und plötzlich erstand der Gedanke in seiner ganzen Größe in seinem Kopf. Hatte er etwas verpasst? Hätten er und Verena mit einem gemeinsamen Kind eine Chance gehabt und wären jetzt womöglich noch zusammen?

Nun, dieser Gedanke war keinesfalls außergewöhnlich, doch von Robert gedacht, wirkte er fast plump im Vergleich zu dem, was sonst seinen Kopf bewegte. Wenn man bedenkt, wie viele Kinder auf der Erde Jahr für Jahr einzig und allein aus dem Grunde gezeugt werden, eine Ehe oder Lebensgemeinschaft zu retten, dann fragt man sich wirklich, ob die Leute glauben, dass ein Säugling aus Klebstoff besteht, mit dem sich ein zerrüttetes Beziehungsleben kitten lässt.

Offenkundig muss diesen Menschen entgangen sein, dass es einen wesentlich wirksameren Universalkleber gibt, der körperlos, immer und überall verfügbar und garantiert gratis zu haben ist. Doch die Leute bedienen sich seiner selten, denn entweder kennen sie ihn nicht, haben ihn dummerweise verlegt, oder erinnern sich schlicht-weg nicht mehr daran, wie er anzuwenden ist. Es handelt sich um den Leim, der das Universum zusammenhält. Sein Name besteht aus gerade einmal fünf Buchstaben.

Carsten war so aufgeregt, dass er ununterbrochen redete, und Robert musste sich ziemlich zusammenreißen, um wenigstens so zu tun, als würde er zuhören. Die Sache ging ihm nun noch näher und das hatte einen Grund, den man bei einem eher abgeklärten Men-schen wie Friedas Großneffen nicht sogleich vermuten würde. Er dachte nämlich daran, dass Carsten Fußspuren hinterlassen würde, während bei ihm jeder seiner Schritte innerhalb kürzester Zeit unter dem Sand der Vergänglichkeit begraben wäre.

>Bisschen melancholisch heute, was?<

Carstens käsekuchenbelegte Stimme tönte wie aus weiter Ferne an Roberts Ohr.

>Freust du dich denn gar nicht für uns?<

Robert entschied im Bruchteil einer Sekunde, dass es nun wirk-lich angebracht war, sich zusammenzureißen. Er lächelte Carsten freundlich an.

>Natürlich freue ich mich für euch.<

Carsten und Claudia planten den Umzug in eine neue Umgebung, denn als werdende Eltern will man gewöhnlich alles richtig machen, obwohl die Ansichten darüber, was in so einer Situation das Richtige ist, häufig weit auseinandergehen.

>Weg aus der zukünftigen Einflugschneise und näher an die Stadt ran<, sagte er.

>Dann wächst das Kind doch nicht im Grünen auf<, dachte Ro-bert und er merkte sogleich, dass ihn der Gedanke enttäuschte. Ar-mes Würmchen. Der Mangel an Bewegung in der freien Natur war

die Ursache vieler Auffälligkeiten bei seinen kindlichen Patienten. Von Carsten hätte er mehr Weitblick erwartet. Aber er hielt sich zurück und hörte dem Pläne schmiedenden Freund jetzt mit gebührender Aufmerksamkeit wohlwollend zu.

Anderthalb Stunden später leitete er – unter nochmaliger Beglückwünschung des angehenden Vaters – für diesen Tag die Trennung ihrer Wege ein. Ein sehr nachdenklicher Robert Zeitlos trottete mit gesenktem Kopf in die frühabendliche Praxis.

Der bereits vor der Tür auf ihn harrende Termin hieß Harald Backofen und war ein Mann mittleren Alters, der dem Credo *edo ergo sum* huldigte und augenscheinlich zu viele Transfette konsumierte. Das ergab zumindest das große Blutbild, zu dessen Besprechung sie an Roberts freiem Nachmittag zusammengekommen waren, weil der Patient in den Urlaub fahren wollte. Robert hatte es nicht übers Herz gebracht, ihn ohne Aufklärung und Ermahnung in die Bayerische Rhön mit ihrer im buchstäblichen Sinne pfundigen Küche abreisen zu lassen.

Die Transfettsäuren hingen in Form reifenförmiger Bauchspecklappen unter seiner an weibliche Brüste erinnernden oberen Vorderfront. Die Symptome waren eindeutig. Erste Anzeichen einer koronaren Herzkrankheit, Typ-2-Diabetes, viel zu viel LDL-Cholesterin und ein eklatanter Vitalstoffmangel, der ihn noch müder und antriebsloser machte, als die bereits gute Vorarbeit leistenden denaturierten Fette es vermochten.

Während Robert seinen Patienten vor Pommes Frites, Margarine, gehärteten Fetten, Keksen, Blätterteig und einschlägigen Fastfoodketten warnte, beobachtete er genau, wie viel von dem Gesagten nicht allein den Gehörgang passierte, sondern als Information in Backofens Kopf verblieb, um irgendwann den Weg ins Langzeitgedächtnis und, im günstigsten Fall, bis ins Willenszentrum zu bewerkstelligen.

Robert schätze die Ausbeute an diesem Tag auf immerhin ein Zehntel. Um einer als fetttriefende Schweinshaxe mit Semmelknödeln in Begleitung einer zünftigen Maß Bier daherkommenden Versuchung bayrischer Lebensart zu widerstehen, reichte dies aller Voraussicht nach nicht aus.

Danach ging er zu Fuß bei Frieda vorbei. Aus irgendeinem Grund wollte er an diesem Abend nicht allein sein, obwohl ihm das gewöhnlich eher lieb war. Frieda schlug vor, noch ein wenig vor die Tür zu gehen, weil es ein lauer Sommerabend zu sein schien. Sie war ausnahmsweise noch nicht draußen gewesen.

>Ich habe mich an einem Buch festgefressen und konnte einfach nicht aufhören.<

>Halte ich dich jetzt davon ab?<

>Keine Sorge, mein Junge, die frische Luft wird mir guttun, und Hunger habe ich natürlich auch.<

Es gab ganz in der Nähe einen Italiener, der sämtliche Paste unter Verwendung feinkörnigen Dinkelmehls in Handarbeit fabrizierte. Aus ernährungsphysiologischen Gründen gewährte Frieda diesem Vorfahren des Weizens den Vorzug.

>Das wusste schon Hildegard von Bingen<, sagte sie, als sie die Eingangstür durchquerten. Sie fragte nach einem Tisch im Freien, aber die waren alle besetzt. So nahmen sie in einer Fensterecke Platz.

Die handgewalzten Nudeln auf dem großräumigen Pastateller warteten geduldig, bis Frieda mit korrekt gehaltener Gabel, satt in ihrer Hand liegendem Löffel sowie zugespitzter Mundöffnung angemessen auf den Verzehr der hitzig vor sich hin dampfenden Mehlspeise vorbereitet war. Sie begann zu essen, obwohl Robert noch auf sein Gericht warten musste. Das hatten sie irgendwann so abgesprochen und Frieda vergaß nie etwas, schon gar nicht, wenn ihr Appetit wieder einmal über die Stränge schlug.

Erst als sie sich einen Cappuccino bestellte, erzählte er ihr von Carstens zukünftiger Vaterschaft. Von seinen Empfindungen erwähnte er nichts, aber die Großtante kannte ihn zu gut.

>Und? Was hat das mit dir gemacht?<

>Wie, mit mir gemacht?<

>Na, ich meine, wie geht es dir damit? Freust du dich für die beiden? Bist du ein bisschen neidisch?<

Sie blickte ihren Großneffen erwartungsvoll an. Der spürte, wie sein Gesicht sich bei der letzten Frage rötete. Frieda tat so, als habe sie nichts bemerkt. Sie hatte ihn wie immer ertappt, das genügte. Robert überlegte kurz, ob er die lange oder die kurze Version wählen sollte. Er entschied sich dafür, es bei einem Satz zu belassen.

>Mein Leben hinterlässt keine Spuren.<

Jetzt war es heraus. Robert beobachtete im selben Atemzug, ob sich ein besseres Gefühl einstellte. Doch alles blieb, wie es war. Frieda lächelte eigentümlich.

>Junge, Junge, das glaubst du doch wohl selbst nicht. Natürlich hinterlässt du Spuren. Jeder von uns prägt dem Leben seine Fußstapfen auf und nichts geht verloren. Jeder gefühlte Moment, jede Lektion, die einem der eigene Weg offenbart, alles bleibt als unauslöschliche Erfahrung erhalten.<

Der Cappuccino war heißer als gewöhnlich. Ihre Zunge würde für eine gewisse Zeit in ihrem Geschmacksempfinden eingeschränkt sein. Sie wartete auf eine Reaktion, aber Robert schwieg beharrlich.

>Worüber haben wir neulich erst gesprochen?<, fragte Frieda.

>Keine Ahnung, was du meinen könntest.<

>Jeder Mensch ist ein Erfahrungsselbst jenes unermesslichen Bewusstseins, das die meisten von uns als Gott bezeichnen. Wir ermöglichen diesem Bewusstsein, das alles umfasst, sich durch uns in allen denkbaren Facetten seiner selbst zu erleben. Alles – und wenn ich sage alles, dann meine ich alles – wird abgespeichert wie auf einer riesigen Festplatte.<

Sie überlegte, ob sie ein weiteres Mineralwasser bestellen sollte. Die mediterrane Sitte, jeden Kaffee von einem kleinen Glas Wasser begleiten zu lassen, hatte sich in Deutschland nie richtig durchgesetzt. Sie fand das bedauerlich.

>Du hast durch deine Arbeit schon so vielen Menschen geholfen. Glaubst du etwa, das ginge verloren? Damit hast du dir mehr Verdienst erworben, als jeder Millionär, der dank seiner wie auch immer gearteten Geschäfte mit einem übervollen Konto das Zeitliche segnet, aber immer nur an sich selbst gedacht hat.<

Sie schaute ihm tief in die Augen. Was war los? So schweigsam war er sonst nie. Sie entschied sich weiterzureden.

>Und warum? Weil du reinen Herzens bist und frei von Hintergedanken oder Manipulation deine Patienten unterstützt. Auch wenn ihre Sturheit, mit der sie an alten Gewohnheiten festhalten, dich manchmal nervt. Gehört eben dazu. Nur auf die innere Haltung kommt es an.<

Robert war irritiert, dass sie so viel sprach. Er war durch die Geschichte mit Carstens Vaterschaft derart durcheinander, dass er weder begriff, dass er durch sein Verhalten den Anlass dazu gab, noch was Frieda mit Haltung meinte. Er war lediglich erstaunt, dass sie seine Frage so ausführlich beantwortete. Früher wäre dieser Vorfall einem Wintereinbruch im Hochsommer gleichgekommen. Irgendetwas hatte sich verändert. Ob sie das Gefühl hatte, dass nicht mehr viel Zeit blieb? Aber wofür und im Hinblick worauf? Er blickte sie fragend an, schwieg aber weiterhin.

>Letztendlich geht es immer nur darum, aus welchem Impuls heraus du handelst. Du weißt schon, die vielen Facetten des Selbst. Du kannst beispielsweise die Haltung der Selbstsüchtigkeit und die Haltung der Selbstlosigkeit einnehmen. Alles ist wie immer eine Frage der Entscheidung.<

In derselben Nacht erwachte Robert bereits in den frühen Morgenstunden und schwankte von da an immer wieder zwischen Einnicken und wachen Momenten. Das an Schiffsmotoren erinnernde Brummen im Hintergrund war wie gewöhnlich zu hören, doch er hatte sich endgültig damit arrangiert. Erstaunlicherweise schien es ihm nicht länger etwas anhaben zu können, nachdem er jeglichen Widerstand dagegen fallengelassen hatte. Er ertappte sich dabei, dass seine Gedanken im Halbschlaf um das Thema Liebe kreisten. Nicht um jene Form der zwischenmenschlichen Liebe, die gewöhnlich die Menschenherzen bewegt, sondern um die laut Frieda so elementare Selbstliebe, die keinesfalls mit Egoismus oder Selbstsucht zu verwechseln ist.

Konnte er, Robert, von sich behaupten, sich wahrhaftig zu lieben?

>Ist es nicht so, dass die Menschen häufig nur glauben, sich selbst zu lieben, während in Wirklichkeit ihr Hass auf sich selbst ihr Leben vergiftet?<, dachte er.

Drei Tage zuvor hatte er sich an einer Kreuzung vertan und war aus Versehen links statt rechts abgebogen. Jetzt erinnerte er sich daran, wie er sogleich begonnen hatte, voller Wut verbal auf sich einzudreschen. >Keine Spur von Selbstliebe<, dachte er. >Hätte ja auch einfach darüber hinweggehen können.<

Die Sache war rein gedanklich nicht zu klären. Immer wieder verwirbelten aufwühlende Zweifel die Antwort, ob er zu dieser Liebe nun fähig war oder nicht. Schließlich versuchte er, dem dunklen Raum laut und deutlich eine Handvoll Worte anzuvertrauen, um glaubhaft seine Selbstliebe zu bekräftigen. Das kostete ihn im ersten Moment Überwindung, denn als Arzt wusste er, zu welchem Krankheitsbild diese Art von Selbstgesprächen zählte.

Was er schließlich aus seinem Munde zu hören bekam, erinnerte an mechanisch wiederholte Worthülsen, die sich bar eines den Sinn stützenden Gefühls unter der Decke verfingen. Wie ein Fremdkörper aus einer anderen Welt offenbarten sie einen exakt umrissenen Moment ihrer Gegenwart, bevor sie sich für immer verflüchtigten. Robert wurde gewahr, dass es in ihm eine Instanz gab, die jede gefühlsmäßige Unterlegung des Gesagten durch Querreden zu verhindern wusste. Er fühlte sich von Minute zu Minute schlechter.

Als um kurz nach sechs Uhr der Wagen der städtischen Müllabfuhr lautstark um die Ecke bog, hatte er den alles torpedierenden Glaubenssatz endlich entlarvt. Er griff nach dem weichen Leder-Notizbuch, das ihm Verena aus ihrem letzten Urlaub in der Toskana mitgebracht hatte und das immer griffbereit auf dem Nachttischchen lag. Ungeachtet der frühen Stunde und der unbequemen Haltung fuhr der Stift gleichmäßig über das unlinierte Papier.

>Ich fühle mich nicht wert, geliebt zu werden.<

Die schriftlich fixierten Worte taten unvermittelt weh. So weh, dass sie sich mit einer leichten Übelkeit im Schlepptau in Roberts Eingeweide bohrten. Plötzlich war alles ganz klar. Wie sollte es unter diesen Umständen möglich sein, sich selbst Liebe entgegenzubringen?

Er blieb länger als gewöhnlich liegen, als wolle er die mit dieser späten Erkenntnis einhergehende Sanftmut in seinem Innern auskosten. Als seine Zehenspitzen schließlich den Teppich vor seinem Bett berührten, fühlte er sich irgendwie geläutert. Er griff nach seiner über einem Stuhl hängenden, wie üblich völlig verdrehten Hose, die er mit nestelnden Bewegungen erst in die gewünschte Form brachte, um sodann in sie hineinzuschlüpfen.

29

Ein Budapester Dinkelacker bringt den Zeisig ins Schwärmen, Robert fürchtet um Rolf Tapfermanns Wohlergehen und die Liebe wirft alle guten Vorsätze über den Haufen

Im Frühjahr 2012 kehrte der sich selbst ohne Anflug eines schlechten Gewissens als Schuhfetischist bezeichnende Günter Zeisig mit einem rahmengenähten *Dinkelacker* im Gepäck von einem fünftägigen Budapestaufenthalt zurück. Der kostbare Maßschuh, für den im Vorfeld ein speziell auf seinen Fuß abgestimmter Leisten handgefertigt worden war, erfreute mehrere Wochen lang einmal täglich seine spärliche Freizeit, wenn er ihn im Zuge eines fest umrissenen Rituals mit bedächtigen Handbewegungen auf dem voluminösen Teppich im Zentrum des Lofts über den Fuß zog und, den weichen Bodenbelag abschreitend, sorgfältig darauf achtete, keinesfalls über den Rand zu treten. Es war ihm sehr daran gelegen, die mit winzigen Messingnägeln und dem typischen Signet verzierte Ledersohle in ihrer Ursprünglichkeit zu erhalten. Günter wusste, dass er dafür Sorge tragen würde, dass niemals ein klebriger Kaugummirest auf einem Berliner U-Bahnsteig diese Sohlen entweiht.

Stolz präsentierte er Robert bei dessen erstem Besuch nach seiner Rückkehr eine spezielle Schuhbox aus rotem Zedernholz, die neben einer samtweichen Kaschmirbürste und einem Schuhpolierknochen aus dem Unterschenkel des Damwildes ein Döschen erlesener Palmenwachsschuhcreme im Ton des feinen Kalbsleders enthielt. Robert war dank seines ungebrochenen, wenngleich im Zaum gehaltenen Uhrenspleens der einzige Mensch, dem Günter Einblick in diese Zeremonie gewährte, weil der Zahnarzt annehmen durfte, dass Robert das dafür notwendige Verständnis und Feingefühl besaß.

Er war zu Günter Zeisig gefahren, weil er unbedingt mit jemanden reden musste. Nach zehn Minuten unterbrach Robert deshalb ohne Rücksicht auf die Erfordernisse zwischenmenschlicher Höflichkeit den Redefluss des Zahnarztes, der um Thermalbäder, Schuhleisten, Caféhäuser und Gründerzeitbauten kreiste. Der Zeisig schaute einen Moment lang irritiert und musste dann lachen.

>Was zu trinken gefällig?<

Während Günter zwei große Gläser mit Apfelschorle füllte, überlegte Robert, wie er anfangen könnte, und begann zu erzählen. Günter hörte zu, ohne ihn zu unterbrechen.

>Eigentlich ist alles durch Tapfermanns Einladung gekommen. Es sieht ganz so aus, als ob ich diesem Menschen womöglich noch einmal zu Dank verpflichtet sein werde.<

Der Architekt hatte zu Verenas und seinem Einjährigen sorgfältig ausgewählte Gäste in sein brandenburgisches Erdhaus geladen. Robert hatte zunächst geschwankt, ob er sich dieser Ehrerweisung des ihm seltsam fremd gebliebenen Nachfolgers in Form seiner Anwesenheit aussetzen sollte.

Er hatte zu diesem Zeitpunkt noch nicht erkannt, dass ein Nachfolger dem Vorgänger möglichst lange fremd bleiben muss. So kann sich Letzterer besser von seiner verflossenen Liebe distanzieren. Doch daran war bei Verena nicht zu denken. Sie war weiterhin anhänglich wie eine streunende Katze, die seit drei Tagen keine einzige Maus mehr gefangen hat und deshalb ständig dem erstbesten Menschen mit treuherzigem Augenaufschlag um die Beine streicht. Irgendwann hatten Verenas Überredungskünste und Roberts Neugier schließlich gesiegt.

Robert wusste, dass der Tüftler Tapfermann ein selbst entwickeltes Kraftfahrzeug in seiner Garage stehen hatte, das von einer vollautomatischen Wasserstoffzelle angetrieben wurde. Laut Verena war der Architekt ungeachtet seines Berufes als Architekt besessen von der Idee, einen marktfähigen Automobil-Prototypen auf die Beine zu stellen. Diesen wollte er – allen Widerständen der auf die Ölsteuer angewiesenen obersten Finanzbehörde und gewissen Industriezweigen zum Trotz – unter das Volk bringen. Robert bewunderte seinen Mut, da er schon häufiger gehört hatte, dass es geringerer Umstände bedurfte, um sich in Gefahr zu bringen und Schaden an Leib und Seele zu nehmen.

Wer an dieser Stelle einwendet, eine derartige Unterstellung sei nun wirklich an den Haaren herbeigezogen, und nicht jeder Zeitgenosse leide schließlich unter der sogenannten *doppelten Buchführung*, dem sei dieser Einwand natürlich zugestanden. Doch sollten Sie die Dinge im Auge behalten, um zum gegebenen Zeitpunkt festzustellen, wer in dieser Angelegenheit Recht behalten wird.

Für all diejenigen freilich, die nicht wissen, was mit dieser *doppelten Buchführung* gemeint ist, sei erwähnt, dass es sich dabei um Menschen handelt, die gleichzeitig und parallel mit der Realität eine Wahnwirklichkeit wahrnehmen. Sie können nicht unterscheiden, welche der beiden denn nun die wirklichere ist (geschweige denn, ob überhaupt eine davon wirklich ist). Eine kniffelige Sache, die schon so manchen Psychotherapeuten an den Rand des Wahnsinns gebracht haben dürfte.

Doch es sollte alles ganz anders kommen. Anstatt, dass Robert wie geplant die ganze Zeit in der Garage herumstöberte, konzentrierte er sich auf den Anblick einer jugendlich wirkenden Frau, deren waghalsige Kleidung vermuten ließ, dass es sich um eine kreative Person handeln musste. Sie schien den notwendigen Biss und genügend Selbstbewusstsein zu besitzen, um sich nicht um die Meinung anderer Zeitgenossen zu scheren.

Auch wenn Robert gewöhnlich dazu neigte, sich durch seine Ernsthaftigkeit das Leben zu erschweren, war er Bonvivant genug, um Sophie-Charlotte Langbein in die Überlegung einzubeziehen, ob er sein Einsiedlerdasein an den Nagel hängen sollte. Ungeachtet der Warnungen seines Verstandes, keinen nachträglichen Verrat an seiner Beziehung zu Verena zu begehen und sich vor vorschnellen Schlüssen zu hüten, irritierte es ihn nur kurz, dass etwas in ihm zu wissen schien, dass dies die Frau war, mit der er alt werden wollte.

Im Angesicht dieser erstaunlichen Wendung seines Lebensweges drängte sich Robert freilich ein Verdacht auf. War dies womöglich die Frucht seines ungebührlichen Neides in Bezug auf Carsten Dellmayer? Wollte ein bis dato unentdeckt gebliebener Fortpflanzungstrieb dem Freund möglicherweise in die Vaterschaft folgen?

Immerhin ließe es sich dem Umstand seines Alters von neunundvierzig Jahren und neun Monaten zuschreiben, dass er auf derart unvermittelte Weise plötzlich Augen für das zur Umsetzung dieses Ansinnens in Frage kommende Geschlecht entwickelte. Sophie-Charlotte Langbeins Körper machte ihrem Namen alle Ehre. Die kurz geschnittenen Shorts offenbarten Gliedmaßen, die auf den Laufstegen dieser Welt ihresgleichen suchten. Gewöhnlich bevorzugte Robert stilvolle Kleidung, die den Leib dezent umhüllte und einen gewissen Chic ausstrahlte. Die Aufmachung dieser Frau wirkte schrill auf ihn, doch seltsamerweise verunsicherten sein Gemüt keinerlei Alarmglocken hinsichtlich einer mutmaßlichen Exaltiertheit. Stattdessen verspürte er ein von Minute zu Minute wachsendes Bedürfnis, sie kennen zu lernen.

Er bahnte sich einen Weg durch die Menge, um Tapfermann darum zu bitten, sie beide einander vorzustellen. Gleichwohl der Zufall in Roberts Weltbild nicht vorgesehen war, wollte es dieser, dass Sophie-Charlotte Langbein trotz des unterschiedlichen Namens Tapfermanns leibliche Schwester war.

Während er auf die beiden Geschwister wartete, spürte Robert eine namenlose Verlegenheit in sich wachsen, die sich von innen über seine gesamte körperliche Hülle stülpte und ihn in Form einer ausgewachsenen Nervosität dazu bewegte, fortwährend von einem Bein auf das andere zu wechseln. Als er die beiden schließlich kommen sah, riss er sich zusammen, um einen guten Eindruck zu machen. Die seinem Jahre zuvor gefassten Entschluss zuwiderlaufende, doch in diesem besonderen Fall durchaus angemessen erscheinende Maske aufgesetzten Gleichmuts konnte freilich nicht verhindern, dass der erste zögerliche Blick in Sophie-Charlottes dunkelblaue Augen einen Atemaussetzer provozierte. Mit Schrecken wurde er gewahr, dass diese körperliche Entgleisung ganz dazu angetan schien, einen Schluckauf zu provozieren. Doch der drohende Befund bewies zu Roberts Erleichterung im letzten Moment ein Einsehen und zeitigte lediglich ein kaum hörbares Glucksen.

An den Fältchen um ihre Augen glaubte er zu erkennen, dass sie etwa Mitte dreißig sein musste. Die Regenbogenhaut ihrer Augen ließ einen seelisch aktiven und im Bezug auf sein Innenleben freigebigen Menschen vermuten. Tatsächlich sollte ihn seine unbestechliche Menschenkenntnis im Fall dieser facettenreichen Iriden nicht täuschen. Sophie-Charlotte war Künstlerin. Keine x-beliebige freischaffende Malerin, sondern eine über den Fundus renommierter europäischer Galerien hinausgewachsene, die in der Neuen Welt einem anspruchsvollen internationalen Publikum ihr Können beweisen durfte. Ihre letzte Ausstellung hatte sie nach New York geführt, von wo sie zwei Wochen zuvor zurückgekehrt war.

Diese von Tapfermann ungefragt dargebotenen Auskünfte im Beisein der umschriebenen Person bewirkten eine alles überlagernde Ernüchterung, die jede Faser von Roberts Körper durchdrang. Innerhalb von Sekunden sah er sich trotz der von Sophie-Charlotte Langbein ausgestrahlten Bescheidenheit, die vage an Demut erinnerte, in einen potentiellen Langweiler verwandelt. Er wusste beim besten Willen nichts mehr zu sagen. Tapfermann hatte sich längst mit einem kurzen Augenzwinkern zurückgezogen. Um ihnen beiden eine unerquickliche Situation zu ersparen, zog Robert es vor, sich ebenfalls von Sophie zu verabschieden. Doch bevor es dazu kommen konnte, hörte er ihre gutmütig klingende Stimme.

>Haben Sie Lust, mit mir die Tage einen Kaffee trinken zu gehen? Ich bin noch einige Zeit hier, bevor es mich wieder ins Ausland verschlägt.<

Robert erkannte im Bruchteil einer Sekunde, dass statt der sich bereits in seinem Kopf abspulenden Verabschiedungsfloskel nun sein ganzer Einsatz gefragt war. Die Verlegenheit indes machte alles unfreiwillig schwierig.

>Es würde mich sehr freuen, Sie wiederzusehen.<

Während er krampfhaft überlegte, was dem hinzuzufügen wäre, bemerkte er zu seinem Schrecken, dass sie sich bereits umdrehte.

>Wie kann ich Sie erreichen?<

Robert gab sich Mühe, im Angesicht ihres unvermittelten Aufbruchs nicht den Klang von Panik in seine Stimme einfließen zu lassen.

>Mein Bruder wird Ihnen meine Nummer geben. Ich muss jetzt los.<

Rolf Tapfermann klärte ihn darüber auf, dass seine Schwester an diesem Tag noch auf eine Hochzeit eingeladen war, und überreichte ihm feixend, doch ohne weiteren Kommentar, die eilig auf einem zerrissenen Briefkuvert notierte Nummer. Robert verstaute diese bedächtig in dem einzigen Fach seines Portemonnaies, aus dem noch nie etwas herausgefallen war.

Drei Tage später verabredeten sie sich in der City West im Café des Literaturhauses, das in einer alten Gründerzeitvilla in der Fasanenstraße seine Gäste bewirtete. Sophie-Charlotte hatte darum gebeten, sich irgendwo in der Nähe des Ku'damms zu treffen. Er vermutete, dass die moderne Einrichtung im Innern des alten Baus ihren Geschmack treffen könnte. Robert selbst kam eine halbe Stunde eher, um sich mental auf die Zusammenkunft einzustellen. Er war nach seinem Dafürhalten ungewöhnlich emotional.

Danach ging alles sehr schnell. Nach dem zweiten Cappuccino erkannte Robert mit nunmehr unverbrüchlicher Gewissheit, in Sophie-Charlotte Langbein tatsächlich der Frau seines Lebens begegnet zu sein. Er wurde sich im selben Moment bewusst, dass seine ehemals gehegten und als zweifellos echt empfundenen Gefühle für Verena im Vergleich unbedeutend blass waren.

Günter Zeisig nahm einen weiteren Schluck Schorle und wiegte merklich angespannt seinen Kopf hin und her. Was er bisher gehört hatte, ließ ihm diese Frau als suspekt, wenn nicht gar als gefährlich erscheinen. Sie schien seinen ihm trotz aller Fähigkeit zur Empathie durchweg als nüchtern und pragmatisch erscheinenden Freund wie besessen von der Idee gemacht zu haben, in Liebesbelangen noch einmal gänzlich unerprobte Wege zu gehen.

Diese zeichneten sich dadurch aus, dass Robert eine in Günter Zeisigs Augen durchaus wahrscheinliche Verletzung nicht scheute. Wie stellte der Zeitlos sich das vor? Diese Frau würde spätestens nach ein paar Wochen wieder über alle Berge sein und er, Günter

Zeisig, würde aller Voraussicht nach den schwermütigen Liebeskater eines um sein Glück geprellten Mannes besten Alters über sich ergehen lassen müssen. Paul Bremer kam ihm in den Sinn. Was war hier eigentlich los? Waren plötzlich alle männlichen Erdbewohner ab fünfzig in der Brunftzeit oder lag irgendetwas in der Luft, das ihm bisher noch nicht zugänglich geworden war? Es sollte ja weibliche Lockstoffe geben, die einem Mann vollkommen die Sinne und den Geist vernebelten. Er blickte auf seine Schuhe. Schade, er hätte es vorgezogen, beim Thema zu bleiben. Stattdessen musste er sich nun Sorgen um einen Freund machen, der selig vor sich hingrinste, als sei er soeben aus einer Anstalt entlaufen.

30
Warum das Hundchen eines Hofrats i.R. Robert langweilig findet

Robert verspürte schon nach kurzer Zeit das Bedürfnis, Sophie-Charlotte mit Frieda Rennstein bekannt zu machen. Das ist durchaus nichts Unübliches, denn wenn man verliebt ist, dann will man schließlich alle Welt an seinem Glück teilhaben lassen. Manche Menschen wollen sogar damit angeben, wen sie sich soeben an Land gezogen haben – wenn auch Sophie-Charlotte Robert eher in den Schoß gefallen war.

Aber so ein Typ Mann war Robert nicht, denn er sah mehr auf die inneren Werte, wie man so schön sagt. Die aber erkennt man gewöhnlich erst, wenn man schon etwas längere Zeit mit einem anderen Menschen verbracht hat. Obwohl er also noch nichts Näheres über die inneren Werte von Sophie-Charlotte zu sagen wusste, war er ungewohnt beschwingt, und fand, dass dies seinen Mitmenschen auch gut zu Gesicht stehen würde. Deshalb weihte er bald darauf seine Freunde in dieses neue Glück ein.

Die Großtante war freilich noch vor Günter Zeisig über die glückliche Fügung in Roberts Leben informiert worden. Wie immer, wenn die Dinge in ihren Augen ein wenig zu emotional vorgetragen wurden, hielt sie sich bedeckt und nahm alles ohne Worte hin. Das verhinderte, dass sie selbst in diese Emotionalität verwickelt wurde. Sie hatte früh erkannt, dass diese sie davon abhielt, in ihrer Mitte zu bleiben.

Nun mag man an dieser Stelle einwenden: >Warum soll ein Mensch immer in seiner Mitte bleiben, wenn es doch links und rechts außerordentlich spannend zugehen kann?<

Dies ist keine dumme Frage. Doch mit den Seiten, die eine Mitte erst zur Mitte machen, ist es so wie mit steilen Klippen am Meer.

Wenn der Wind einmal richtig bläst, dann kann es passieren, dass man Pech hat und einfach hinuntergepustet wird. Das tut im günstigsten Fall ganz schön weh. Nicht zuletzt deshalb zog Frieda es vor, stets in ihrer Mitte zu bleiben. Dort wusste sie, woran sie war, und dort war es auch viel ruhiger als an den Klippen, wo alle anderen herumliefen.

Natürlich gönnte sie Robert das von den meisten Menschen als ultimativ erachtete Glück einer neuen Liebe von ganzem Herzen. Doch wusste sie zugleich, dass es genauso in den Bereich der Vergänglichkeit fiel wie alle objektbezogenen Empfindungen auch. Die wahre Liebe bedeutete für Frieda etwas ganz anderes als die Liebe zu einem einzelnen Menschen, Tier oder Gegenstand. Doch konnte sie die anderen verstehen und freute sich sehr für sie, wenn sie einen winzigen Vorgeschmack davon bekamen, wie diese wahre Liebe sich wohl anfühlen mochte.

Über die Liebe, die Frieda meint, spricht sich, wenn überhaupt, nur äußerst ungelenk. Entweder man kennt sie oder man vermisst sie.

Sie selbst hatte nach dem Tod ihres Heinrich ganz bewusst jeden Kontakt zu einem anderen Mann vermieden, um nicht Gefahr zu laufen, in die Falle der Selbstvergessenheit zu tappen. Es verhält sich bekanntlich so, dass die innige Liebe zu einem einzelnen Menschen die Sehkraft auf einen Schlag dermaßen einschränkt, dass die Betroffenen für geraume Zeit wie von Blindheit geschlagen sind.

Diese ungewöhnlich konsequente und von Gertrud Zeitlos verständnislos belächelte Entscheidung, keine neue Beziehung anzustreben, erlaubte Frieda in den Folgejahren, die ihr innewohnende Liebe freigebiger verteilen zu können, als dies gemeinhin üblich ist. Sie war zutiefst davon überzeugt, dass die ihr anvertrauten Kinder diese Liebe mindestens genauso brauchten wie ein verwitweter oder geschiedener Mann ihres Alters. Frieda fürchtete nicht ganz zu Unrecht, dass dieser sie über kurz oder lang womöglich gelangweilt hätte. Ihr Geist verlangte nun einmal besonderes Futter.

Im Übrigen verhielt es sich so, dass die sie umgebende Welt für Frieda ein einziges belebtes Wesen darstellte. Das konnte außer Robert niemand in seiner Tragweite verstehen und so zog sie es vor, nicht weiter darüber zu sprechen. In ihrer Jugend war es Frieda Rennstein gleichgültig gewesen, mit welcher Art Mensch sie Kontakt pflegte, solange ihr Gegenüber sich gebührlich verhielt. Nun ist *gebührlich* ein Wort, das viel Raum für Interpretationen lässt. Die Messlatte für die sich dahinter verbergende Anständigkeit war hoch angesetzt, gebot es doch Friedas Ansicht nach der Respekt voreinander, dass Menschen sich in ihrem Sosein vollkommen akzeptierten.

Robert versuchte, Günther Zeisig die Sache in Form eines Bildes näherzubringen.

>Jetzt mal ganz ehrlich: Kannst du dir vorstellen, dass du einem ungewaschenen Obdachlosen, der nach billigem Fusel stinkt, möglicherweise verlaust ist und außer seinen Plastiktüten und Zeitungen zum Zudecken weder Hab und Gut besitzt, genauso die Hand schütteln würdest wie Brad Pitt?<

>Ich denke, wenn dein Gedankenspiel nicht unnötig schwächeln soll, dann müsste ich doch wohl eher Angelina Jolie die Hand geben. Aber um ehrlich zu sein, ich würde einen Unterschied machen.<

Das ehrte den Zeisig. Robert war davon überzeugt, dass sich in dieser Angelegenheit die Rechnung nicht ohne den Wirt machen ließ. Der Mann hinter der Theke hieß Egon und führte sein Regiment mit fester Hand. Ob ein Mensch akzeptabel war oder nicht, entschied Egon im Bruchteil einer Sekunde. Selbst Frieda war manchmal nicht vor seiner Urteilskraft sicher.

>Ich muss wohl doch langsam einsehen, dass dieser Hochstapler es immer wieder schafft, die Menschen davon zu überzeugen, er sei sie selbst. Selbst mir passiert es bis heute noch ab und an.<

Robert wusste genau, wovon sie sprach. So gut wie niemand erkannte, dass das ständige Geplapper im Kopf nichts anderes als die Lieblingsbeschäftigung des Egos war. Damit war dieses Stimmengewirr jedoch nicht man selbst, denn sonst hätte man es nicht beobachten und seiner bewusst werden können.

Wenn man es richtig nimmt, so hat jeder Mensch in seinem Innern eine eigene kleine Kneipe, in der ein Wirt namens Egon das Zepter schwingt. Jeder einzelne Egon sammelt im Laufe der Jahrzehnte ungemein viel Erfahrung hinter der Theke, denn schließlich ist er immer mit Menschen zusammen. So braucht er nur jemanden von weitem durch die Tür kommen zu sehen und schon weiß er, ob diese Person böse oder gut, unsympathisch oder sympathisch ist. Er kann auch auf den ersten Blick beurteilen, ob eine Nase zu lang, ein Bauch zu dick, die Haare schlecht geschnitten oder die Beine unschön geformt sind. Egon ist wirklich sehr schlau und manchmal auch ein wenig hochnäsig.

>Bei dir ist ja wohl nur noch ein kleines Männchen vorhanden, das zaghaft die Hand erhebt und mit leiser Stimme verkündet, dass es auch noch da sei<, sagte Robert.

>Ja, ganz weggehen wird mein Ego(n) wohl nie, aber das muss auch nicht sein. Nur falle ich nicht mehr auf seine taktischen Manöver rein, mit denen er sich aufbläht. Das Ruder hat eine andere Instanz übernommen.<

Damit meinte Frieda ihr Gefühl, denn das sagte häufig etwas anderes als ihr Verstand. Sie hatte festgestellt, dass ihr Gefühl so gut wie immer Recht behielt. Manchmal beneidete Robert die Großtante darum, dass es ihr vollkommen egal zu sein schien, ob ihr Verhalten auf Ablehnung oder Zustimmung stieß. Weder fühlte sie sich durch andere Menschen gebauchpinselt noch gekränkt.

>Diesem Kinderkram<, meinte sie schelmisch, >bin ich längst entwachsen.<

Sie wusste, dass ihr wahres Sein von diesen Dingen völlig unberührt blieb und die *kollektive Funktionsstörung*, genannt Ego, rein evolutionstechnisch betrachtet ein Auslaufmodell war. Das soll freilich nicht heißen, dass Sie nie wieder ein Bier in Ihrer Lieblingskneipe trinken können, nur um diesem Egon hinter der Theke aus dem Weg zu gehen.

>Auch wenn dies bis heute von vielen als Spinnerei abgetan wird, dir kann ich es ja sagen<, sagte Frieda. >Die Menschheit steht vor einem gewaltigen Sprung. Ihr Bewusstsein wird sich immer mehr verändern. Sie wird sich endlich von ihrem Glauben an die Formen befreien können und damit auch von der Vorherrschaft des Ego.<

>Was genau verstehst du unter Formen?<, fragte Robert. Er hatte früh erkannt, dass es besser war, lieber einmal zu viel zu fragen, als irgendetwas in eine falsche Schublade zu stecken, wo es vergessen und als Wahrheit angesehen wurde. Es hatte dann die fatale Eigenschaft, sein weiteres Denken zu bestimmen.

>Na, zunächst einmal alle materiellen Dinge, aber auch Personen und sonstige Lebewesen, die uns so im Laufe unseres Leben begegnen. Aber natürlich sind auch Gedanken nichts anderes als Formen.<

>Ja<, sagte Robert, >allerdings.<

>Das Denken ist die Spielwiese des Ego. Es bedient sich vieler Kniffe, um zu überleben. Wenn wir glauben, es in Ketten gelegt zu haben, erhebt es sich wieder an anderer Stelle. Meistens ist es dann noch schwerer zu enttarnen.<

Doch halt, wir wollten ja eigentlich die Frage klären, warum Frieda ihrer Nichte den Gefallen versagte, sich neu zu verlieben. Glauben Sie, dass Gertrud die Tante womöglich zu einer neuen Liebe überreden wollte, um sie wieder loszuwerden, weil sie ihr ehemaliges Bügelzimmer so sehr vermisste?

Nun, es scheint wohl eher so zu sein, dass Frieda in Gertruds Augen auf ihre alten Tage noch einmal das erfahren sollte, was der Nichte selbst an der Seite ihres Karl-Heinz zeitlebens versagt geblieben war und wohl für immer bleiben würde. Sie verstand einfach nicht, dass Frieda nichts vermisste, und versuchte deshalb immer wieder, die Tante durch die verbale Wiederbelebung Heinrich Rennsteins in das fest umrissene Gefüge vergangener Tage hineinzupressen. Doch wer Frieda lange genug kennt, weiß sogleich, dass dieses seltsame Bemühen der Nichte scheitern musste.

Deren starker Wille trug nämlich fortwährend dafür Sorge, dass es keinem anderen Menschen gelang, sie zu vereinnahmen. So wie Frieda in allen Belangen des Lebens stets der öffentlichen Meinung widerstanden hatte, so verhielt es sich auch im Hinblick auf ihr ehemaliges Liebesleben. Mit der Vergangenheit und den darin eingeschlossenen Erinnerungen an die außergewöhnliche Zweisamkeit ihrer Ehe hatte sie selbst schon vor langer Zeit abgeschlossen. Das Einzige, was sie im Hinblick darauf bis zu diesem Tag bewahrt hatte, war das Gefühl einer zutiefst empfundenen Dankbarkeit. Dieses ruhte vollkommen unantastbar im Innern ihres großen Herzens.

Und weil es Frieda bravourös verstand, stets im Augenblick zu leben, hatte die Vergangenheit selbst im Angesicht selten gefühlter Wehmut nicht die geringste Chance, in ihrem Kopf Fuß zu fassen. Die Zukunft freilich stellte für sie eine nicht weiter definierbare Größe dar, in die sie von einem Moment zum anderen bereitwillig eintrat, um sich überraschen zu lassen.

Sophie-Charlotte Langbein strahlte eine eingeborene Sanftmut aus, die Frieda sofort für sie einnahm. Sie freute sich aufrichtig für ihren Großneffen und auf die zukünftigen Stunden mit einem Menschen, zu dem sie von Beginn an Vertrauen fühlte.

Robert erstaunte Friedas spontane Sympathie für Sophie-Charlotte. Er hatte, bis auf wenige Ausnahmen im Hinblick auf ihre ehemaligen Schüler, Frieda noch nie so offen gegenüber einem fremden Menschen erlebt.

Es kam, wie es kommen musste. Roberts Herz entschied, dass es im Angesicht dieser besonderen Frau nicht lohnte, sich mit dem Zustand verliebter Schwärmerei als Vorläufer einer tiefen Neigung abzugeben. Es drängte ihn dazu, jetzt sofort und richtig zu lieben.

Kurz bevor Sophie-Charlotte Langbein wegen einer neuen Ausstellung in die australische Hauptstadt aufbrechen wollte, lud sie ihn zum ersten Mal zu sich nach Hause ein.

>Wunder dich nicht, wir werden nicht alleine sein.<

>So?<

>Ich wohne mit meinem Vater zusammen.<

Diesen Umstand hatte Robert bei einer freischaffenden Kosmopolitin nicht erwartet. Doch sie nannte Gründe und ersparte ihm dadurch seine Nachfrage, die womöglich ein wenig neugierig gewirkt hätte. Robert war schließlich noch frisch verliebt und dies ist eine Phase, in der man gewöhnlich alles dafür tut, in einem möglichst positiven Licht zu erscheinen.

>Ich bin dadurch flexibler. Ich habe einen festen Wohnsitz, aber da ich fast immer unterwegs bin, ist alles gut versorgt. Du weißt schon, die Blumen, der Briefkasten, einfach alles. Ich glaube, du wirst ihn mögen. Er heißt übrigens so wie ich. Rolfs Zuname stammt

von seiner geschiedenen Frau. Den gemeinsamen Kindern zuliebe hat mein Bruder ihn behalten.<

Robert musste schlucken. Das bedeutete, dass Verena jetzt in einer Art Familie lebte. Für einen kurzen Moment zog sich sein Herz zusammen. Sie hatte plötzlich Kinder. Der Stachel saß tiefer als er gedacht hatte.

Als Gerhard Langbein Robert die Hand reichte, war sein Rücken tief nach vorne gebeugt. Die Linke war an seinen Rollator geklammert. Er musste seinen von dichten, schlohweißen Wellen gezierten Kopf leicht schräg legen, um dem Gast bei der Begrüßung in die Augen schauen zu können. Robert sah sofort den Schalk in seinen Augen blitzen.

>Das ist mein Daddy, dem ich viel zu verdanken habe. Nicht wahr, Papa?<

>Wenn du es sagst, kleine Schwalbe.<

Ein Vater, der seine Tochter als Vogel bezeichnete? Robert stutzte kurz, doch Sophie-Charlotte war feinfühlig genug, um seine Irritation zu bemerken. Sie lächelte zufrieden.

>Papa liebt das Märchen vom glücklichen Prinzen.<

Robert hatte die Geschichte von Oskar Wilde Jahrzehnte zuvor bei Frieda in der Mansarde gefunden, konnte sich aber nicht mehr so recht erinnern, worum es ging. Er wusste nur noch, dass sie tatsächlich von einer kleinen Schwalbe handelte und er nach der Lektüre sehr bewegt gewesen war.

>Hundchen, was machst du denn da?<

Gerhard Langbein drehte sich aufgrund einer fortgeschrittenen Schüttellähmung mit schwerfälliger Bedächtigkeit in die Richtung, aus der seltsame Geräusche Anlass zu der Vermutung gaben, dass sein tierischer Mitbewohner sich in Schwierigkeiten befand. Tatsächlich hatte dieser sich zwecks Willkommenheißung des unbekannten Gastes ungestüm genähert und sah sich nun in der prekären Lage, ein Verlängerungskabel durch unkontrollierte Bewegungen von seinem Körper streifen zu wollen.

Es handelte sich um einen appetitlichen Mischling mit weißen, nach außen gedrehten Pfoten. Es sah aus, als wäre er mit seinen fuchsbraunen Beinchen durch Puderzucker gelaufen. Robert mochte ihn auf Anhieb, obwohl er sich sonst nicht viel aus Haustieren machte. Am liebsten sah er die Vertreter der Fauna da, wo sie seiner Ansicht nach hingehörten: in der freien Natur. Mit diesem hier konnte er sich arrangieren. Er bückte sich und ließ das Hundchen an seiner Hand schnüffeln. Die Wohnung erinnerte an Friedas neue Bleibe. Bücher, Bücher, Bücher und ein ganzes Regal voller Bildbände.

>Kunst und Architektur. Der Apfel fällt nicht weit vom Stamm.<

Vater Langbein blickte mit dem für seine Erkrankung typisch starren Blick stolz lächelnd auf sein Töchterchen. Die goss gerade Kaffee in drei weiße Tassen, die der *Königlich Preußischen Manufaktur* entstammten und einem Liebhaber schöner Dinge wie Robert auf den ersten Blick ein Gefühl unvermittelter Daseinsfreude verschafften. Er fühlte sich wohl an diesem Ort. Das Hundchen saß mittlerweile zu seinen Füßen und schaute erwartungsvoll, ob der Besucher etwas Feines in seiner Tasche hätte.

Es stellte sich heraus, dass Gerhard Langbein selbst keineswegs Künstler war. Langbein, Tischbein, die Namensähnlichkeit hatte bereits Assoziationen in Roberts Kopf aufkommen lassen. Doch in diesem Fall sollte er sich gehörig täuschen. Der Hund trollte sich in sein Körbchen. Der Gast war erwartungsgemäß langweilig und etwas Leckeres schien er nicht dabei zu haben. Es gab nur selten eine Ausnahme, einen Menschen, der sein Hundeherz befriedigte.

>Ich bin bis zu meiner Pensionierung als Richter am Bayerischen Verwaltungsgerichtshof tätig gewesen.<

Die Tasse zitterte leicht, als der von seinen Freunden bis zu diesem Tage neckisch als >Herr Hofrat< angesprochene Wolfgang Langbein sie mit aus zusammengekniffenen Äuglein beobachteten Bewegungen schleppend zum Munde führte. Während er sich bemühte, nicht zu schlürfen, blitzte unvermittelt der bereits an der Eingangstür von Robert registrierte Schalk in seinen Augen auf.

>So einen dynamischen Menschen sieht man selten, was?<

Robert fragte sich, wie viel Energie die bloße Bewältigung eines normalen Alltags diesen Mann wohl kosten mochte. Er schätzte ihn auf Mitte siebzig, aber seine Gebrechlichkeit ließ ihn älter wirken. Plötzlich erinnerte Robert sich an das, was Frieda ihm Jahrzehnte zuvor in Wiesbaden erzählt hatte und fragte sich, ob dieser Herr Hofrat i.R. sich innerlich und in Jahren gemessen wohl jünger oder älter als dreißig fühlen mochte. Einen Moment lang empfand er tiefes Mitgefühl, doch dann entschied er, dass dies nicht angebracht war.

Hofrat Langbein schien nicht nur eine gehörige, seinem Beruf erfolgreich abgetrotzte Portion Schöngeist zu besitzen, sondern auch Tugenden wie Gleichmut und Zuversicht. Seine kleine Schwalbe bereitete ihm offenkundig bis zu diesem Tage viel Freude. Robert durfte zum ersten Mal in seinem Leben hautnah erleben, was es bedeuten konnte, wenn ein Vater die von seinem Kind zutraulich entgegengebrachte Liebe zu ihm nicht durch sein gleichgültiges und kaltes Verhalten in den Boden stampfte.

31

Warum das Trällern von Koloraturen
zu Hirnquetschungen führen kann

Claudia Ruckriegels Schwangerschaft verlief gänzlich ohne Komplikationen. Gegenüber Robert ließ Carsten Dellmayer eine Woche vor dem offiziell vorausgesagten Geburtstermin verlauten, dass sich dieser Umstand aller Wahrscheinlichkeit nach durch die Tatsache begründen ließ, dass der Fötus genügend Platz in Lea Garbors üppigem Leib zur Verfügung gestellt bekam.

>Nichts für ungut, ist liebevoll gemeint<, sagte er.

Sieben Tage vor dem vorhergesehenen Geburtstermin sang die Garbor immer noch mit derselben Inbrunst, die sie auch auf der Bühne zur Schau stellte. Ihr Gatte saß mit Robert im Wohnzimmer am runden Esstisch, dessen Bestuhlung seit kurzem durch einen hölzernen Babysitz ergänzt wurde.

>Manchmal mache ich mir allerdings Sorgen, ob die permanente Wölbung ihres Zwerchfells womöglich zu einer Hirnquetschung beim Fötus geführt hat.<

Nun muss man kein studierter Arzt sein, um zu wissen, was mit diesem Satz gemeint ist. Die langjährige Mitgliedschaft in einem Männergesangsverein oder einem gemischten Chor reicht hierzu vollkommen aus. Denn entgegen der unseligen Angewohnheit des zivilisierten Westeuropäers – der als sogenannter Flachatmer die Luft maximal bis kurz unter die Höhe des Schlüsselbeins einatmet und statt vier völlig ausreichenden Atemzügen in der Minute ungefähr die fünffache Menge benötigt, um sich selbst und andere über seine ernährungsbedingte Kurzatmigkeit hinwegzutäuschen – verstehen es gestandene Sangesleute, die Lungen bis zum Zwerchfell auszudehnen. Dies kann im Falle einer schwangeren Opernsängerin dazu führen, dass ihr Gatte, selbst ehemaliger Arzt, sich fragt, ob die permanente Wölbung....

Der Patissier grinste vergnügt. Bald würde alles geschafft sein. Der für Anfang März erwartete große Tag verstrich jedoch, ohne dass etwas geschah. Der potenzielle Erdenbürger schien sich derart wohl in der vorfreudig trällernden Opernsängerin zu fühlen, dass er drei Wochen länger in ihrer Gebärmutter verharrte, als man errechnet hatte. Unter Androhung einer medikamentösen Einleitung der Wehen entschied er sich, nicht zuletzt aus Rücksicht auf das ihm bereits vertraut gewordene und sich jetzt seinetwegen über Gebühr quälende Wesen dazu, den weit geöffneten Muttermund zu passieren.

Als erste Amtshandlung des Neugeborenen wurde Carsten Dellmayer mit Käseschmiere einbalsamiert. Es handelte sich um einen gesunden Neunpfünder, der kurz vor Ostern auf den weißen Laken des elterlichen Ehebettes das Licht der Welt erblickte. Gekonnt trennte der ehemalige Arzt und frischgebackene Kindsvater den Knaben durch einen routinierten Schnitt von seiner schwitzenden Mutter. Die sagte eine halbe Stunde nicht viel, um dann in gewohnter Manier ein erstes Wiegenlied zu intonieren.

Das Ehepaar hatte darauf verzichtet, das Geschlecht ihres zukünftigen Kindes in Gestalt eines Ultraschallbildes durch einen unbeteiligt wirkenden Gynäkologen unter die Nase gehalten zu bekommen. Die neondurchfluteten Räume, in denen dies gewöhnlich geschah, empfand Carsten obendrein als unheilig. Sie hatten es vorgezogen, sich im Hinblick auf die zwei Möglichkeiten die entsprechende Anzahl an Doppelnamen zu überlegen. Die beiden männlichen Vornamen, die das Rennen gemacht hatten, entstammten dem Familienerbe. Alexander und Otto waren die Rufnamen der jeweiligen Großväter mütterlicherseits gewesen.

Robert staunte nicht schlecht, als Carsten ihm den endgültigen Namen seines Sohnes verriet.

>Ich hoffe sehr für euch<, sagte er, >dass der kleine Erdenbürger nicht irgendwann einmal mit euch brechen wird, weil ihr ihn Otto genannt habt. Otto ist irgendwie seltsam.<

>Liegt wahrscheinlich daran, dass man ihn vorwärts und rückwärts lesen kann. So ein Palindrom hat doch etwas, findest du nicht?<

Carsten lächelte, aber es wirkte gequält. Es sah ganz danach aus, als hätte er sich darüber gefreut, wenn die Eltern von Claudia Ruckriegels alias Lea Garbors Großvater sich ein bisschen mehr Mühe bei der Namenswahl gegeben hätten.

>Ein zeitlos schöner Name<, hatte er zu seiner Frau gesagt. >Dann könnte Otto Alexander jetzt Paul Alexander heißen, damit ließe sich leben.<

Die magische Hundert und ein letzter Herzenswunsch

Einen Tag nach ihrem vierundneunzigsten Geburtstag beschloss Frieda Rennstein, dass es an der Zeit sei, zu gehen. Es war ein Dienstag im Spätmai und die Sonne schien schon früh am Morgen durch eine Spalte zwischen den blickdichten Vorhängen. Alles sah danach aus, dass es ein herrlicher Tag werden würde. Sie hatte immer auf dem Standpunkt gestanden, man solle aufhören, wenn es am schönsten ist. Die Beachtung dieser Maxime ersparte vielen Stunden einen fahlen Beigeschmack. Die magische Hundert hielt sie für kein erstrebenswertes Ziel, da sie von jeher der Qualität den Vorzug gegenüber der Quantität gegeben hatte.

>Es geht nicht darum, dem Leben mehr Tage, sondern den Tagen mehr Leben zu geben<, hatte sie drei Wochen zuvor Robert gegenüber eine englische Ärztin zitiert. Der Großneffe hatte zustimmend genickt. Gleich darauf waren Frieda die Worte einer bayerischen Kabarettistin eingefallen, die den langen *Weg zum Ungehorsam* gegangen war.

>Wie du weißt, habe ich noch nie Lust gehabt, irgendwann einmal sagen zu müssen, mein Leben habe allen gefallen, nur mir nicht. Ich glaube, das ist mir recht gut gelungen<, sagte sie.

Robert hatte schmunzelnd genickt und für sich befunden, dass die Großtante mit ihrem irdischen Dasein durchaus zufrieden sein konnte. Wenn es jemand zeitlebens bravourös verstanden hatte, nie anderen Menschen, sondern stets dem eigenen Herzen zu folgen, dann die Großtante.

Da gab es freilich eine Kleinigkeit, die nach Friedas Dafürhalten nicht ganz makellos gewesen war und die ihr als getauftem Mitglied einer christlichen Konfession die ein oder andere Beichte abverlangt hätte, wenn sie nicht schon früh und stolz erhobenen Hauptes aus der Kirche ausgetreten wäre. Sie hielt es nämlich mit der guten alten Madame Blavatsky, derzufolge *keine Religion höher als die Wahrheit ist.*

Der von Frieda beizeiten entlarvte Makel genussvoller Verfressenheit zählte zwar unter anderer Bezeichnung zu den Todsünden, doch der Umstand, dass sie zeitlebens zu viel Nahrung aufgenommen hatte, belastete nicht wirklich ihr im Übrigen lauteres Gewissen. Sie konnte mit Fug und Recht behaupten, dass es sich bei ihr niemals um den Frevel maßloser Völlerei gehandelt hatte. Nein, zu viel bedeutete einfach, dass sie mit ihrem großartigen Appetit, der sie bis zu dem nun anstehenden letzten Atemzug niemals verlassen hatte, sich eine gewisse Erdigkeit aufgehalst hatte, die zum Schluss hin unnötig zu beschweren schien.

Es war ihr immer wichtig erschienen, in der gewohnten Umgebung zu sein, wenn der Tod sie in sein dunkles Tuch hüllen würde. An diesem bedeutsamen Tag durchfluteten lang vergessene Episoden aus ihrem Leben den bereits leicht getrübten Sinn. Sie sah das Bild ihrer Großmutter väterlicherseits vor sich, an deren bodenlangen Röcken sie sich als kleines Mädchen bei jeder Gelegenheit festgehalten hatte und dies, obwohl die Alte im Dorf die >garstige Spinnenfrau< gerufen wurde.

Obgleich sie noch sehr klein gewesen war, hatte Frieda unbedingt erfahren wollen, was mit diesem Namen gemeint sei. Der Vater erklärte ihr, dass die Großmutter wie ein gliederfüßiges Spinnentier bei jeder sich bietenden Gelegenheit Netze aus den dünnen Fäden der Falschheit angefertigt hatte. In denen verfingen sich ihre Mitmenschen hilflos, um sodann von der Alten buchstäblich ausgesaugt zu werden.

Die Großmutter war stolz darauf gewesen, niemals den unteren Weg gegangen zu sein, und versuchte stets und allenthalben, jedermann in die Knie zu zwingen. Wenn ihr Gegenüber angesichts dieser Behandlung anfing, um seine Selbstwürde zu kämpfen, empfand sie dies als Affront. Sie glaubte dann, es mit einem besonders impertinenten Exemplar der Gattung Mensch zu tun zu haben.

So konnte es geschehen, dass sie, aus den unterschiedlichsten Gründen, mit jedem Dorfbewohner, ihre nächsten Verwandten eingeschlossen, mindestens einmal vor dem Schiedsrichter gelandet war. Dank ihrer geschickt eingefädelten und zumeist zu ihren Gunsten verlaufenden Ränkeschmiedereien verstand sie es auf diese Weise geschickt, die im Übrigen spärliche Haushaltskasse mehr als einmal bis zum Rand aufzufüllen.

Neben ihrer permanenten Gereiztheit, von der allein ihre bedingungslos zutrauliche Enkelin ausgenommen zu sein schien, beeindruckte ihre Umgebung ein im wahrsten Sinne des Wortes herausragendes Merkmal: ein einziger, überdimensioniert groß wirkender Eckzahn zierte mehr recht als schlecht ihren Unterkiefer. Dieser zwang die Großmutter als Relikt blühender Tage in ihrem im Übrigen zahnlosen Mund dazu, sich ausschließlich von Rindertalg zu ernähren, den sie in einem Schüsselchen mit heißem Kaffee überbrühte, um ihm die richtige Konsistenz zu verleihen, damit nicht etwa eine unvorsichtige Kaubewegung ihren langjährig vernarbten Oberkiefer verletzen konnte. Dessen erbarmungswürdigen Zustand hatte sie der mehr oder minder sachgemäßen Entfernung ehemaliger Zahnruinen durch die grobe Hand des ortsansässigen Schmiedes zu verdanken.

Kurze Zeit später tauchte in Frieda eine frühe Erinnerung an ihre Mutter auf, die mit der um einiges jüngeren Melitta Schiller, der späteren Melitta Schenk Gräfin von Stauffenberg befreundet war. Mit dieser teilte die Mutter die Leidenschaft für das Fliegen. Es war unbenommen das tragischste Ereignis im Leben der damals noch nicht zur Schule gehenden Frieda, dass Melitta Schiller von einem der abenteuerlichen Flugmanöver ohne ihre beste Freundin zurückkehren sollte.

Die damals noch sehr junge Frau erwies sich monatelang als untröstlich, obwohl sie selbst in einer anderen Maschine gesessen hatte und keinerlei Einfluss auf das sich vor ihren Augen anbahnende Unglück haben konnte. Erst Jahre später gelang es Melitta, sich durch die Heirat mit dem Bruder jenes tragisch geendeten Generals zu trösten, der in die Geschichte als Widerstand leistender Renegat eingehen sollte.

Frieda erinnerte sich auch daran, dass die beste Freundin ihrer Mutter es in ihrem späteren Leben auf der Grundlage von zweitausendfünfhundert abenteuerlichen Sturzflügen tatsächlich so weit brachte, dass der Propagandaminister ihr in ihrer Eigenschaft als Halbjüdin mit den vertraulich gesprochenen Worten >Wer Jude ist, bestimme immer noch ich< höchstpersönlich ein fragwürdiges Ehrenkreuz offerierte.

Frieda hatte sich häufig gefragt, wie das Leben ihrer Mutter wohl verlaufen wäre, wenn das Schicksal es nicht anders gewollte hätte. Sie kannte zunächst kein Mittel, um ihren Kummer über den Verlust der im Grunde wesensfremden, durch die Blutsbande jedoch vertrauten Mutter zu überwinden. Sie stellte alle zugänglichen Fotos, auf denen die aus Hirschberg in Schlesien stammende Frau in Fliegermontur zu sehen war, in das einzige Regal in ihrem Zimmer. Dann verabschiedete sich die Tochter von ihr, indem sie Monat für Monat eine der Ablichtungen entfernte, bis schließlich nur noch eine Ansammlung leerer Rahmen die Etagere zierte.

Im Nachhinein dachte Frieda häufig darüber nach, warum dieses Ereignis nicht die Kraft besessen hatte, sie zu einer Ungläubigen zu machen, die mit dem Schicksal haderte. Die Antwort ließ gehörig lange auf sich warten, bis schließlich eine Woche vor dem ersten Jahrestag ihrer Hochzeit Heinrich Rennstein die Angelegenheit zu ihrer Erleichterung auf den Punkt brachte.

>Andere Menschen glauben an Gott, du weißt um ihn.<

Als Robert die Stimme der Großtante durchs Telefon sagen hörte, dass sie gerne Abschied nehmen wolle, erkannte er am Klang, dass dies ihr voller Ernst war. Umgehend ließ er alle Termine in der Praxis absagen und eilte in die kleine Wohnung, die trotz der wenigen Berliner Jahre aus jedem Winkel den Geist der geliebten Großtante zu versprühen schien. Sie hatte sich in ihr Bett gelegt, ihr bestes Kleid angezogen und harrte getrost seiner Ankunft. Sie wusste, dass er einen Zweitschlüssel besaß.

>Es gibt nichts Schlimmeres, als einer kalten und komplett versteiften Leiche die Klamotten zu wechseln<, sagte sie als Erstes, denn sie hatte Verwunderung in seinen Augen entdeckt und dies auf ihre ungewohnte Bekleidung geschoben.

Ihre Stimme klang leiser als sonst, aber es schwang die übliche Bestimmtheit darin. Zutiefst betroffen und unsagbar traurig nahm Robert auf der Bettkante Platz. Plötzlich ging alles so schnell. Er hatte immer gewusst, dass dieser Tag kommen würde, aber angenommen, dass eine Krankheit oder ähnliche Anzeichen diesem Ereignis vorauseilen würden und damit Zeit für die notwendige emotionale und mentale Vorbereitung bliebe. Doch außer ein paar kleinen Unpässlichkeiten, die er auf das für die Jahreszeit ungewöhnlich kühle Wetter geschoben hatte, gab es keine besonderen Vorkommnisse, die seine Aufmerksamkeit für ein Ereignis dieser Tragweite geschärft hätten. Das Einzige, woran er sich erinnern konnte, war eine Unterredung, die nur wenige Tage zurücklag.

>Die fliegenden Stunden rauben mir in manchen Nächten förmlich den Schlaf.<

Sie hatte bei diesem Satz geschmunzelt und es fühlte sich fast so an, als sei sie erfreut darüber. Jetzt lächelte sie ihn aus ungewohnt müden Augen an.

>Allet schick, mein Junge.<

Ihre Kehle tönte fremdartig trocken, doch die Worte erklangen mit einer Selbstverständlichkeit, als hätte sie ihr ganzes Leben in Berlin verbracht.

>Du weißt doch, nur das, was sich niemals verändert, ist wirklich. Alles andere ist Illusion.<

Es verwunderte ihn, dass sie ein ihm unbekanntes Seidenkleid trug. Frieda liebte diese seit Jahrhunderten auf dem gesamten Globus begehrte Stoffart sehr, aber hatte sich immer geweigert, ihre Garderobe damit zu bestücken. Sie wollte nicht, dass für einen Quadratmeter des edel glänzenden Materials abertausende Maulbeerraupen in ihrem mühselig gesponnenen Kokon qua Heißluft und anschließende Versenkung in kochendes Wasser ihr Leben lassen mussten.

Dann erinnerte er sich, dass Frieda ihm als Kind einmal von einem Kleid erzählt hatte, das ihre Mutter anlässlich der Taufe ihrer einzigen Tochter über der Corsage trug. Frieda hatte gesagt, dass sie es als Andenken und für einen wirklich wichtigen Anlass aufbewahren wolle. Nun wusste er, was sie damit gemeint hatte.

Frieda überreichte ihrem Schützling ein weißes Briefkuvert. *Vermächtnis* stand darauf geschrieben. >Welch ein großes Wort und doch so klein angesichts des bevorstehenden Todes eines Menschen<, dachte Robert. Er fühlte zum ersten Mal seit seiner Ankunft

Entsetzen in sich. Tränen liefen über seine Wangen und benetzten salzig die Lippen. Er hatte sich oft geschworen, mit dem Gefühl von Freude und Dankbarkeit an ihrem Sterbebett zu sitzen. Nun war plötzlich alles ganz anders. Er legte den Umschlag behutsam zur Seite.

>Das hat Zeit.<

Er schnäuzte sich geräuschvoll die Nase.

>Ich habe nur noch eine Sache auf dem Herzen. Möchtest du sie hören?<

Ob er sie hören wollte? Natürlich wollte er. >Wer weiß, wie viel Zeit für eine Antwort bleibt<, dachte er.

>Es heißt, eine Eule schließe ihre Augen, um den Wald zu sehen. Versuche zu entdecken, was sich auf der anderen Seite des Mitgefühls verbirgt.<

Robert wusste wieder einmal nicht, was Frieda meinte. Aber er fühlte sich angesichts des ungünstigen Zeitpunkts im Hinblick auf Unverstandenes, das womöglich nie wieder durch diesen Mund erklärt werden konnte, auf seltsame Weise nicht beunruhigt. So vieles hatte sich im Nachhinein ganz von selbst ergeben. Er würde es sicherlich herausfinden, alles nur eine Frage ... Er suchte nach einem neuen Wort, doch da war nur Leere in seinem Kopf. Der Ausdruck Zeit kam immer seltener und wenn, dann stets von einem kurzen Innehalten begleitet, über seine Lippen.

Auch wenn Friedas Worte kraftlos geklungen hatten, so schwang in ihrem Blick die gewohnte Vertrautheit. Lächelnd schloss sie ihre Augen und atmete noch einmal tief durch. Der stille Frieden, der seit über vier Jahrzehnten zwischen ihnen bestanden hatte und der Worte so oft überflüssig gemacht hatte, überdauerte diesen Moment des Abschieds, auch wenn die Traurigkeit Roberts Atem beschwerte.

Es dauerte eine Weile, bis der Großneffe ohne nähere Überprü-
fung zu verspüren glaubte, dass Friedas Körper verschieden war.

Die Großtante hatte Robert zeitlebens gelehrt, dass es im Hinblick auf das Sein, auf das Leben als wahrhaftiges Selbst nichts zu
finden, nichts zu üben und nichts zu tun gebe. Es war auch müßig,
Worte darüber zu verlieren. Es ging einzig und allein darum, zu sein.
In Stille und Einfachheit geschmiedet, war vor seinen Augen ein erfülltes Leben offenkundig auf die andere Seite gewechselt. Der
Großneffe ergriff die noch warme Hand der alten Dame und weinte
wie damals, als er die Schleusen der anfanglosen Zärtlichkeit durch-
brochen hatte.

Er hatte Frieda versprochen, dass sie mindestens sieben Stunden
nach ihrem Ableben ungestört liegen dürfe, um unbehelligt den richtigen Weg zu finden. Robert wusste, dass sie die verschiedenen To-
tenbücher der alten Kulturen kannte. Ihr Wunsch ließ sich nicht nur
leicht erfüllen, sondern verhalf ihm zudem dazu, sich in aller Gebühr
von diesem grenzenlos geliebten Menschen zu verabschieden. Seine Gefühle waren von Trauer beherrscht, doch einmal schlich sich
eine kurze Erinnerung an ein seltsames Gespräch dazwischen, die
ihn für einen Moment aufrichtete. Frieda hatte ihm von einer Handvoll Menschen im Himalaya erzählt, deren Körper keinerlei Spuren
des Alters aufwiesen.

>Sie tragen den Diamanten nicht nur in sich, sondern wissen ihn
auch zu nutzen.<

>Und?<

>Ihr körperlicher Zustand entspricht in etwa dem Alter von drei-
unddreißig Erdenjahren.<

Robert war damals bereits Mitte vierzig und hatte lachend gemeint, dass sie sich ja auf die Suche nach diesem Diamanten ma-

chen könnten. Frieda hatte ihn nur irritiert angeschaut und freundlich darauf hingewiesen, dass es nichts zu suchen gebe.

Irgendwann schlief er trotz seiner unbequemen Haltung erschöpft ein. Seine Hand hatte er schon lange aus ihrer gelöst. Es war ein bleierner Schlaf, der ihn hinterrücks überfiel, doch kurz vor fünf in der Frühe verfingen sich die ersten Geräusche der erwachenden Großstadt in seinen Ohren. Robert musste erst einen Moment überlegen, warum er sich an diesem Ort befand. Er fühlte sich augenblicklich genauso gelähmt wie bei seiner Ankunft am Tage zuvor. Etwas in ihm vermied, in ihre Richtung zu schauen.

Er war sich bewusst, dass er eigentlich aufstehen und die notwendigen Vorkehrungen zu treffen hatte, die ihm als Arzt und engstem Vertrauten in doppelter Hinsicht oblagen. Doch es war, als hielte ihn etwas zurück. Plötzlich fühlte er sich nicht länger allein im Raum und erschrak. Dann hörte er eine Stimme. Sein Körper blieb in der ungewohnten Starre, als fürchtete er, Robert, sich davor, einer Halluzination aufzusitzen und kurz darauf desillusioniert zu werden.

>Tut mir leid, wenn ich dir einen Schreck eingejagt habe.<

Schreck ist gut, dachte Robert verunsichert. Die angesichts dieser wundersamen Fügung anstehende Erleichterung tat sich schwer damit, den Weg in sein Bewusstsein zu finden.

>Es war zu früh. Es gibt augenscheinlich noch etwas für mich zu tun. Im Übrigen wollte ich schon immer einmal die *Gärten der Welt* sehen.<

Frieda Rennstein lächelte, obwohl ihre Kehle noch ausgetrockneter als am Vorabend war. Als Erstes brauchte sie jetzt ein großes Glas Wasser. Langsam gewann Robert seine Fassung wieder. Er griente bis über beide Ohren, als er mit dem bis zum Rand gefüllten Gefäß in den Händen zurück an ihr Bett trat.

Während er das Glas vorsichtig an Friedas Mund führte, fühlte sich der Großneffe plötzlich an Lizzi Tausendschön erinnert. Als Kind hatte er sich damals sogleich auf die Seite des Pfarrers und seiner Wunderfraktion geschlagen. Die gespenstige Rekonstruktion einer abgetrennten Fingerkuppe konnte freilich kaum mit diesem Ereignis mithalten. Doch wollte er das soeben unter seinen Augen geschehene Wunder nicht in seinem Kopf zerreden. Es war vollkommen unmaßgeblich, ob sie womöglich gar nicht wirklich gestorben oder aber nach einem kurzen Intermezzo auf der anderen Seite zurück in ihr irdisches Leben gekehrt war. In der Tiefe seines Herzens fühlte Robert, dass er alles dafür tun würde, das in diesem auf beruhigende Weise altersscheuen Körper neu erwachte Lied in zukünftigen Tagen so klangvoll wie möglich ertönen zu lassen.

Frieda Rennsteins Vermächtnis

Angesichts gewundener Zungen,
mein geliebtes Menschenkind,
lerne wohl zu unterscheiden
und entziehe dieser Welt
den gehorsamen Glauben,
ohne ihr den Rücken zu kehren.

Abkehr, Einkehr, Umkehr -
Alles ist eins im Hinblick
auf die endgültige Heimkehr.
Wahrhaftiges Menschsein
bezeugt stets und allenthalben
das Wunder des EinzigEinen im AllEinigen.

(F.R.)

Hat Ihnen, liebe Leser, die Geschichte von Robert Zeitlos
und seinen Freunden gefallen?

Dann freuen Sie sich auf den Fortsetzungsband,
der voraussichtlich im Oktober 2013 unter dem Titel

„Der Reisende im eigenen Land"

erscheinen wird.

Die Autorin, Dr. phil. Andrea Gillert, studierte Romanische Philologie, Philosophie sowie Neuere Geschichte an der Ruhr-Universität Bochum (RUB). Zentrales Thema ihrer privaten Studien ist seit vielen Jahren die Erforschung der *primären* Wirklichkeit. Auch der vorliegende Roman ist ein Ergebnis dieser Arbeit, eine lebensnahe Darstellung, die die großen Fragen menschlicher Existenz im Alltag aufgreift.